金融帝国
贝莱德

［德］海克·布赫特（Heike Buchter）著

石建辉 译

BLACKROCK
Eine heimliche
Weltmacht greift nach unserem Geld

中国人民大学出版社
·北京·

献给马克斯（Max）和詹斯（Jens）

目　录

1　强大而低调的贝莱德/1

　　低调行事/7

　　"借"来的权力/9

2　"德意志公司"的新主人/12

　　德国人日常生活中的沉默股东/14

　　深度参与德国住房市场/19

　　在商业地产发力：弗赖辛市的黄金地块/25

　　隐身的超级投资者/27

3　隐藏在巨人背后：华尔街输家的逆袭/30

　　在债券领域扶摇直上/34

　　潘多拉魔盒中的神奇证券：CMO/36

　　致命错误和坠落/40

　　来自黑石的机会：从别人的后台起步/42

　　贝莱德登场/45

　　一个好汉八个帮：创始团队/48

　　来自杰克·韦尔奇的关键委托/50

成长，成长，再成长/52

4　金融危机：焉知非福？/57

危机中的幸存者/59

影子财政部长/64

进入权力阶层/70

进军欧洲/73

携带秘方到雅典/75

危机现场的爆炸性角色/77

希腊悲剧的延续/79

达沃斯的圈子/83

雇到一个"开门人"/88

欧洲央行的垂青/92

与央行共生/95

5　影子银行：黑暗中一无所见/101

监管争论/109

到底发生了什么/113

新形式的银行挤兑/118

影子银行之母/120

通过债务赚取高额利润/123

杠杆收购与解绑垃圾债/126

公司猎手/131

公司猎手带来的威胁/134

世界上最危险的公司/136

6　ETF：追捧与危险/137

衍生品的美丽新世界/138

ETF 业务/148

押注 ETF：赛道上的唯一赛马/151

如果 ETF 一枝独秀会怎样？/153

巨大的债券泡沫/154

出现在市场各个角落/160

股票价格还有多准确？/160

7　金融资本主义 2.0/164

新时代的金主/165

管理层崛起/170

如何成为摩根转世/172

股东价值：1968 年的另一场革命/176

持久价值何在/178

8　如何掌控德国公司/181

德国工业资本主义日薄西山/186

在"特遣队"的掌控下/195

信息单行道/197

没有资本家的资本主义/203

ETF"实在很糟糕"/207

绿色是生意/211

9 数据系统利器/214

与机器合体/217

电子化统治市场/224

市场和模型的信徒：宽客/227

预测销量和预测利率有何共同点？/232

数据依赖与黑客攻击/238

透过贝莱德的"眼镜"看世界/243

10 华尔街上的权力变迁/245

华尔街的圣杯：我们的退休金/246

莱温斯基救了养老金制度/252

德国的李斯特养老金实验/260

失败的一幕/265

史上最大的银行抢劫案/270

贝莱德在 Cum-Ex 交易中扮演了何种角色？/272

贝莱德的顶级说客如何拿下华盛顿？/277

隐秘的统治者/284

遇上黑天鹅/286

可怜的墨西哥远离上帝，靠近美国/290

冻结的数据世界/298

11 拉里·芬克的未竟征程/300

译后记/309

强大而低调的贝莱德

　　纽约，2020 年 5 月。这座不眠之城从未如此安静。就在几个星期前，在该市每天哀悼数百名死难者并成为新冠肺炎疫情"震中"之前，每 5 分钟就有一架飞机轰鸣着飞过这座城市。现在，当一架孤独的飞机飞往肯尼迪机场或拉瓜迪亚机场途中在天空中掠过时，很少有路人抬头张望。就在不久前，纽约人还抱怨说，数百万游客抬头凝望摩天大楼堵了人行道。现在，时代广场空无一人，百老汇剧院一片漆黑。在曼哈顿南端，铜制的"狂牛"——这头本应代表资本主义桀骜难驯力量的公牛——在交通岛上孤零零地伫立着。不远处，全球领先的纽约证券交易所，3月以来一直关着门。① 当地时间上午 9 点 30 分开始交易时，大楼管理员或技术人员就会轮流登上空无一人的交易大厅里的大理石台，按下世界上最重要的电铃按钮。这家拥有 228 年历史的机构

---

① 纽约证券交易所因受新冠病毒大流行的影响，自 2020 年 3 月起暂时关闭交易大厅，全面转向电子盘交易。5 月 26 日，该交易大厅重新营业。——译者注

仍在进行交易，但现在仅以电子方式进行。银行和投资公司已经减少对其交易室的使用，将部分交易员转移到紧急地点，或者干脆将他们打发回家。这里就是"宇宙巨人"与外界连线的地方，正常情况下会有至少 4 块应用先进通信技术与之连线的显示屏，此时只能通过延伸到各处的线路和临时装置连线，这些临时装置包括所谓的"新冠设施"，如交易员安置其笔记本电脑的熨衣板，或某个同事位于得克萨斯州的家庭办公室——由威士忌酒瓶和步枪点缀，极具地方特色，让人几乎感受不到这是灾难时期。

这是到纽约旅游的一处必游景点：华尔街。一位声嘶力竭的导游挥动着一把雨伞，指挥一群游客站到纽约证券交易所的新古典主义立面前。在那里，来自美国中西部的一群青少年，咯咯地傻笑着，围绕在生气的女老师身边。你可以听到西班牙语、日语和德语混杂在一起。人们用手机和 iPad 不停地拍照，然后将自拍照上传到网络上。参观者不禁认为，这里是世界金融体系的中心，也是资本主义最强大的地方。

但你错了。

世界金融体系中的巨无霸机构位于 6 千米以北，在地铁绿线上相隔 5 个车站的地方。它隐藏在其中一座外部为玻璃幕墙的办公楼中，这类建筑沿着仿佛沟壑的纽约街道刺向天空。沿着曼哈顿中城街道匆匆走过的行人，必须仔细观察才能发现旋转门上方的名称：贝莱德。

这是世界上最强大的公司之一。

这是一家前所未有的机构。

贝莱德是一家资产管理公司。不过仅仅这么说就像说凡尔赛宫是一座夏宫，或说金字塔是一堆墓碑一样平平无奇。没有哪家大型银行，也没有哪家保险公司能达到贝莱德这样的高度。高盛、德意志银行①、安联保险在贝莱德面前都要相形见绌。没有哪家政府，也没有哪家中央银行比贝莱德更能洞悉经济。但最重要的是：没有哪家机构能掌控这么多资金。新冠肺炎疫情暴发之前，贝莱德通过旗下基金管理着 7.4 万亿美元。8 000 万德国人必须工作 2 年以上才能赚到这么多钱。而这还不是全部。这家公司的分析和交易平台管理着价值超过 20 万亿美元的资产，20 万亿可是一个有 13 个 0 的数字。也就是说，全球所有金融价值载体，包括股票、债券、外汇、信用证、衍生品和有价凭证的 5% 以上，在一家公司的系统内运行。这就是贝莱德。

从曼哈顿中城沉寂无语的办公楼出发，贝莱德编织了一张全球网络。它就像一只章鱼，将触角伸向全球几乎每一个角落。这家美国公司活跃在全球 100 多个国家。贝莱德的网络包括设在全球各地的办事处：波哥大、布里斯班、布拉迪斯拉发、慕尼黑、墨尔本、蒙特利尔、开普敦、吉隆坡和哥本哈根。

贝莱德的代表们出入多国财政部。贝莱德向美联储，也就是美国的中央银行提供建议。它也向欧洲中央银行（ECB）提供建议。贝莱德的客户包括：加利福尼亚州公务员退休基金（CalPERS）——坐拥 3 000 亿美元的美国最大的养老基金；阿布扎比投资局——石油帝国迪拜的主权财富基金；新加坡的投资机构。贝莱德的说客们与华盛顿的监管者们联系密切，当然，在布鲁塞尔也是如此。贝莱德是摩根大通、花旗集团和美国银行的大股东，这几家都是世界著名的大型银行。贝莱德也是石油巨头埃克

---

① 德意志银行是德国最大的银行和世界上最主要的金融机构之一。——译者注

森美孚和雪佛龙的主要股东之一，对苹果公司、麦当劳和雀巢同样如此。这家纽约公司早就是德意志银行的最大股东。贝莱德拥有德国指数每家成分股公司的股票。它在德国最大建筑公司豪赫蒂夫拥有董事席位，同时也向豪赫蒂夫规模较小的竞争对手比尔芬格派出董事。贝莱德既持有欧洲航空业巨头空客的股份，又持有惩教公司的股权，后者是美国私人监狱的领先运营商。

贝莱德是孟山都的领导性股东，正如在拜耳公司那样，拜耳公司 2016 年收购了这家美国转基因种子领先生产商。贝莱德同时也参股了军工巨头雷神公司、洛克希德·马丁公司和通用动力公司，所有这些公司都与美国无人机和导弹相关设备的生产有关（2020 年 2 月）。

从科隆到慕尼黑，贝莱德都拥有不动产。对于零售客户，安硕是一家声名卓著、广受欢迎的 ETF 提供商——几乎无人知晓的是，安硕也属于贝莱德帝国。2019 年，安硕实现了超过 2 万亿美元的资金规模。安硕在一份新闻稿中表示，该公司的净资本流入为 1 850 亿美元，全球市场份额为 33%，"由此，安硕已成为ETF 提供商中的领导者"。

在 2020 年疫情暴发之前，贝莱德在世界上超过 40 个国家管理着私募基金，其中一些基金的规模超过 10 亿美元。

贝莱德还参与外汇和原材料业务。当矿工在巴西开采铁矿石或在马里开采金矿时，贝莱德最终将从中受益。

埃维·汉布罗（Evy Hambro）是曾经有影响力的英国银行业家族的后代，在贝莱德负责大宗商品投资已长达 22 年以上，包括管理贝莱德世界矿业信托基金。澳大利亚人奥利维亚·马克汉姆（Olivia Markham）于 2019 年成为汉布罗的联合管理人，她的职业生涯始于澳大利亚－英国矿业集团必和必拓。

《悉尼先驱晨报》曾报道，汉布罗讲话时，世界主要商品公司的首席执行官和董事会成员都会洗耳恭听，而且还会采取行动。

汉布罗管理的基金持有马克汉姆曾经的雇主必和必拓及其竞争对手力拓、黄金生产商巴里克和英国－南非合资公司英美资源集团的大量股份，后者控制着40％的铂金产量。至少截至2019年12月31日，汉布罗的投资组合中还包括铁矿石生产商淡水河谷，这家公司对2019年1月巴西布鲁马迪纽溃坝负有责任，这次事故导致270人丧生。一项内部调查发现，该公司显然多年来一直知道大坝存在问题。

贝莱德通过旗下基金持有大型矿业公司和原材料制造商的股份，这些巨头几乎为整个全球经济提供原材料和贵金属。2013年，《悉尼先驱晨报》在描绘贝莱德的基金经理时写道："在一个被指控由大型矿业公司控制了政府的国家，有趣的是看到了汉布罗施加了何种影响力。"这家澳大利亚报纸质问道：是谁在后台操纵木偶？

世界上发生的重大冲突鲜有与贝莱德自身利益无涉的。例如，俄罗斯2014年出兵乌克兰：贝莱德的利益突然受到普京执政路线的影响。拉里·芬克（Larry Fink）公开批评了这位莫斯科强人。例如，在2014年3月伦敦《星期日泰晤士报》的采访中，芬克说普京如果想要西方注资，就不要这么"玩弄"。芬克提到了莫斯科证券交易所因外国投资者撤资而经历的崩溃。当时，他说："资本市场摧毁了俄罗斯。"这可以理解为一种威胁：贝莱德也将撤出普京治下的俄罗斯。

尽管发生了俄乌冲突事件，贝莱德仍然活跃在乌克兰。根据贝莱德新兴欧洲基金的表述，其前十大投资（截至 2020 年 3 月 31 日）包括领先的俄罗斯能源公司俄罗斯天然气工业股份公司、该行业第二大企业卢克石油公司，还有鞑靼石油公司。后者是苏联时代由莫斯科的石油部创建的，该公司也在饱受内战蹂躏的叙利亚开采石油。

在贝莱德新兴欧洲基金投资名单上名列前茅的还有：俄罗斯联邦储蓄银行，其中俄罗斯中央银行拥有 50% 的股份。截至 2020 年 3 月，也就是在克里米亚事件发生 6 年后，贝莱德新兴欧洲基金将其资本的近 60% 投资于俄罗斯。贝莱德还是俄罗斯国有企业——俄罗斯直接投资基金（RDIF）的投资伙伴之一。在其他投资之外，贝莱德联合这家国有投资基金向一家私立连锁医院——Mutter & Kind——投资了 5 000 万美元。

据路透社报道，在向化工巨头西布尔提供了 17.5 亿美元的贷款（利率低于市场利率）后，RDIF 在 2015 年登上了新闻头条。当时，西布尔的主要个人股东之一是根纳季·季姆琴科（Gennady Timchenko），他是普京的亲密盟友，美国对此人施加了制裁。普京另一位老朋友之子基里尔·沙马洛夫（Kirill Scha-malov）也是西布尔所有者之一。据西方和俄罗斯媒体的报道，他正是普京的小女儿 2013 年所嫁之人。

或者让我们以沙特阿拉伯为例。2018 年 10 月 2 日，贾马尔·卡舒吉（Jamal Khashoggi）进入沙特阿拉伯驻伊斯坦布尔大使馆。这位沙特阿拉伯公民、新闻记者和统治王朝的长期批评者在美国流亡了很长时间。在大使馆，他想为与一名土耳其女子即将举行的婚礼领取证件。他被沙特阿拉伯特工杀害。联合国一项调查晚些时候得出的结论是，卡舒吉事件是一次"蓄意和有计划的处决，一次法外杀戮——沙特阿拉伯应对此负责"。迄今为止，利雅得官方对此表示否认，称该行为非当局所为，更非王储穆罕默德·本·萨勒曼（Mohammad bin Salman，MBS）下令。起初，西方公司的首席执行官们大为震惊，萨勒曼邀请国际金融界和商界的名人参加的一次投资峰会也以失败告终。贝莱德老板芬克也没有赴会。

但是，仅7个月后，芬克就在利雅得的一次访谈中与沙特阿拉伯财政大臣共聚一堂。芬克告诉在那里采访他的CNBC记者，不能因为新闻界批评某个地方，他就必须回避这个地方。他说这常常正是人们必须进行投资的地方。"因为我们对最担心的事情保持缄默，"他补充说，"不管这意味着什么。"他还称赞该国取得了"相当令人印象深刻"的进步。前一天，该政权下令处决了37名所谓的恐怖分子。贝莱德目前在利雅得设有分支机构。当沙特阿拉伯国有石油公司沙特阿美——萨勒曼最重要的经济支柱——于2019年4月发行总额为120亿美元的债券时，贝莱德是最重要的投资者之一。

可以肯定的是，在美国经济中，几乎没有任何一项重要交易是这位来自纽约的"金主"所不知情的。

低调行事

但是，只有非常细心的财经报道读者才知晓这位巨人。贝莱德创始人兼首席执行官芬克在华尔街之外不太有名。贝莱德规模庞大且影响力空前，但它一向低调。

投资银行高盛从明星建筑师亨利·考伯（Henry Cobb）那里以21亿美元的价格买下了一座俯瞰哈德逊河的宫殿式建筑，而美国银行则在时代广场附近一幢55层的配备了所有现代科技设备的塔楼中办公。

贝莱德则放弃了对炫耀性标志建筑的追求。

任何进入贝莱德总部的人都会在公共门厅看到一家星巴克咖啡店和一个报刊亭，报刊亭还有彩票和口香糖出售。人工瀑布在竹丛后静静地流淌。那些身穿深色西装的男子，他们引人注目的举止显然透露出其安保人员的身份，他们以怀疑的目光注视着那些在咖啡店旁桌边安顿下来的无家可归者。

二楼也没有能够显示贝莱德重要性的任何标志。在这里，贝莱德与一家名为Evercore的投资银行共享接待处。唯一的奢侈品是一盆摆在贝莱德一侧的白兰花。没有艺术品，没有大理石，而其他金融巨头常用这些东西给客人留下深刻的印象。

贝莱德的年轻人甚至不需要通过炫耀来为自己加分。他们是令华尔街畏惧的人。这是因为，芬克和他的年轻团队可以决定谁能以投资银行家为生，以及谁在未来的职业生涯中会在金融业后台的某个地方苦熬度日，像个悭吝人一样活着。这是因为，贝莱德是作为资产管理公司持有股份，它不仅是大型金融机构的共同所有人，而且是银行家们的头号大客户。"无论出于什么原因，如果贝莱德不愿再与高盛做交易，那么，对高盛来说麻烦就来了。"一位华尔街资深人士这样说。与业内许多人一样，只有在对姓名严格保密的情况下他才肯谈谈。另一个受访者突然撤回了他的评证。他可能收到了一份来自贝莱德的录用通知，若是如此，他再公开谈论贝莱德的商业行为就是不合适的。当被问及贝莱德承诺的工作是什么时，这位经验丰富的银行家说："无所谓，芬克让我干什么都行，哪怕是去自助餐厅擦地板。"

在鸡尾酒会上，当被问及关于贝莱德的问题时，投资银行家们会报以意味深长的目光和回复，对他们而言显然是不说为妙。他们想说而没说的是：我有一座贷款未还完的郊区别墅、几个就读于私立学校的孩子、一位花销不菲的女友以及一位花销更大的前妻。贝莱德每年给银行和经纪行带来数亿美元的收入。谁想失去如此重要的衣食父母呢？

"借"来的权力

尽管拥有偌大权力，贝莱德也只是近几十年才崛起。美国最大的银行之一摩根大通的历史可以追溯到金融传奇人物约翰·皮尔庞特·摩根（John Pierpont Morgan），始于 1895 年。花旗集团的前身成立于 1812 年，后来为巴拿马运河的建造提供了资金。纽约梅隆银行是全球最重要的托管银行之一，其历史甚至可以追溯到创始人亚历山大·汉密尔顿（Alexander Hamilton），他是美国的第一任财政部长，也是美国版资本主义的发明者。相比之下，芬克在仅仅 30 年的时间里就将自己的帝国打造成型。这家创业公司完全是在私募股权公司黑石的后台办公室成立的。1988年，拉里·芬克从黑石的创始人苏世民（Stephen Schwarzman）和彼得·彼得森（Peter Peterson）处获得了 500 万美元的信贷额度和一条电话线——按华尔街的标准，这就是一笔"零花钱"。贝莱德就像一家小店一样诞生了。这一成功也赋予芬克绝对"领头羊"的地位，即使置身老于世故的华尔街老板中也是如此。显然他自己也是这么看的。当 2010 年被 CNBC 记者贝基·奎克（Becky Quick）问及他犯的最严重错误是什么时，芬克回答说，离开投行第一波士顿后，"我没有信心建立自己的投资公司从事风险管理"。相反，他求助于苏世民和彼得森。"他们比我自己还要相信我。他们做出了正确的投资决定，我却没有。"所以，华尔街八卦网站 Dealbreaker 就此打趣道，苏世民和彼得森做出了正确的决定，因为他们看到了芬克的才能，芬克却没有意识到"镜子中有一尊金神正注视着自己"。

然而，贝莱德的权力是借来的：它吸收的是小储户的钱、退休人员的养老金、公司财务部门的资金、投保人的保费、私人年金的缴费、慈善捐赠和纳税人的税款。OPM 是华尔街人最爱玩的游戏。简单来说，OPM 就是他人的钱（other people's money）。这笔钱将流入越来越大的池子。从中受益的不只是贝莱德。普华永道审计师的一项研究显示，到 2025 年，全球资产管理公司的账户规模将超过 145 万亿美元。这是德国 GDP 的 25 倍（2019 年为 3.8 万亿美元，根据国际货币基金组织的数据）。资金主要来自美国和欧洲，但也越来越多地来自亚洲、非洲和中东。（这项研究在全球疫情大流行和石油危机爆发之前发布。）芬克和他的吸金机器希望确保大部分资金都流入其公司。

2014 年，芬克宣布了一个雄心勃勃的目标：贝莱德应每年再增长 5 个百分点。

如今，贝莱德的业务规模已超过 7 万亿美元，成为绝对的行业领导者。毕竟，德国最大的金融集团安联保险（资产规模为 2 万亿美元）也只能甘拜下风。这是我们的钱，但只有知情人知道钱流向何方、如何流动，以及付给了谁。华尔街——其玩世不恭、老于世故与这里的年轻人如出一辙——区分"聪明钱"和"傻子钱",后者通常是指普通投资者的钱。这些称号变得如此流行有一个原因。我们基于关于回报和安全性的承诺,将积蓄交给贝莱德,而无须真正询问它拿这些钱去做什么。金融体系如此复杂,足以令真正想要了解投资过程的普通人望而却步。此外,操盘者无须通知我们。

因此,几乎无人知道在资金流动的背后究竟会发生什么。规模如此庞大的资金所藏匿的风险也少有人知。金融专家或监管机构官员往往都不清楚,政治家们就更不用说了。对此,芬克的观点却是:如果看不到风险,那就没有风险。但是历史表明,真正的危险是人们无法预见到甚至无法想象的风险。"T. B. D."在风险管理专业术语中表示"龙出没"(there be dragons)——龙潜伏在正常概率之外。

贝莱德的故事是华尔街权力变迁的故事。这是一个才华横溢的拼图游戏玩家的故事。这是一个为折辱所激励之人建立起金融史上最大巨头的故事。

"德意志公司"的新主人

    这是黑森州的一处乡村城堡,与许多古老的贵族住宅命运相同:如今它变成了酒店和会议中心。西装革履的人汇聚一堂。人们品尝着意式浓缩咖啡,使出浑身解数开展交际。标牌标示着当天活动的主题是"欧洲,不是部分之和"和"低利率环境中的投资"。大部分观众是从德国各地赶来的中小型商业银行和储蓄银行的代表。教授们的专题报告会引发了应有的关注。对于基金提供商来说,此类场合就跟刨莱器厂商参加消费博览会一样。

    那里是为自己公司和产品打广告的绝佳地方。贝莱德的代表是个英国人,他毫不怀疑自己来到了乡下。"首先请注意,我说英语",他向茫然的观众打招呼。"不存在安全收益",贝莱德的代表再三向听众强调。更重要的是,他描绘出这样一幅全景图:您将拥有一位全球运营的强大的合作伙伴。他说,众所周知,贝莱德是最大的资产管理公司。这个伦敦人向听众们解释道,"多资产管理公司"的优势在于,基金经理不仅仅投资股票或债券,而是将投资者的资金投向各种资产——取决于他们认为何种资产有吸引力。这名贝莱德代表是个老手。来自商业银行和储蓄银行的代表无人发问，他显得不甚在意。他传递出了一个明确的信息：外部世界很复杂，充满风险。贝莱德既大型又高效。当他讲完时，所有参会者都礼貌性地表示感谢。

晚些时候，在享用勃艮第酒和无须鳕鱼小点心时——人们聚在一起——一位德国投资顾问表达了不满。贝莱德几乎接管了德国经济。他说："看看，DAX 指数、MDAX 指数——如果贝莱德从中撤出资金，它们就会完蛋。"他用手在空中比画出一条陡峭的下行曲线。他说，在这个国家放眼望去，贝莱德如今无处不在。

德国最重要的那些公司现已迎来一个新的大股东，而这一点在很大程度上没有引起公众注意。DAX 指数成分股公司长期以来一直牢牢控制在外国人手中。正如前几年一样，德国投资者关系协会和埃士信的美国市场调研人员在 2019 年夏季的一项研究中再次计算出，外国投资者的持股已占自由流通股的 85%，北美基金持有自由流通股的 1/3 以上。德国投资者——私人和机构投资者——只拥有 15% 的股份。诺伯特·库恩（Norbert Kuhn）——来自德国证券研究所，一个资本市场导向的企业利益联盟——保证说，人们对外国投资者对德国重量级企业表现出的兴趣感到满意。但他也表示了遗憾："近年来我们的 DAX 指数成分股公司取得的一切成功在很大程度上与德国投资者无关。"

贝莱德是 DAX 指数的最大投资者，DAX 指数是德国 30 家最大上市公司构成的股票指数。根据上述研究，贝莱德通过各种基金持有 DAX 指数成分股公司的股票价值超过 660 亿美元。贝莱德显然是第一名。

德国人日常生活中的沉默股东

让我们看看普通消费者家庭的一天。吃早餐时，太太问先生："要再来点奈斯派索咖啡吗？"这种咖啡饮品来自雀巢，贝莱德是这家瑞士跨国公司的最大股东之一。先生在面包上涂抹的Sana人造黄油来自沃尔特·劳公司。条顿堡森林的这家前家族企业于2008年被跨国食品公司邦吉收购。贝莱德以超过4%的股份（2020年2月）成为邦吉前十大股东之一。此时，儿子正在舀取家乐氏玉米片——贝莱德2019年12月31日对这家美国烘焙谷物制造商的持股份额已达7%。女儿整理了一下刚定型的头发，当然是借助法国欧莱雅的产品Elnett Satin超强定型喷雾。据其声明，这家巴黎公司每秒在全球出售大约50种产品——贝莱德作为前十大股东之一而受益。餐桌底下，那只猫正在嚼着希尔思宠物食品。该宠物食品制造商归高露洁棕榄所有。贝莱德所持有的这家跨国消费品公司的股份也处于领先地位。

寻物游戏可以随意进行下去，例如浴室里的妮维雅护肤霜和得宝手巾纸？贝莱德在制造商拜尔斯道夫公司和荷兰联合利华集团中拥有股份，后者生产止汗香体产品，例如舒耐和艾科等。脚癣？乐肤舒药剂来自诺华，贝莱德也是这家瑞士制药巨头的著名投资者。先生的博斯西装？根据2020年1月的一份报告，贝莱德拥有这家施瓦本①时装设计商3.23%的股份。先生上班开的是宝马3系。根据2020年1月向德国监管机构提交的报告，贝莱

————————

① 施瓦本是德国巴伐利亚州的一个行政区。——译者注

德持有宝马公司约 3％的股份。令先生减速的红灯由西门子生产，贝莱德也持有 5％的股份，因此是最大单一股东（2020 年 1月）。而太太驾驶的 Smart 是由位于斯图加特的竞争对手——戴姆勒生产的，贝莱德是戴姆勒的主要股东之一，持股 4.5％。儿子的球鞋是阿迪达斯生产的——贝莱德在这家黑措根奥拉赫①企业中持有 6％股份（2020 年 1 月）。女儿做完家庭作业（或未做完作业）坐在电视前，观看德国电视七台的《超模新秀大赛》，那么至少作为股东，贝莱德就处于幕后（2020 年 1 月持股3.57％）。贝莱德在一些德国公司的持股情况见表 2-1。

表 2-1　贝莱德——德国公司的大股东在所选公司中的持股比例（百分比）

DAX 指数中的公司名称	贝莱德的投票权	贝莱德是否为最大股东
阿迪达斯	6.23 ％	否
安联保险	6.39 ％	是
巴斯夫	6.61 ％	是
拜耳	7.17 ％	是
宝马	3.1 ％	否
拜尔斯道夫	＜3 ％	否
大陆集团	＜3 ％	否
科思创	5.05％	否
戴姆勒	4.47 ％	否
德意志银行	3.12 ％	否
德国证券交易所	6.59 ％	是
德国邮政	5.62 ％	否

① 黑措根奥拉赫是德国巴伐利亚州埃朗根-赫希施塔特县下的一个镇，是阿迪达斯等体育用品公司总部所在地。——译者注

续表

DAX 指数中的公司名称	贝莱德的投票权	贝莱德是否为最大股东
德国电信	4.91 %	否
意昂集团	4.41 %	否
费森尤斯集团	4.83 %	否
费森尤斯医疗	4.74 %	否
海德堡水泥	4.74 %	否
汉高	<3%	否
英飞凌	5.36%	是
林德化工	4.23%	否
汉莎航空	3.04%	否
默克集团	7.2%	是
发动机及涡轮机联盟	7.04%	否
慕尼黑再保险公司	6.67%	是
莱茵集团	6.52%	是
思爱普	5.15%	否
西门子	5.13%	是
大众汽车	<3%	否
沃诺维亚	7.43%	是
Wirecard	3.25%	否

无论是媒体、化工、能源、银行还是保险——贝莱德的参股网络在德国尚未触及的行业寥寥无几。有时，这些业务通过子公司运营，例如贝莱德持股 2 号公司，这家公司位于特拉华州素有"美国皮包公司天堂"之称的威尔明顿；或者是贝莱德泽西国际持股有限合伙企业，这家企业位于海峡群岛中素有"避税天堂"之称的泽西岛圣赫利尔。由经验丰富的税务师设计的这种结构在国际金融界司空见惯，绝非什么秘密。它们已经成为日常业务活动的一部分，以至于如果这家资产管理公司放弃这种套盒式的组

织结构，客户将大为震惊。当被问及时，贝莱德解释说这些公司之所以位于避税天堂，是因为"当地法律和法律基础设施非常发达，足够灵活，可以满足我们的业务要求"。此外，其欧洲业务在相应的欧洲国家纳税，无论涉及哪些公司。

为了提高所有权的透明度，德国的金融监管机构联邦金融监管局（BaFin）① 要求表决权比例超过一定阈值的大型投资者必须公开相应的报告。但这些强制性报告仅仅是一张时点快照，投资者通常持有比例高得多的股份，对内部人士而言这是个公开的秘密。"例如，超过 5% 的报告门槛后，投资者可以进一步买入直至持股 10%。"分析此类数据的服务提供商的一位专家在报道中说。只有超过 10% 的界限，投资者才需要再次向 BaFin 报告。

然而，贝莱德由于强制性报告与 BaFin 发生争议。即使是专业人士，也难以理解这些规则。许多投资者，包括大名鼎鼎的投资者，都在表决权制度上遭遇过滑铁卢，甚至一位 BaFin 员工也承认这一点。但是，贝莱德"到目前为止在数量上相当独特"。这无疑可以解释为什么对这家公司的审查程序持续了一年多，并在 2015 年春季以该公司被罚款 325 万欧元而告终，这是"迄今为止的最高罚款"，正如 BaFin 新闻稿所指出的那样。2014 年秋天，贝莱德与 BaFin 协商一致，宣布将更正 48 家公司的强制性报告。这些报告给出了贝莱德参与德国经济的翔实快照。贝莱德的投资对象除了已经提到的公司之外，还有能源供应商莱茵集团和意昂集团，汉莎航空，德国电信和德国邮政，拜耳和巴斯夫，轮胎制造商大陆集团，沃尔多夫的软件巨头思爱普，德意志银

---

① 2002 年 5 月，德国把德意志联邦银行和保险监管、证券监管机构合并，成立的一个统一监管组织，即联邦金融监管局。——译者注

行、安联保险和慕尼黑再保险公司——这几家可是德国金融业为数不多的核心企业。〔显然，贝莱德仍未完全搞定表决权报告。2020 年 4 月，BaFin 针对新的报告差异（差错）对其再次处以 74 万欧元的罚款。〕

贝莱德还是德国邻国瑞士的第一大投资者，正如瑞士联邦经济部从 2019 年开始的一项分析所显示的。除了雀巢，这家纽约公司还持有温特图尔工业集团苏尔寿、保险公司瑞士人寿、大银行如瑞银集团和瑞士信贷银行，以及巧克力制造商瑞士莲的股份——大多数持股约 3%。"贝莱德是横亘在瑞士市场指数 SMI 的惊涛骇浪中的一堵黑岩"，《新苏黎世报》这样华丽地描写道。

但是，贝莱德所持有的股份数量总是在波动——有时甚至每天都会发生变化。仅在 2019 年 12 月 3 日这一天，就有 4 家公司——Morphosys、Wirecard、慕尼黑再保险和戴姆勒——发布报告称贝莱德的表决权比例发生了变化。在这种情况下，贝莱德对德国生物技术公司 Morphosys、金融技术提供商 Wirecard（于 2020 年 6 月破产）和慕尼黑再保险公司的持股涨幅均不足 1 个百分点。对于戴姆勒，贝莱德的持股跌幅也微不足道。持股比例跌宕起伏的背后很少是出于投资策略考虑。由于贝莱德充当中间人，即资产管理人，因此该公司从投资者那里汇总资金并为他们投资。在少数情况下，主动型基金经理可决定由他们负责的资金将投资于哪些股票。但是，贝莱德的大部分投资资金流入了复制股指例如 DAX 指数的基金。这样的被动型 DAX 指数基金必然包含这一德国股票指数中全部 30 家公司的股票。在这种情况下，没有基金经理来决定赞成或反对投资某只股票。当客户出售其基金份额，贝莱德持有的 DAX 指数成分股公司的股票也将减少。

相反，当投资者向 DAX 指数基金注入新资金，贝莱德的持股增加。对于大多数基于大型股票指数的基金，例如 DAX 指数，贝莱德的持股比例相当稳定。

但是，贝莱德无法控制资金流入并不意味着贝莱德无法影响所持股公司。恰恰相反，正是由于贝莱德基于与该指数的联系而被迫持有相关公司的股票，所以这家纽约公司成了长期股东之一。股东，其利益能由董事会①更好地照管，最好不要与之对抗。

乍一看，贝莱德通常持有 3％ 或 5％ 的股份似乎并不高，比如，在总共1 069 837 447股有表决权的股票中已持有 61 365 875 股（这是贝莱德在 2014 年结算日向 BaFin 报告的在戴姆勒中持有的 5.74％股份），但如果大多数其他股东联合起来也只有更少的表决权的话，这就意味着很多。让我们虚构一家制造橡皮鸭的创业公司。所有权分为 20 份股票。这些股票由 17 名股东拥有。其中 16 名股东每名只有一份股票，其余 4 份股票属于某家"黑岩"（BR）公司。即使拥有 4 份股票的 BR 并不拥有多数股份，甚至持股不到 1/4，该公司仍然拥有比其余每名股东更多的股份。假设 BR 希望将小鸭染成漆黑色而不是亮黄色，可以设想，橡皮鸭公司的创始人至少要掂量一下这个提议。

深度参与德国住房市场

在德国市场，贝莱德不仅投资了股票，还投资不动产。贝莱

---

① 德国公司的董事会为公司经营决策机关、业务执行机关及公司代表机关，其地位相当于美日公司中的管理层或经营管理委员会。在德国公司中同美日公司的董事会取权相当的是监事会。——译者注

德现在可能是德国市场上最大的房东之一（尽管是间接的）。在德国联邦统计局 2014 年统计出的 2 000 万套出租住宅中，大多数仍属于较小的当地私人房屋业主。这使得大型投资者长期以来很难投资德国房地产——这种投资过于分散且成本高昂。

这种情况在赫尔穆特·科尔（Helmut Kohl）政府时期发生了变化，这届政府在 20 世纪 90 年代初废除了了公共公寓、合作社和公司公寓的非营利组织身份。在此之前，政府对非营利住房公司免征公司税、交易税和财富税。税收优惠在 21 世纪初取消后，市政当局、州政府和公司开始出售其存量住房。科尔的继任者格哈德·施罗德（Gerhard Schröder）通过资本收益免税来加快这一趋势。

自当时的德国社会民主党主席弗朗茨·明特费林（Franz Müntefering）发表讲话以来，美国和英国的私募股权公司就很乐意进行大规模收购。一度丑闻缠身的工会组织"新家园"的存量住房——后来的 BauBeCon 公司，以及国有企业柏林 GSW 公司，通过贝莱德被汇集到了德国住房公司的名下。德意志爱林顿公司由伦敦的泰丰公司重组了能源供应商意昂集团和莱茵集团的前铁路公寓和前公司公寓形成的。与此同时，一个来自纽约的竞争对手——峰堡公司，将联邦雇员薪金保险局的存量住房和汉诺威市政房屋公司 Nileg、德累斯顿 Woba 公司所持股份合并，成立职工福利住房股份公司 Gagfah。2014 年底，Gagfah 和德意志爱林顿公司合并，形成了一个庞然大物：新公司在 400 个地点拥有 40 万套公寓；超过 100 万房客生活在其屋檐下。在德国，从未有过如此规模的大型房东。这家住宅建筑巨头也活跃在瑞典和奥地利。

但是，私有住房公司这个概念很快就坏了名声。《经济周刊》在一篇报告中尖锐地总结道，峰堡、泰丰和贝莱德等新业主"为了粉饰资产负债表，任由房屋衰败"。所有权易主之后，租户的投诉增加了。2012年，汉堡市威廉斯堡区 Gagfah 公司的租户向当时负责城市发展的参议员尤塔·布兰考（Jutta Blankau）递交了一长串缺陷清单。他们抱怨窗户、墙壁和屋顶漏水，楼梯间损坏严重，电梯故障频出，阳台破旧以及室外设施简陋。显然，无一例外，"维修走过场"，2011年5月，法兰克福戈德斯坦住宅区一处早先为邮局工作人员建造的房屋的一位租户向《莱茵美茵报》记者抱怨道。另一位居民报告说，取暖设施工作不正常，电梯坏了好几个星期。记者写道，一位小吃店主对这家企业（当时还叫德意志爱林顿）破口大骂，具体言辞不可描述。该企业断然拒绝这一批评。它在一篇文章中称，仅2011年一年，每平方米居住面积上投入的维修花费就达14欧元，高于德国平均水平。西德广播公司（WDR）关于波恩一处德意志爱林顿住宅区的报道提到霉菌侵扰、运营成本不透明和租金上涨。北莱茵-威斯特法伦州的红绿联盟州政府甚至指控"哈茨4"（Hartz IV）[①] 接受者的公寓被忽视了，因为无论公寓盖成什么样子，就业中心都会付款。州政府将这一手法称作"Hartz IV 商业模式"。但是，当接受 WDR 的询问时，德意志爱林顿称"公司代表了一种可持续的长期战略，该战略将客户和存量地产的维护放在首位"。其任

[①] Hartz IV 指失业救助金。大众集团董事会前成员彼得·哈茨（Peter Hartz）在2002年被委托起草设计了社会福利方面的改革设计蓝图，该计划分为四个部分施行，其中第四部分是关于失业救助金，所以社会上也称失业救助金为 Hartz IV。这项救助金既包括租房补贴，也包括基本生活费。——译者注

务是"逐步纠正过去的错误",首席执行官罗尔夫·布赫(Rolf Buch)在接受采访时自我批评道。Gagfah公司还承诺进行改进,并宣布追加投资和进行翻新。

也许并非完全出于自愿。有关德意志爱林顿公司的一则故事以《高房租公司》为标题,并引用了该公司2013年11月的内部文件。据称,该公司预计"与声誉相关的维修积压事项"价值1.61亿欧元。很多情形与解决关乎声誉的霉菌破坏、修补屋顶和修复供暖系统问题有关。杂志《明星》认为,德意志爱林顿公司董事会关切地注意到"报道从本地范围上升到跨地区范围"。用通俗易懂的话说,太多的负面标题吊起了经理们的胃口。在给《明星》记者的一份声明中,该公司表示:"董事会本身已在未经监事会批准的情况下增加了维护预算。"

2015年,德意志爱林顿公司进行了更名,它选择了没有历史负担且听起来朗朗上口的名字维诺维亚。"品牌定位基于我们的新理解和企业宗旨。通过刻意减少拼写和省略附加元素,我们想要表达我们想关注的内容:我们的客户。"一直担任董事会主席的罗尔夫·布赫在一个场合解释说。但是,抱怨声依然存在。例如,2019年3月,《法兰克福评论报》报道了维诺维亚自有房产冬季服务的高昂收费。例如,据该报报道,在2016年的水电费账单中,这一大房东对黑森州克龙贝格一套54平方米的公寓就收取了519欧元的冬季服务费,相当于每月每平方米80美分。然而,在法兰克福,每月每平方米4美分的冬季服务费是惯常水平,记者援引当地租户保护协会负责人罗尔夫·扬森(Rolf Janßen)的话说:"厚颜无耻。"虽然扬森这样评价维诺维亚的做法,但该公司对《法兰克福评论报》的质询言之甚少。该公司告

诉记者，只有充分理解服务的计费方式，公司才能就良好的市场
化价格与客户达成一致。2020年2月初，在对阵东威斯特法伦-
利普租户协会的争论中，维诺维亚的代表严重处于守势。租户保
护机构描述了返修的情况，这给受影响的租户带来了每月超过
90 欧元的额外负担——而租金为 355 欧元。房屋经理为自己辩
护，反对现场一位与会者批评公司一心只为股东谋利："我们不
是开着挖掘机在该地区横行无忌的匪帮。"他说他们意识到了社
会责任。

房地产巨头的管理者关注公司声誉并公开承诺进行改善，这
绝非偶然。实际情况发生了一些变化：私募股权公司们已经着手
兑现离场。泰丰公司早在 2013 年就将德意志爱林顿公司挂牌上
市，同年贝莱德将德国住房公司挂牌上市。峰堡公司将投资项目
上市的时间甚至更早：Gagfah 被德意志爱林顿收购之前在 2006
年就已经上市。当私募股权公司们挥手作别时，一小撮大型国际
投资者加入了这些新包装出炉的上市公司。除了挪威养老金基
金——挪威央行投资管理公司之外，还有美国基金提供商富达及
其波士顿竞争对手马萨诸塞州金融服务公司（MFS），以及最后
但并非最不重要的贝莱德。贝莱德称，2020 年 2 月，公司持有
维诺维亚超过 7% 的股份。在德国住房公司中，这一比例超过了
10%。在 LEG 不动产公司中贝莱德拥有 7.5% 的股份，通过这家
公司，北莱茵-威斯特法伦州土地开发公司拥有的住宅被私有化。
新房主对赚快钱不感兴趣。对它们来说，只有在价格和股息持续
增长的情况下，才值得进行投资。这绝不意味着它们不看重回
报。该行业的合并导致人员和组织的大量削减。例如，德国住房
公司于 2014 年初收购了柏林 GSW 公司，当时后者投资组合中有

60 000套公寓，其中约有12万人居住。接管完成后，对于房地产公司而言至关重要的来自租赁业务的营业利润在该财年第一季度几乎翻了一番，达到5 910万欧元。租金上涨了4.2%，这帮助公司大幅提高了利润。2019年11月，《柏林晨报》报告说租金收入持续增长。在前9个月中，德国住房公司的营业利润同比增长了12.8%，达到4.163亿欧元。《柏林晨报》说："维诺维亚的竞争对手LEG不动产公司和TAG不动产公司证实了2019年的前景。"根据其英语网站，它们的格言是：我们创造盈利空间。① （贝莱德还持有TAG不动产公司6%的股份。）

贝莱德可能并不后悔进入德国住房市场。对于租户来说，这种提高收益的方法肯定不那么令人愉快。德国住房市场的需求程度究竟有多高，从"没收德国住房公司倡议"可以看出。倡议要求没收房地产公司的财产，放在几年前这会被视为左翼的异想天开，人们根本不予考虑。但在2019年夏天，活动人士为这项倡议收集了77 000多个签名。压力的存在确保了2015年推出的租赁价格管制不仅延长到2025年，而且进一步收紧。在价格控制机制适用的情形下，房东一般只能比本地可比租金多收10%。最重要的是，可控制工业集中地区租金的进一步上涨。

住房市场上的困难也令大房东背后的投资者更加出名——尽管并不是更受欢迎。例如，在《星期五》周刊上，维尔纳·拉格默（Werner Rägemer）抱怨"住房公司廉价收购，让租户支付翻新费用，充分利用了避税天堂和各种想得到的肮脏伎俩"，并让贝莱德这样的"资本组织者"立即对此负责。柏林联盟第一足球

---

① 原文为We make room for profitability，具有双重含义，另一重含义是：我们为盈利而建造房屋。——译者注

俱乐部球迷在 2019 年该俱乐部升入德甲后得知新的主要赞助商变成卢森堡房地产公司环城 SA 时，愤怒地做出了反应。除了商业地产，这家公司还持有大城地产的股份。当时，该公司在全德范围拥有约 84 000 套公寓，其中 7 500 套位于柏林。据柏林-勃兰登堡广播公司（RBB）报道，这些公寓大约 1/3 位于该俱乐部球迷分布区域，即特雷普托-克珀尼克区，并且"环城 SA 的第二大股东是有争议的资产管理公司贝莱德"。该俱乐部前经理克里斯蒂安·比克（Christian Beeck）此前曾在《每日镜报》上批评道，对于一个真正反对商业的俱乐部来说，这是一个问题。俱乐部发言人告诉批评者："球队的组织者应坚守职业足球，而不是借此去卖油煎香肠和啤酒。"贝莱德如今在世界上最美丽的小事上①也扮演着角色。

在商业地产发力：弗赖辛市的黄金地块

弗赖辛市曾经是公爵领地，当时是学者大本营和主教城市。奥托三世皇帝于 996 年授予它开市权。这座有着 46 000 名居民的巴伐利亚城市的网站很肯定地宣称，它是"雷根斯堡和博尔扎诺之间最古老的城市"。在战争期间，这座城市受损严重。但近年来，这座城市一直努力恢复其历史核心。官方的格言是："市中心是一个城市的心脏和灵魂。规划者、政治家和公民携手合作。"但城市规划者很难与市中心大片土地的所有者携手合作。2014 年 1 月，《南德意志报》在一则报道中描述了该地区的"黄金地块"。安格巴德加斯的房

---

① 指体育。——译者注

产曾经归奥乐齐南部公司①所有。这家公司将其与其他房产一起
出售给投资者。2014年1月初，《南德意志报》报道，大楼空无
一人。弗赖辛市本来希望向这家公司购买该房产，并相信自己将
享有优先购买权。但是，尽管做了几次尝试——甚至闹上了法
庭——弗赖辛市还是在这个项目上失败了。获胜者是新投资者贝
莱德。面对弗赖辛市的这一"黄金地块"，贝莱德沉默了许久。
两年多来，这处地产一直得不到开发。就这样，这个城市的规划
始终前景不明。然后，贝莱德将其卖给了慕尼黑房地产投资者
GIG公司。然而，GIG公司2016年将其再次出售。2019年夏
天，在奥乐齐关闭5年后，一家商超艾德卡又在安格巴德加斯开
业了。

贝莱德位于埃森的"巴姆勒大街购物公园"则推进得很快。
推土机于2014年年中开始作业。要拆除的奥乐齐购物中心位于
A4高速公路靠近博特罗普的地方，交通便利。新主人计划进行
彻底的重建。在这种情况下，贝莱德动用了推土机——"巴姆勒
大街购物公园"也是这家大型公司的房地产投资组合的一部分。

2017年2月，贝莱德以3 600万欧元的价格将重建的"巴姆
勒大街购物公园"（之后重新命名为"埃森北区购物公园"）出售
给哈恩集团。

这些只是贝莱德参与商业地产的两个例子。2013年，这家
纽约公司通过收购一家名为MGPA的公司，一举将由位于德国
各地的100处房产构成的一个投资组合收入囊中。

MGPA曾是澳大利亚投资银行麦格理的房地产子公司。贝莱

---

① 奥乐齐公司有南、北两大部分。

德对 MGPA 感兴趣，因为该公司近年来一直是欧洲和亚洲市场上最活跃的房地产买家之一。在被收购之前，MGPA 已经收购了超过 230 亿美元的投资组合。近年来，德国也逐渐进入它的视野。2010 年，MGPA 在这里上演了一次突然袭击：它从奥乐齐南部公司手中收购了包括连锁店、土地和物流中心在内总共约 140 处房产。双方约定对收购价格保密。2012 年，MGPA 扩大了收购规模，将 3 个城区中心、一个零售园区、一家超市和 6 家专卖店纳入囊中。德国商超行业排在前列的公司包括：艾德卡、雷韦、佩妮和奥乐齐。交易后，MGPA 的德国投资组合包括 175 处物业，总出租面积达 34 万平方米。其中一处物业就是"巴姆勒大街购物公园"。几个月后，MGPA 被收购：贝莱德以不公开价格收购了这家房地产专业公司。

贝莱德对商业地产的兴趣似乎并未减弱。2018 年 4 月，贝莱德推出了欧元区核心不动产基金。公司新闻稿称，该基金旨在"在欧元区以及货币与欧元挂钩的国家实现高质量、以收益为导向的投资"。其中包括巴黎、慕尼黑和汉堡的办公物业，以及哥本哈根的零售物业。基金经理伊恩·威廉姆森（Ian Williamson）解释道："我们的投资方法本质上瞄准长期投资潜力，为投资者带来稳定的股息回报。"

隐身的超级投资者

贝莱德当时在德国的全部投资已达 1 200 亿美元，贝莱德关于其基金的一份声明称这些资金是从德国大大小小的投资者处筹集到的，但长期以来公司做到了躲在公众关注的雷达之外。虽然贝莱德的德国负责人一开始很乐意在位于法兰克福银行区标志性建筑歌剧大楼的贝莱德办公室举行一次见面会，向媒体说明贝莱德的德国战略和商业目标，但是在2015年秋季，贝莱德撤回了对这次对话纪要的使用许可。然而，当2016年成为贝莱德德国子公司的监事会主席弗里德里希·默茨（Friedrich Merz）打算竞选联邦总理时，这家纽约公司还是上了头条。（2020年3月，默茨辞去在贝莱德的职务。）

显然，那些法兰克福人现在更喜欢尝试魅力攻势。虽然其前任们将自己与记者的接触减少到最低限度，仅限于专业媒体层面，但德国子公司的现任领导者德克·施密茨（Dirk Schmitz）在公开露面时努力给贝莱德塑造一张友好甚至彻头彻尾人畜无害的面孔——"一位40多岁的对话者，亲切地答复了所有问题，甚至包括那些颇具挑衅性的问题"，正如德国广播电台记者所证实的那样。在《明星》杂志上，这位前投资银行家穿着一件休闲款的蓝色针织毛衣，他是贝莱德从走下坡路的德意志银行挖来的。同时，他若有所思的目光在"美哈顿"①的天际线上滑过。他喜欢说些诸如"与强权地位无关，这只是我们提供服务的结果"之类的话。他保证，不会恶意收购德国公司，并且"没有人需要害怕我们"。

当被德国广播电台记者问及他是否理解关于贝莱德的报道经常冠以《隐秘的强权》或《危险的巨人》等标题时，施密茨老练地回答道："是的，我认为这往往源于这样一个事实：人们对我们不够了解。我们是一家完全正常的基金公司，全球运营，为投

---

① 这是美因河畔法兰克福金融城的别称，美因河畔法兰克福即人们经常提到的法兰克福。此外，德国东部还有奥得河畔法兰克福。——译者注

资人和客户提供正常的基金。当然，我们有一定的规模，这往往激起人们想讲某些故事的欲望。但这些故事与现实没有多大关系。不存在秘密计划，不存在'隐秘的强权'，故事中人们爱讲的所有东西皆系子虚乌有。"

一家"完全正常的基金公司"？关于它所流传的都是些无稽之谈？施密茨的纽约老板可不要太谦虚了。

拉里·芬克闪亮登场了！

隐藏在巨人背后：华尔街输家的逆袭

　　即使是那些没看过电影《华尔街》的人也能想象出金融大亨是什么样子的：戈登·盖柯的形象——宽大的背带，细条纹长裤和向后梳的背头——由迈克尔·道格拉斯（Michael Douglas）在这部好莱坞大片中加以完美演绎。芬克和这些一点都不沾边儿。这个现代金融世界中最具影响力的人物，第一眼看去竟像他自己的会计师。后退的发迹线（男士们常常遮遮掩掩地称之为"高额头"），灰白鬓角配以无框眼镜。在镜头前的采访中，他具有"老政治家"的风范，凭借自己的经验和知识，冷静地超脱于尘世。

　　他身上散发出一种吸引力，这是人们在一位在全球拥有14 000名员工的老板，或领导一家市值达 700 亿美元的公司（截至 2020 年 2 月）首席执行官身上所期待看到的。他谦虚地说："我还是个学生。"当 2012 年咨询公司麦肯锡在《21 世纪的领导力》这一讲座上（这只是面向公司对话伙伴的一场关于全球化、管理动机以及全球政治领导力薄弱环节的讲座）就其领导风格向他提问时，他说道："媒体曝光度被严格控制。"在过去的几年中，他极少接受采访。如今，人们经常看到他，但他释放出的信息严格遵循作为客户（实际上也就是全体投资者）受托人的脚本。芬克团队的一位女公关说："当涉及向外部发声时，已到了近乎偏执的程度。"难怪当记者被允许在其领地采访这位伟大的卡胡纳①时，记者们会反应热烈。卡罗尔·鲁米斯（Carol Loomis），财经女记者兼传奇投资人物沃伦·巴菲特（Warren Buffett）的代笔作家，被允许近距离观察芬克的工作。在商业杂志《财富》的封面故事中，她描述了芬克的日常工作，就像专制主义时代的宫廷编年史家给国王撰写起居注一样。

我们得知，芬克的一天从早晨5：15于其位于曼哈顿上东城的豪华公寓开始。早晨5：45，一辆豪华轿车来接他，几分钟后将他送到贝莱德总部。上班途中，他带了三份报纸——《纽约时报》《金融时报》和《华尔街日报》。然后，芬克先进行一个小时的思考，或者按下某个按钮呼叫某位经理——后者最好在办公室。早餐包括谷物、蓝莓和香蕉。根据鲁米斯的说法，在所有日程安排当中，他仍然有片刻的时间给妻子洛瑞（Lori）打电话，两人已结婚40多年（他在17岁时认识了她）。芬克在下午6：30离开办公室，要么回家，要么参加应酬。晚上10：30，他熄灯休息。鲁米斯的文章被媒体置于网站上的醒目位置。每个读者此时都会清楚，芬克正在为贝莱德辛苦奋斗——从广义上说，也是在为客户奋斗。

芬克在各种场合都会提到，他意识到自己肩负着极大的社会责任。他喜欢说"我们的客户是消防员和老师"。这意味着贝莱

---

①　意为一个社会中的智者或受尊敬的人。——译者注

德管理着公职人员的退休金。但这并未阻止贝莱德将其最佳客户组成的一家财团拖进一桩交易，进而导致近期一起最大的房地产破产事件。这与纽约的彼得-史蒂文森城住宅区有关，贝莱德和上述财团 2006 年在房地产泡沫最严重时期以超过 50 亿美元的价格收购了该住宅区。在 2010 年初，投资失败——贝莱德退出。贝莱德的客户包括美国最大的公共养老基金——加利福尼亚州公务员退休基金（CalPERS）。这家退休基金负责为 160 万名加利福尼亚州公务员提供退休金。当时，CalPERS 因金融危机已受到严重的打击，由于彼得-史蒂文森城破产又再损失 5 亿美元。芬克在 2010 年 12 月对《商业周刊》表示，这件事一直在啃啮他的心灵，"我们让客户失望了"。

公关部门喜欢推出一副追求更崇高事业的仆人形象。在财经媒体 CNBC（号称金融领域的法庭报道者）上主持人将芬克介绍为"华尔街良心之声"。在一次名为"相聚梧桐树"的研讨会上——由英国商业杂志《经济学人》举办——该杂志总编辑宣布芬克是活动的"明星嘉宾"：贝莱德老板的闪亮登场可与滚石乐队媲美。芬克一如既往地穿着浅色衬衫、戴着紫色丝绸领带。他镇定而略显乏味地谈起他对总体政治时局的关切，以及他最喜欢的话题——迫在眉睫的老年人贫困问题。

如果你不知面前是谁，可能误认为芬克是某位喋喋不休的名嘴、某位一直在电视上抛头露面的"专家"。不过，一般观众在切换晚间节目频道时目光不会在他身上停留。但是，靠近他的人都会感受到特别之处——深藏不露的不安，以及紧绷的内心。对手被芬克紧盯着。在一次会议上，面临记者的一个批评性提问，他挥舞着手进行驳斥，清晰地展示他才是那个能一锤定音的人，这才是他所习惯的。在个人交往中，他"深入细致"且"直截了当"，正如知情人士所形容的那样。

"芬克现在是，也将一直是交易员。"拉里·道伊尔（Larry Doyle）说，他从 20 世纪 80 年代就跟着芬克做初级交易员。

交易员随时随地都在密切关注可能出现的获利机会和损失风险。这已成为他们血肉的组成部分。"缺乏经验会给人打上深刻的烙印，有时能让你损失几百万美元。"道伊尔说。"成功的交易员"一词不能完全描述这种活动——沉迷于数字，尤其是当数字后面跟着美元符号时。他们开始加快节奏并紧张不安：如果持有一个头寸时间太长，资金就不能流动；资金不流动，就赚不到钱。在最坏的情况下，他们会损失一些钱，因为市场不利于他们。市场——交易者谈到市场时的敬畏就像水手谈论大海一样。与自然力量类似，市场可能会逆转，不利于那些以其为生的人。就像水手观察风、浪和云一样，交易员可以观察价格、利率和订单流入的起起伏伏。任何倾听交易员声音的人，都会认为自己将交易员视为赌徒的任何偏见让自己显得外行。当雷曼兄弟破产后对华尔街的批评达到顶峰时，一封电子邮件在业界流传开来。作者的辩护词总结如下："我们的工作就是赚钱。无论商品、股票、债券，还是任何假想的、发明出来的证券。如果人们能用棒球卡赚钱，那么我们甚至会与他们交易。"利润是完全合理的，"我们以我们的猎物为生"。

* * *

诺贝尔经济学奖获得者罗伯特·席勒（Robert Shiller）一直在研究金融的作用及金融对社会的益处，他曾就互联网泡沫发出警告，也曾就房地产泡沫做出过正确的预测。他得出的结论是，没有金融业就不可能有现代国民经济。金融部门也为一个原本难以融入社会的群体提供了栖身之处。这位经济学家说，有 3％的人具有反社会型特征。"因此，最好在一个对我们社会有益的地方使用他们。"并非每个人都能在数分钟甚至数秒钟内做出涉及数百万美元的决策，或者在不为道德或情感因素所动的情况下权衡风险。

一天是交易员，一生是交易员，华尔街如是说。

芬克不喜欢听到这样的言论。自金融危机以来，他一直竭尽所能与危机后被唾弃的华尔街人士保持距离。在 2013 年的一次采访中，他告诉彭博社记者："我们不是华尔街。"此前，他甚至不喜欢将总部设在纽约。他说贝莱德的商业模式与华尔街的商业模式 100％不同。"我们的总部设在纽约，所以我们被与华尔街混为一谈，尽管我们并不属于那里。"不只是在面对记者时芬克坚持他与华尔街绝无任何瓜葛。一个独立的局外人形象对贝莱德的业务很重要。许多投资者——养老基金、共同基金、基金会之类，贝莱德为它们管理数十亿美元资产——它们不信任位于华尔街的公司。投资者常常感到被银行家们所诓骗。因此，对于芬克来说，使公司尽可能远离通常的"嫌疑人"极为重要。但可能更关键的是：让监管机构在任何情况下都不要将贝莱德与银行和证券经纪公司混淆，甚至也不要将其与保险公司混淆。到目前为止，芬克已经成功地使自己的帝国游离于 2008 年金融危机以来立法者和监管者制定的数百种新法规之外了。

在债券领域扶摇直上

在华尔街的职业生涯绝非芬克事先计划好的。与大多数华尔街人士不同，芬克是西海岸人。他在洛杉矶郊区范奈斯长大。他的母亲曾在当地大学任教，父亲则经营一家鞋店。芬克先在加利福尼亚大学学习政治学，然后，他从加利福尼亚大学安德森商学院获得 MBA 学位，专业是房地产金融。1976 年，年仅 23 岁的芬克怀揣着文凭前往华尔街。那并非一个不寻常的求职选项。一位业内资深人士回忆说："当时只有好莱坞比华尔街更热门。"但是，出身使芬克成了局外人。直到今天，顶尖银行招募的新人大多来自东海岸的精英大学——哈佛、耶鲁和普林斯顿。芬克本人曾对记者说，他只是个洛杉矶小子，"来时戴着绿松石饰物，留着长发"。一位前同事回想起芬克在团队晨会后会向所有人喊话的怪癖时仍不禁会发笑——芬克喊道："还有一件事：开心工作!"但是，东海岸银行家对芬克的聪明才智印象深刻。在上学期间，芬克就以脑子聪明引人注目。他接受了投资银行第一波士顿提供的工作机会。在那里，他被安排到债券部门。如今，交易部门的人手减少了，只有上年纪的人在那里做文件处理工作；而 20 世纪 80 年代的债券交易可是公司核心业务。交易员在健身房大小的交易室中，坐在成排的显示器前，成百上千部电话响个不停。几乎无人超过 30 岁，他们认为自己是"宇宙巨人"。汤姆·沃尔夫（Tom Wolf）在小说《虚荣的篝火》中对这帮人的傲慢自大和贪得无厌做了足以传世的描写。

20 世纪 80 年代也是第一波士顿的辉煌岁月，该银行跻身于顶级投资银行联盟，主要竞争对手是所罗门兄弟。可以在履历表中提到所罗门兄弟交易员经历的任何人，都有一种足以证明一定会打动华尔街内部人士的头衔。所罗门兄弟的交易员以冷酷无情并且总是迎难而上而闻名。所罗门兄弟将抵押交易打造为利润丰厚的业务，背后的主角是卢·拉涅里（Lew Ranieri）。迈克尔·刘易斯（Michael Lewis）在《说谎者的扑克牌》一书中对此进行了纪念。芬克成为拉涅里的主要对手。他不仅设法帮助公司赶上了所罗门兄弟，而且由于其所在的债券部门，第一波士顿在20世纪80年代中期主导了抵押贷款交易。芬克的机智为他的老板带来了梦幻般的利润——据说他所在的部门为该投资银行赚到了10亿美元。他的职业前景一片光明，在将近30岁时被任命为该投资银行最年轻的管理董事——甚至成为管理委员会的一员，在可预见的未来极有可能成为高层管理者。

但芬克不仅仅是20世纪80年代华尔街的年轻人之一，他更是发明结构化抵押贷款证券的先驱之一。这种证券引发了雷曼兄弟的倒闭并最终导致严重的衰退。

潘多拉魔盒中的神奇证券：CMO

在抵押贷款证券成为自17世纪郁金香狂热以来最具破坏性的投机泡沫的中心之前，它们被认为是现代金融业最巧妙的创新之一。芬克是20世纪80年代初期创造这项发明的先驱者（发明家）之一。为了理解这项开创性成就，有必要回顾一下之前的时光。

在德国，自弗里茨时代以来，抵押贷款（即以房地产担保的贷款）已作为不动产抵押债券转移给了投资者。[①] 与德国不同，

---

① 不动产抵押债券是德国传统的二级按揭市场产品，与美国的过手证券相似。但是，在德国市场上盛行的这种债券是以房地产贷款为担保品的债券。相比标准的资产证券化的表外处理，这种形式由于没有卖断贷款，本质上仍是一种表内融资。——译者注

长期以来，美国市场上没有可比的抵押贷款。业务通常看起来像这样：一位美国标准的消费者——不妨称他为蓝领乔——正在购买房屋。他从当地的储蓄与贷款银行——不妨称之为不幸银行——获得贷款。银行记录下这笔贷款，蓝领乔在 15～30 年内偿还本息，直到贷款还清。可向潜在购房者提供的资金受到当地银行财务实力的限制。在 20 世纪 80 年代后期的一次重大信贷紧缩（储蓄与贷款银行危机）期间，数百家地方性和区域性金融机构倒闭，瓶颈凸显。原因是利率投机和资产负债表造假——储蓄与贷款银行危机本来可以作为一个警示性例子，但众所周知，这个世界从来记忆力不佳，华尔街尤其擅长失忆。

一边是渴望贷款的房屋购买者；另一边是大型投资者，例如养老基金和保险公司，正在寻找安全而有利可图的投资。从字面上看，这就是华尔街解决方案所要求的。那里的金融爱好者问："这样做怎么样？如果我们将抵押贷款捆绑在一起，然后基于该打包贷款发行证券，那么投资者就可以分得贷款的部分利息。"这意味着贷款从当地的储蓄与贷款银行——"不幸银行"——的资产负债表转移到投资者共有的资产池中。这就将房屋贷款变成了抵押贷款证券，交易和投资变得更加容易。但是，仅凭这一点还不足以使抵押贷款吸引投资者。抵押贷款对他们来说有一个巨大的劣势：如果蓝领乔再次出售了自己的房屋，或重新安排了贷款（例如，以较低利率获得贷款），他可以提前偿还贷款。但这打乱了投资者的计划。投资者不是在 10 年内按期收取利息，而是一夜间被还清了贷款——这意味着未来将向投资者支付的利息被取消了，他们的收益计算中存在这样一个漏洞。投资者担心这种提前还款风险，因为这很难计算。这给依靠稳定资金流入的养老基金和保险公司带来了极大的困扰。

芬克及其竞争对手拉涅里被认为是找到了问题解决办法的人：抵押担保债券（collateralized mortgage obligation，CMO）①。抵押池对应不同的分级。首先，所有还款都流向一级投资者。当房主提前还贷时，所得资金首先弥补这部分投资者。三级投资者承担由此产生的大部分利息损失风险。只有当一级投资者按其份额全部收到还款时，二级投资者才得到偿还，最后是三级投资者。其次，由于房主提前还贷，一级投资者遭受利息损失的风险最低。抵押池的分级也可以根据其他标准进行，例如违约风险。最安全的是对信用评级最高的借款人的贷款，而风险最高的包括对不稳定贷款申请人的贷款。这种价格波动的优点是：信用评级较差房主的利率较高。这使得投资者对抵押贷款的投资更可预测——他们可以根据需要选择具有所需利率和风险的分级。保险公司和养老基金喜欢 CMO。外国投资者看到了一种确保美国房地产市场份额的方法。例如，德国的州立银行和亚洲与欧洲的主权财富基金都是对此十分感兴趣的客户。结构化抵押贷款证券——CMO 的变种——成为大受欢迎的投资工具。大型投资者在几年内向市场投入了数十亿美元。1983 年，芬克向抵押贷款购买者房地美展示了其首个 CMO 池。到 20 世纪 90 年代初，CMO 的金额已达到 2 500 亿美元。美国所有主要银行和许多外国机构（例如德意志银行）都参与了这项业务。以前的手机销售商和二手车交易商几乎是一夜之间成为抵押贷款交易商，并且变得富有。

---

① 从字面上看，CMO 指的是以抵押贷款为担保品的债务凭证。——译者注

"当我在停车场看到法拉利和保时捷时，我知道我们遇到了问题。"一位访问美国当地信贷机构的银行家回忆道。但是没人愿意看到这种危险，钱太多了。从美国金融市场中一个安静的利基市场开始，抵押贷款业务膨胀到了成为金融业主要业务构成的地步。2007年是华尔街的黄金年份，银行家和经纪人从未实现如此丰厚的收入。就像在流水线上一样，抵押贷款一经发行，便打包到池中，并基于此发行证券，然后在全球范围内分销。但是，对抵押贷款的需求不断增长意味着房地产价格飙升至不可持续的高度，而且借款人也越来越不稳定。最终，许多因素导致了危机的爆发。但事实是：没有CMO，就不可能实现这种抵押贷款还款中断。跟许多意义深远、服务于可理解目的的创意一样，CMO被华尔街那帮人滥用以致走向了反面。

无论如何，芬克仍然拥护自己的CMO。"我们当时帮助降低了购房成本。"他在2010年4月这样告诉《名利场》杂志。他说，当去华盛顿向公共抵押贷款机构房利美和房地美①介绍新的CMO工具时，真是令人振奋。"甚至在我20岁的时候，我就熟悉了这个工具的方方面面以及它能发挥何种积极作用。"事实是，抵押贷款工具几乎在一夜之间为房主提供了数千亿美元，而且许多美国人实现了拥有自己房子的梦想，在那之前这还很缥缈。但是，华尔街以此为契机穷尽每一寸游戏空间以实现利润最大化，也是不争的事实。这样一来，积极作用就被逆转了，成千上万的美国人在现代金融史上最大的房地产危机中失去了家园。

对CMO的先驱人物芬克及其贝莱德而言，CMO狂热之后的

---

① 房利美即联邦国民抵押贷款协会，房地美即联邦住宅贷款抵押公司。——译者注

崩溃最终也为帝国奠定了基础。

致命错误和坠落

凭借抵押贷款证券，芬克跻身上升通道榜首。一位同事回忆说："我们主导了市场，第一波士顿成为抵押利基市场中的重量级存在，仿佛一头 800 磅重的大猩猩。"芬克为公司赚钱，被认为是所在部门的才华横溢者。再过几轮，他就可以直接搬进行政套房了。这个加州小子向东海岸男孩们展示了实力。然而，在1986 年第二季度，灾难发生了。芬克所在的部门失败了。损失不是一点点，不是通常的糟糕交易日、异常月份或倒霉季度。芬克负责的业务损失了 1 亿美元。芬克的前初级交易员道伊尔沉思说："今天这不算什么大数目，但在那时……"第一波士顿的行政套房响起了警报。芬克及其团队错误地预测了利率变动。在那年的 3 月和 4 月，美联储出人意料地连续两次降息。随着利率下调，很明显，美国房主很快将连续用新的低利率抵押贷款代替他们旧的高利率抵押贷款。可怕的是，提前还款使得抵押贷款证券的风险几乎在一夜之间爆发了。芬克所在的部门坐拥一大堆证券，没人再想要了，只能眼睁睁被巨大的损失击倒。几乎一夜之间，芬克从第一波士顿老板眼中的红人变成了烈性传染病病人。他没有被扫地出门，至少没有被直接开除。在华尔街，直到今天还都有更多微妙的方法可以摆脱某人。突然间，你不用再出席重要会议，你错失关键信息。你被列入"请勿通话"名单。无人再想和你会面，即使在电梯中也是如此。以往的成功，给公司赚的那些钱，都被一笔勾销。你是毒药。

对于芬克来说，情况更糟糕。当他最终放弃并提出"自愿"离职时，《华尔街日报》报道说，第一波士顿发言人称芬克将无法保住目前的职位。其雇主甚至吝于为他提供为待解雇者准备的"新的有趣项目"，而通常这是惯例。《华尔街日报》的报道就像一段墓志铭——一个前程似锦的年轻人的职业生涯突然终结了。芬克已变成失败者。沉重打击的影响持续至今。20多年后，在2010年，当记者向他问起这件事时，仍报道说他明显受到影响。在与芬克的一次会面中，报道上流社会的《名利场》杂志写到，他如此用力地抓紧椅子，以至于伸出的指关节都变了颜色。

至少现在芬克可能会感到庆幸，因为第一波士顿在他被迫离开后不久就倒闭了。失误源于这样一个事件，它在华尔街史册中被称为"燃烧的床"，这个名字可以追溯至一部电影，费拉·福赛特（Farrah Fawcett）在其中扮演一位受虐待的妻子，最终烧死了床上的丈夫。其片名成为第一波士顿最后一笔大买卖在华尔街的戏称。该银行被并购热潮冲昏了头脑，为一家私募股权公司（公司猎手之一）对床垫制造商丝涟的收购提供了预付款。这是价值18亿美元的梦幻价格。第一波士顿提供的贷款将通过向投资者发行垃圾债券收回。

之所以被称为垃圾债券，是因为它们极具风险。丝涟的交易显示出了一切残酷性：20世纪80年代的垃圾债券泡沫就此破裂，丝涟债券没有找到买家，而第一波士顿（始建于1932年）突然捅出一个10亿美元的窟窿。瑞士信贷银行的银行家曾是第一波士顿的合伙人，后来介入并接管了这家陷入困境的公司。合并后，瑞士信贷银行更名为瑞士信贷第一波士顿银行——一个不甚响亮的名字。2006年该银行在名号中去掉了"第一波士顿"

字样，芬克在华尔街的第一位雇主的名号从此消失。

来自黑石的机会：从别人的后台起步

经历了惊人的失败之后，芬克在第一波士顿的闲职上待了将近两年。然后，他又有了机会。1988年2月，一家名为黑石的公司与他联系。这家公司背后是一个风格迥异的组合：苏世民和彼得·彼得森。苏世民是一位"交易制造商"、一位并购专家，他年轻时就进入投资银行雷曼兄弟，因此很自信。在雷曼兄弟，苏世民认识了彼得森。彼得森是一位政客，在转到华尔街之前在华盛顿任职，一度担任尼克松政府的商务部长。彼得森从他以前的工作中带来了"黄金通讯录"。当雷曼兄弟的破产几乎令世界崩溃时，苏世民和彼得森的黑石上市。当时他们看到了还很年轻的私募股权领域的机会。他们专门通过廉价融资收购公司或公司分部——多数采用上述发行垃圾债券的方式，然后对公司进行重组，最重要的是为它们进行再融资，并最终获利转售，或到交易所上市。彼得森拥有"黄金通讯录"，可以接触"美国企业界"的管理层以及将要投资这家新私募股权公司的养老基金的董事会，并与之建立联系。苏世民知道如何进行财务安排，以便为股东留出足够的收益。据推测，这两位创始人基于自己的名字构思年轻公司的名号：苏世民提供了Schwarz，即黑色；彼得森随意地将其名字从古希腊语转译过来，Petros意为石头。于是，黑石集团诞生了。

苏世民和彼得森希望在公司中增设其他业务，其中包括一个投资于各类债券的固定收益部门。一位同事的推荐令芬克成为理想人选，尽管也正是这位同事一度毁掉了芬克的职业生涯。黑石集团的两位老板接受了芬克的解释，认为这是计算机错误和数据收集不良所致。两人向芬克提出组建一家合资企业——黑石财务管理公司（BFM）的建议。黑石集团拥有新公司50％的股份，芬克和他的团队拥有新公司50％的股份。黑石集团为芬克提供了500万美元信贷额度作为启动资金——这是华尔街的一桩轶闻——芬克的团队就此起步。最初，他们甚至没有自己的办公室，转租了投资银行贝尔斯登的交易室（贝尔斯登是2008年金融危机的第一个受害者）。

　　但是，苏世民和芬克绝非理想的合作伙伴。苏世民是一位投资银行家。他虎视眈眈地紧盯着交易员，损失令其感到紧张。苏世民的自负至今仍是一个传说。即使在华尔街，他也因对金钱和地位的追求而闻名。《纽约时报》曾嘲笑说："关于他聚会的谣言多于关于其交易的谣言。"为了庆祝60岁生日，苏世民预定了公园大道军械库①，这是一座19世纪的军营，位于富人云集的上东区，后来被改建为活动大厅。罗德·斯图尔特（Rod Stewart）以100万美元的价格献唱生日小夜曲。黑色豪华轿车排成长龙，大型银行的老板如摩根大通的杰米·戴蒙（Jamie Dimon）和高盛的劳埃德·布兰克费恩（Lloyd Blankfein），还有唐纳德·特朗普（Donald Trump）和挽着他的手的梅拉尼娅·特朗普（Melania Trump）——无人猜到这位不动产电视明星兼不动产大亨有朝一日会成为美国总统。当时的纽约枢机主教爱德华·伊根（Edward Egan）和索尼董事会主席霍华德·斯金格爵士（Sir Howard Stringer）也大驾光临。有

---

　　① 纽约一处著名的艺术中心。——译者注

个笑话是这么说的：苏世民之所以预订军械库而不是在自己位于几个街区之外的价值3 000万美元的公寓聚会，是因为前者更让人觉得亲切。苏世民夫妇将这座公寓建造得就像是其位于法国圣特罗佩的休闲宫殿的复制品一样。《华尔街日报》关于这位"交易之王"（king of deal）得失的故事在街头巷尾广为流传，供人娱乐。例如，他以每只400美元的价格运来新鲜的石蟹；他责骂管家，因为后者鞋子的绉纱鞋底会吱吱作响。当苏世民在其1 000平方米别墅的游泳池旁举办活动时，活动喧嚣且扰民；这座别墅位于佛罗里达富豪区棕榈滩上。此外，他从不穿黑色的鞋子。

芬克和苏世民很快起了冲突。1992年，他们的合资企业从投资者处筹集到80亿美元的资本并实现了1 300万美元的利润。芬克想保持增长，认为黑石集团应该放弃更多的股份。然后，芬克希望能利用这些股份为BFM吸引更多的人才，即股份应用于吸引新的合作伙伴。但是，苏世民拒不接受这个建议。据苏世民的传记作者戴维·凯里（David Carey）和约翰·莫里斯（John Morris）的说法，当时苏世民与妻子正处于激烈的离婚战当中。同事们表示，这使他对芬克的想法丝毫不愿让步。

芬克不想继续合作。他在匹兹堡找到了一家名为PNC①的投资机构，该机构愿意出价2.4亿美元。然后，芬克要求黑石集团将合资企业的股份出售给这家银行。最终，苏世民屈服了。1994年6月，黑石集团将对BFM（后来更名为贝莱德）的持股出售给PNC。苏世民赚了2 500万美元。据《商业周刊》的报道，这足以弥补他与妻子离婚的损失（他为此付出约2 000万美元）。但

---

① PNC意为匹兹堡国民公司（Pittsburgh National Corporation）。——译者注

是，苏世民承认，他对这次交易抱憾至今。他损失了超过 10 亿
美元。但这并不会令他变成穷人——毕竟，当黑石集团 2007 年
上市时，他赚了大约 7 亿美元。现在，他是身家超过 150 亿美元
的最富有的人中的一员。但是，像苏世民这种人，如果与好的交
易失之交臂，就绝不会原谅自己。这涉及在华尔街的声誉问题。
没人能够安慰这位私募股权之王，因为没有人，甚至是芬克本
人，能够知道曾是黑石集团小小副业的这家公司，将有多么惊人
的崛起。

贝莱德登场

现在，芬克在华尔街上拥有了自己的公司。这听上去比实际
更令人印象深刻，因为许多银行家和交易员在某个时候都会独立
出来。业内称之为"亮出自己的招牌"（hanging up your own shin-
gle）。例如，芬克的老对手——所罗门兄弟的拉涅里也开设了自
己的公司。1987 年，拉涅里被所罗门兄弟抛弃。虽然他的名字
在某些圈子中依然广为人知，但他被认为已经过气了。"在所罗
门兄弟，其传奇故事几乎一直在流传——差不多有 30 年。"一位
抵押贷款行业资深人士这样说，他在该公司工作了差不多同样长
的时间。

但是，芬克与华尔街大多数人在本质上不同。芬克没有忘记
他的错误。他从中吸取了教训。在第一波士顿的痛苦经历甚至使
芬克获得启示，这使其公司成为一个全球巨人。他的领悟从根本
上改变了华尔街。

芬克本人一直铭记着这次传奇性的失误，这最终使他从失败

者变成了金凤凰。他对自己要求很严苛。他说错误首先不在于1亿美元的损失，其实在此前赚得数亿美元利润时错误就已经开始了，因为他和他的团队不了解这些利润是如何产生的。他们不理解自己在交易中承担的风险。当时的计算机程序过于粗糙，无法计算出如果利率等重要变量变化时会发生什么。这就是他们惨遭失败的原因。"我们不知道为何赚到这么多钱。我们没有必要的工具来了解自己所承担的是何种风险。"多年后，他在接受采访时这样说。他的结论是：他再也不想持有无法评估风险的头寸了，永不。他和他的团队着手建立了一个系统，该系统将满足芬克对理解所有风险的痴迷。

贝莱德向交易员的直觉说再见，试图用纳入越来越多信息的计算机模型代替直觉。在大数据这一概念出现很久之前，芬克及其团队就认识到了信息带来的可能性。贝莱德的业务代表喜欢带着微笑说他们"对识别风险近乎偏执"。这种念兹在兹的创始人对风险的偏执已化为贝莱德的系统，如今也成为该公司用来吸引客户的一个信条。

对识别风险的偏执是芬克成功秘诀的一部分。但是，贝莱德的一位前雇员调侃道，贝莱德并非能够识别风险或打造相应系统的唯一投资机构。谈到前雇主时，他这样说："他们喜欢自吹自擂。"但他也承认芬克是行业中的例外。芬克的与众不同在于：他跨越了这样的界限，而外行人几乎意识不到金融领域存在这样的界限。华尔街就像一处珊瑚礁，那里有斑马鱼、小丑鱼、海葵和梭子鱼，有鲨鱼和清洁鱼、章鱼、海胆、蜗牛和水母。就像每种生物在水下世界中拥有一席之地，华尔街也有各式各样的工作；就像在礁石中一样，有些生物生活在共生模式下，另一些生活在捕猎模式下。华尔街有投资银行家，股票交易商和债券交易员，分析师和经济学家，对冲基金经理和高频交易赌徒，私募股权大亨，交易所监管人员和评级机构。

但是，存在一条鸿沟，而在芬克之前少有人跨过。这就是卖方和买方之间的鸿沟。大致来说，就是提供投资机会的人或经纪人与出钱投资的人之间存在鸿沟。在买方，可以看到各种类型的投资者：对冲基金、投资基金、养老基金、基金会、保险公司以及小型投资者。在卖方，有投资银行家为投资者提供公司股票或债券，有分析师提供研究报告和预测股票价格，有交易处理部门接收买方指令执行订单，买卖股票或债券。

在芬克出现之前，除了对冲基金外，位于买方一侧的需求者都从位于卖方一侧的供应商那里购买投资产品。可以这样想象这个过程：一家公司，如迪士尼或麦当劳，就其资本结构向一家银行征求意见——它应该拥有多少股本、发行多少股票、承担多少债务，才能尽可能多地赚钱？然后，银行家相应地安排新股或债券的发行，再将这些证券提供给目标投资者，也就是买方。

但是，作为供给者的卖方始终具有知识优势——毕竟是由它们的业务代表策划的交易。那些在卖方工作的人首先要擅长推销——推销产品或服务，但首先是推销他们自己。

同样重要的是，无论向客户提供何种条件，都应为公司以及自己的佣金或奖金留出足够的空间。这样，对于买方来说就存在恼人的信息不对称情况。尽管买方资产管理者经常控制着数十亿美元的资金，但没有任何基金可以配置银行那样的设施。这就解释了为何评级机构的评级如此重要——买方将其视为买卖双方之间的中立裁判，至少直到 2008 年金融危机前是如此。但是，评级不足以补偿卖方和买方之间的信息失衡——尤其是次贷危机让许多投资者开始怀疑评级的中立性。太多的抵押贷款证券被评级师评为最高级别 AAA，结果却导致投资组合失败。2015 年 1月，市场领导者标准普尔以 13.7 亿美元的代价就美国司法部发起的一项调查取得和解，调查称标准普尔涉嫌抵押贷款证券的不当评级行为。标准普尔表示，和解并非承认有罪。其竞争对手穆迪直到 2017 年初才被处罚——已是次贷危机后将近 10 年——并支付了 8.64 亿美元。美国司法部的一位代表提出的理由是穆迪违反了自己的评级标准。

芬克看到了买方和卖方之间不平衡带来的巨大机会：他作为久经考验的卖方代表，可以将自己的内部知识提供给买方。他将设计出可用于分析的计算机模型，就像卖方的模型一样，甚至是更好的系统。有了贝莱德，芬克将给买方带来以前只有卖方才具有的优势。这在外行人听起来平淡无奇，对华尔街来说却是不小的创新。

一个好汉八个帮：创始团队

然而，为了实现其宏图伟业，芬克必须为贝莱德配备合适的人才。芬克像"美国队长"一样组建贝莱德团队。最终的创始团队有 8 位创始合伙人。其中有拉尔夫·施洛斯泰因（Ralph Schlosstein）。20 世纪 70 年代，他曾担任号称"花生农夫"的卡特总统的经济顾问。后来，和华盛顿的许多人一样，他跑去华尔街赚钱，也就是去了雷曼兄弟。施洛斯泰因还把苏珊·瓦格纳（Susan Wagner）引进董事会。瓦格纳曾是雷曼兄弟的战略收购专家，这一专业知识对随后的贝莱德扩张至关重要。休·弗雷特（Hugh Frater）曾是雷曼兄弟按揭金融领域的投资专家。

基思·安德森（Keith Anderson）是芬克的旧部，来自第一波士顿的抵押贷款交易部门。同样还有芭芭拉·诺维克（Barbara Novick），她在获得经济学学位后最初在老牌券商摩根士丹利工作。贝尼特·戈卢布（Bennett Golub）也来自第一波士顿，他曾领导金融工程师团队并与芬克有工作联系；在此期间，他和他的团队负责将 250 亿美元抵押贷款证券化为 CMO 的过程。戈卢布拥有麻省理工学院——号称波士顿的高科技孵化器——博士学位，被赋予构建贝莱德首个分析系统的任务。戈卢布为此购买了一台 Sun Microsoft 计算机并将其安装在茶水间的冰箱和咖啡机之间，这已成为贝莱德创业传奇故事的一部分。正是在这台计算机上，戈卢布编写了他的第一个模型来分析抵押贷款组合。为了帮助戈卢布，创始人团队雇用了查尔斯·哈拉克（Charles Hallac），戈卢布在第一波士顿时就认识此人。哈拉克是贝莱德的第一位重要雇员，后来他升任联席总裁。他在贝莱德一直工作到 2015 年去世。

总的来说，八人团队非常忠诚。直到今天还有 5 位创始人在贝莱德工作。按照华尔街的标准，这简直就是永恒。

然后是罗伯特·卡皮托（Robert Kapito）——芬克在第一波士顿时的合伙人。当芬克迈出 CMO 的第一步时，卡皮托就在芬克的部门工作。他和芬克一起经历了飙升，然后坠落。"处于芬克位置的许多老板会抛出卡皮托作为替罪羊，芬克本也可以这样做。"当时的一名员工说。但是，芬克的做法完全不同。他与卡皮托同进退，并使卡皮托成为新企业的合伙人。到目前为止，两人之间的基础性纽带还维系着。

当芬克成为贝莱德的脸面时，卡皮托扮演了幕后控盘者的角色。他密切关注着市场，处处留心，不让贝莱德错过任何发展机会。是他在内部根据创始人的愿景，也就是根据芬克的愿景修剪组织架构。

像芬克一样，卡皮托出身寒微家庭。其家人在纽约州卡茨基尔山区的小镇蒙蒂塞洛开了一家汽车修理厂。在地理上，卡茨基尔山区距曼哈顿约 90 千米，但社会距离就像到月球一样远。卡皮托的父亲在卡皮托只有 13 岁时中风了，但卡皮托仍然设法完成了自己的学业，甚至从宾夕法尼亚大学沃顿商学院——一所精英学校（相应地，高昂的学费也很惊人）毕业。（如今，他是学校基金的董事会成员。）毕业后，卡皮托也来到华尔街，同样进入第一波士顿。两年后，他离开这家银行，去哈佛商学院进修MBA 学位。1983 年，他怀揣着新文凭回到第一波士顿进入抵押贷款证券领域——在那里遇到了芬克。这次相逢使他几十年后成为金融业最有影响力的人之一。

来自杰克·韦尔奇的关键委托

从很多方面来看，1994 年对于贝莱德来说都是命运攸关的一年：首先是与黑石集团的合作终止，然后迎来一项任务，使得这家后室公司有了第一处办公场所。它始于一次"门不当户不对的联姻"，在另一边站着的"新郎"就是通用电气。

这家公司尊奉发明家托马斯·爱迪生（Thomas Edison）为创始人——通用电气人为仍拥有爱迪生使用过的办公桌而感到自

豪。数十年来，通用电气经常被称作"美国经济微缩版"。这意味着该集团涉足几乎所有的经济领域。真是如此：从灯泡到各种发电设备，从早期癌症筛查到飞机零部件再到物联网，一切都在其产品组合中。（不过最近，这家公司开始陷入动荡，不得不通过剥离部分业务来获取资金。）

20世纪80年代中期，通用电气认为自己也必须进军金融领域。它收购了基德·皮博迪公司，这是由亨利·P. 基德（Henry P. Kidder）及其两个兄弟在1865年美国内战结束时建立起的华尔街老字号。不过，其古老的威望已所剩无几，这一点通用电气管理者很快就意识到了。销售合同墨迹未干，政府调查人员就已闯上门来。该公司被指控参与内幕交易。其中一名涉案人员被戴上手铐从办公室带走——奥利弗·斯通（Oliver Stone）在好莱坞大片《华尔街》中表现过这一幕。通用电气时任首席执行官的杰克·韦尔奇（Jack Welch）恼火地说："如果我们知道这家公司中有那种臭鼬，我们绝不会去碰它。"基德·皮博迪从内幕交易指控中幸存下来——直到1994年又卷入新丑闻。这次是关于虚假记账。债券交易员约瑟夫·杰特（Joseph Jett）操纵了计算机程序，使其交易显示获利丰厚——确切地说是3.5亿美元。而实际上，他遭受了巨大的损失。被通用电气员工称为"中子弹杰克"（Neutron Jack）的韦尔奇这次终于失去了耐心。他决定剥离基德·皮博迪并将其出售。最终的接盘方是一家银行，即普惠，该公司后来又被瑞银集团收购。

但是，由于基德·皮博迪持有100亿美元的抵押贷款组合，普惠拒绝进行交易。这一组合由CMO构成——这是芬克亲自参与打造的工具。但是，很难评估这个由各种贷款构成的资产池的实际价值。通用电气处于以甩卖价格抛售抵押贷款证券的边缘——主要是它想要永远摆脱"臭鼬"。但是，随后贝莱德提出了一项不寻常的建议：芬克团队提出的不是一项快速但引发亏损的退出计划，而是建议通用电气借助贝莱德的计算机模型分析投资组合，进而为通用电气制订一项计划，逐步剥离抵押贷款证券并获得更好的价格。通用电气对此很感兴趣。芬克团队让他们的计算机运行起来。结果，委托圆满完成，名声不胫而走。

"当时，基德·皮博迪的投资组合被认为极其复杂。"现任贝莱德解决方案公司负责人的罗伯·戈德斯坦（Rob Goldstein）说。借助全球最大公司的委托，贝莱德取得了突破。在通用电气的任务完成之后，慕名而来者排起了长队。一位内部人士说："就像好莱坞电影《超能敢死队》中的幽灵猎手一样，如果人们面临不透明的投资组合或对资产价值存疑，人们就会召唤拉里·芬克的公司。"

成长，成长，再成长

在被 PNC 银行接管仅三年，芬克及其追随者就已经确立起公司的地位，以至于投资者将 460 亿美元委托给他们管理。专业杂志《养老金与投资》1997 年颇为赞许地报道，这意味着自 PNC 接管以来贝莱德管理的资产翻了一番。一年后，母公司 PNC 将其财富管理部门与贝莱德合并。这使得在芬克麾下又增加了 1 080 亿美元的资产要管理。之后，PNC 也想做些什么来变现。PNC 于 1999 年 10 月 1 日让贝莱德上市，并出售了手中 14％的股份。芬克及其合伙人保留了 16％的股份。（在新冠肺炎疫情期

间，2020 年 5 月，PNC 以 144 亿美元的价格出售了持有的贝莱
德股份。）贝莱德拥有 650 名员工，股票市值接近 900 亿美元[①]，
成为美国第五大公开上市的资产管理公司。对于一位曾被扫地出
门的投资银行家来说，结局还不错。但是，对于芬克来说，大业
远未完成，一切才刚刚开始。

在 20 世纪 90 年代，除了上市，关于贝莱德的公开报道很
少。互联网狂热席卷了华尔街，半个世界为之癫狂。互联网以其
无尽的可能性吸引了大大小小的投资者。据说新经济正在破晓。
在那个时代，从在唐恩都乐甜甜圈店的餐巾纸上勾勒出一个商业
构想，到让它在纳斯达克上市，感觉花上几个小时即可。但这不
是芬克这帮人的时代。他们主要是坚守债券投资领域——在那些
年里，资本市场的这个角落似乎蒙上了蜘蛛网。但是，科技股引
人注目的焦点之外，芬克的公司却在不断发展壮大。当 2000 年
初泡沫最终破裂时，贝莱德连同其无聊的债券业务，在损失惨
重、失望透顶的投资者眼中突然变成先知一样的存在。到了
2000 年底，正当纳斯达克陷入长期下跌趋势之时，芬克报告贝
莱德管理的资产达到了 2 000 亿美元的规模。为了丰富对客
户——养老基金、企业的投资部门、富有的私人客户——的投资
产品供应，贝莱德开始收购对冲基金。2004 年，贝莱德收购了
道富研究和管理，它是大都会人寿的投资部门。2005 年，贝莱
德管理的资产超过 4 000 亿美元，从而使贝莱德跻身全球 20 大
资产管理公司行列。但是，对于芬克来说，大业远未完成，一切
才刚刚开始。

---

① 截至 2021 年 11 月底，贝莱德的总市值约为 1 400 亿美元。——译者注

　　然而，挫折也不期而至。至少华尔街流言是这么传的。一开始上演了一场真正的"突然袭击"，芬克在餐馆 Three Guys 吃早餐时与斯坦·奥尼尔（Stan O'Neal）不期而遇。这是麦迪逊大街上一家不起眼的纽约小餐馆，通常提供马铃薯煎饼、炒蛋以及咖啡，几乎无人注意到两位金融大亨将要缔结重大协议。奥尼尔是美林首席执行官。美林是一位华尔街大玩家，在街上被亲切地称为"美林妈妈"。美林人以"闪电部落"而自豪——美林的经纪人团队自称"闪电部落"，因为他们可以在全美范围内售出美林投资银行家推荐的任何债券和股票。在华尔街，没有任何其他一家公司拥有如此庞大的分销网络。在公司徽标中，可以看到一头咄咄逼人的公牛一边刨蹶子一边喷着鼻息。这顿早餐几天后，美林和贝莱德宣布：美林的基金部门将与贝莱德合并，作为回报，美林将拥有贝莱德 49.8％的股份。这笔交易的发生如此出人意料，以至于一位对冲基金经理抱怨他本该在交易中针对输家下注，但现在不清楚是谁输掉了底裤。不过，贝莱德已成功从一家寂寂无闻的初创公司发展成为华尔街最受认可公司之一美林的合作伙伴。对于奥尼尔来说，这是他最后的英明决策。不久之后，就传出美林对抵押贷款证券进行了错误的计算。美林是热情地拥抱次级抵押贷款证券并将其纳入自己投资组合的银行之一（其他银行更聪明，迅速将这些证券卖给其他投资者——例如卖给大西洋另一边的各家德国州立银行……）。2007 年，奥尼尔被解雇。芬克谋求成为继任者。对于这一点毫无争议，争议在于他谋求美林最高职位的热情有多强烈。几年后，他在一次采访中声称，这只是他的选项之一。他要求全面检查账目，而美林董事会对此断然拒绝，然后他退出了竞争。有流言称，如果芬克同时领导贝莱德和美林，会置董事于潜在利益冲突的危险境地。事实上，"美林妈妈"选择了约翰·塞恩（John Thain）。

现在，人们要明白，芬克和塞恩是截然不同的两类人。塞恩——至少和芬克一样野心勃勃——先是在高盛开始他的职业生涯，他还未晋升到最高职位就转到纽约证券交易所任高级管理人员。关于究竟是什么令芬克对塞恩感到不快，仅有些传言。据推测，这仅仅是因为塞恩总是保持华尔街光鲜的那一面：乌黑的头发，戴着眼镜，看上去有点像超人克拉克·肯特的变身，不像芬克那样遭遇过挫折。完成学业后，塞恩也直接去了华尔街，但与芬克不同，他未经重大挫折就直奔高层。其事业如此顺利，以至于行业杂志《机构投资者》以《超人塞恩奇遇记》为题加以报道。在高盛时，塞恩就被认为冷漠而圆滑，这令其绰号"有人情味的塞恩"颇具讽刺意味。芬克则保持低调。当记者问他是否真的喜欢用"约翰小子"（家庭电视剧《华生一家》中的人物）来称呼看起来总是光鲜亮丽的塞恩时，据称芬克只是报以意味深长的一笑。

美林首席执行官的职位本可抚平芬克过去在第一波士顿遭遇的职业挫折。他本将成为"闪电部落"的领头羊。不过，后来芬克找到了其他途径来满足其对被认可的渴望。对他来说，华尔街很快就变得太渺小了。事后来看，芬克甚至会认为没当上美林首席执行官是一件幸事。

芬克谋求美林首席执行官职位这件事不久，美林因为抵押贷款造成的损失被收购了。在金融危机最严重的时刻，2008 年 9 月一个星期六的上午，塞恩设法将美林卖给美国银行，当时美国银行的首席执行官是肯·刘易斯（Ken Lewis），而这恰好赶在超过 150 亿美元的损失暴露之前。刘易斯——同样被美林的声望所蒙蔽——接管了这家银行,但未经仔细审查。他本人后来声称,时任美联储主席的本·伯南克(Ben Bernanke)曾打电话给他,实际上是强迫他进行收购,尽管美林的资产负债表上红字累累。刘易斯在职业生涯中曾将美国银行从南卡罗来纳州一家地方性金融机构发展为美国第二大金融企业,但是与美林的交易对其职业生涯造成了毁灭性打击。刘易斯回到故乡夏洛特尝试当一名电影赞助人,不过在好莱坞人们从未听说过这位前银行家。

塞恩也失去了在美国银行的职位,据称他在危机期间花大价钱装修了自己在美林的办公室。华尔街八卦记者查理·加斯帕里诺(Charlie Gasparino)在《每日野兽》上报道了来自内部文件的细节,例如客人座椅造价 87 000 美元、柜子造价 68 000 美元。然而,最为轰动的是造价 28 000 美元的窗帘,还有一个造价 1 400 美元的垃圾桶。"约翰小子"塞恩之后又转投商业银行 CIT①,该银行也迅速走向破产。而"闪电部落"被阉割为美国银行的分支机构,至今仍在为失去独立性哀叹。芬克那边却是惊喜连连。

---

① 美国一家中小企业贷款公司。——译者注

金融危机：焉知非福？

2008年3月的那个星期五，交易钟敲响前不久，纽约证券交易所交易大厅的气氛轻松起来。交易员闲聊着周末的高尔夫球计划，然后滚动条显示出消息：投资银行贝尔斯登告急！最近几周市场参与者持续担心的高危事件终于发生了！一年多来，大量违约按揭贷款一直在暴雷，让对冲基金陷入重重困境，而银行坐拥大量按揭贷款。现在，美国第五大投资银行也陷入了困境。

对于贝尔斯登来说这是一场惨败，人们喜欢用"熊"①来称呼这家拥有85年历史的机构。贝尔斯登实现的创新可不少。它被视为华尔街各大券商中的邋遢孩子。一贫如洗、自我激励、发财致富——传奇人物贝尔斯登首席执行官艾伦·格林伯格（Alan Greenberg）就是这样要求求职者的。"丢掉文件夹，带上自己的笔，坐到折叠椅上去。"华尔街在线八卦网站Dealbreaker调侃凯

---

① 贝尔斯登（Bear Stearns）中的bear在英语中有"熊"的意思。——译者注

恩称这就是"熊"文化。前一年的夏天，由于抵押贷款证券投机失误，贝尔斯登的两只对冲基金①倒闭了。贝尔斯登数十亿美元损失的内爆标志着国际金融危机的肇始。据《华尔街日报》报道，危机发酵之际，贝尔斯登当时的首席执行官詹姆斯·凯恩（James Cayne）大部分时间却在高尔夫球场上或桥牌比赛中度过。据《财富》杂志报道，即使是在 2008 年 3 月第二周关于贝尔斯登资金紧张的危险传言浮出水面之际，凯恩还是飞往底特律参加北美桥牌锦标赛。由于他当时未带手机，因此别人几乎无法联系上他。尽管股价早已在自由落体，凯恩还是在底特律稽留——后来参加了匆忙召开的电话会议，因为他首先考虑的是继续参加桥牌比赛。由于私人飞机无法安排起飞，凯恩在底特律等待了几个小时（显然乘坐商业航班不在他的考虑范围之内）。据《财富》记者的说法，当凯恩那天晚上终于慢腾腾地回到纽约时，他在办公室收到了如下消息："我们收到的报价是每股 8～12 美元，与摩根大通交易。"（凯恩反驳了《华尔街日报》的描述，并就《财富》的报道做了澄清，说他在贝尔斯登沉没之前的那段时间里患了重病。）

　　纽联储迅速组织了救援行动。它想完全避免多米诺骨牌效应，这种效应后来实际上是由雷曼兄弟触发的。贝尔斯登必须在星期一之前找到买家，因为金融市场过了周末将开市！但是，贝尔斯登坐拥价值 300 亿美元的"有毒"资产组合，吓跑了潜在买家。因此，纽联储官员考虑由中央银行接手这些可能带来巨额亏损的抵押贷款证券。为处理管理和清算事宜，纽联储主席蒂莫

---

　　① 这是指银行内部设立的对冲基金，次贷危机后被监管机构所禁止。——译者注

西·盖特纳（Timothy Geithner）找好了合适的联系人：拉里·芬克。

这笔委托的讽刺之处在于：感兴趣的收购方是摩根大通，中央银行正在与其就收购贝尔斯登进行谈判。而摩根大通首席执行官杰米·戴蒙也于前一天联系了芬克，他也想让贝莱德的分析师去核查贝尔斯登的账簿。分析师应该给他一个估值，他再对贝尔斯登给出收购报价。贝莱德获得了两份委托。戴蒙提出以每股2美元的价格收购这头"熊"。这对贝尔斯登人来说是一种侮辱。即使戴蒙将报价提升至每股10美元，在许多华尔街人士看来这依然是一个白菜价。时至今日，前贝尔斯登人仍然对这样的报价咬牙切齿，并称这次收购为"犯罪"。戴蒙从这笔交易中尝到了甜头，因为中央银行从"有毒"资产组合中接管了风险证券——正是这些证券加速了贝尔斯登的毁灭。从那时起，这些打包票据以 Maiden Lane 基金的名义归属中央银行，也即属于公众。贝莱德则按照委托进行清算工作。

贝尔斯登交易令人错愕之处在于，似乎没人戳穿这样一个事实，即贝莱德活跃于打算开展交易的两边，同时服务买卖双方。贝尔斯登交易将成为范式。贝莱德知道如何将自己定位为估值专家，对其中立性，任何一方参与者都未曾（公开）质疑。这种模式一直延续到今天，后来被贝莱德在欧洲使用并大获成功。但那是在 2008 年 3 月，未来尚难以预见。贝莱德未回应关于其在两项贝尔斯登委托中如何处理利益冲突的评论请求。

危机中的幸存者

9 月 13 日晚上，芬克来到纽约机场。他正要乘坐飞机去新加坡，去那里与亚洲主权财富基金举行会谈——贝莱德有望获得有利可图的合同。但这是最长的航线之一，从美国东海岸到亚洲，横贯半个地球。对于芬克来说，这意味着 16 个小时内别人无法与他联系。华尔街的局势，即使往好了说也颇令人不安。芬克拎着行李站在登机口时，纽联储的代表、来自华盛顿的财政部特使和主要投资银行的负责人正在位于曼哈顿金融区的央行闭门讨论。外部环境加剧了被围困的感觉：这座砂岩建筑看起来像一座城堡，只不过取代吊桥的是一处地下停车场。人们正在里面讨论第四大投资银行雷曼兄弟以及美林的命运。美林不但是最大的经纪行，也是贝莱德的最大股东，由于抵押贷款证券造成的数十亿美元损失而命悬一线。芬克再次致电贝莱德参加央行会谈的代表。"我能飞吗？"他问道。当时似乎可以找到雷曼兄弟的买家。答复是："可以。"芬克登上了飞机。

这就是芬克后来告诉记者的。* 当贝莱德的老板还在天上时，就像数十年前发生过的那样，华尔街崩溃了。当芬克在当地时间星期一清晨终于走下飞机时，迎接他的是一则令人震惊的消息：雷曼兄弟破产，美林被出售给美国银行。美国国际集团（AIG）变成了摇摇欲坠的巨人，这是一家资产达 1.1 万亿美元、在 130 个国家拥有 7 400 万被保险人的保险公司。芬克后来说："我感觉就像是《猿人星球》中的查尔顿·赫斯顿（Charlton Heston）。"在这部好莱坞电影中，赫斯顿扮演的一位因飞船失事而回到地面的宇航员以为自己来到了一个陌生的星球，突然在海滩上认出自由女神像的残骸，才意识到其文明已经毁灭。

---

* 卡特里娜·布鲁克（Katrina Brooker），2008 年 10 月 29 日，《财富》杂志。

但是，对于芬克和他的团队来说，这是转型的开始——从拥有聪明的分析师、偏债券业务的资产管理人，转向高金融①和大政治的幕后玩家。灾难发生后不久，美国财政部和美联储联系芬克，询问贝莱德能否处理 AIG 账簿中的"有毒"证券。当时，这家全球最大的保险公司对复杂的信用衍生工具进行了错误的计算。现在，必须有人计算出这些证券的价值，并逐步进行清理。这样的任务显然超出财政部官员和央行人士的能力范围。

在贝尔斯登的任务之后，贝莱德的证券专家们开始处理 AIG 的"有毒"资产。芬克的专家团队对 AIG 的困难并不感到惊讶。在倒闭前半年，罗伯特·维伦斯塔德（Robert Willumstad）被这家保险公司聘为掌门人。这位新任首席执行官上任不久就聘请了贝莱德，因为出于谨慎他想找出 AIG 投资组合的问题有多严重。他的前任莫里斯·格林伯格（Maurice Greenberg），人称汉克，数十年来一直像封建领主一样统治着 AIG。格林伯格一直在寻找新的业务领域。他也想从贷款证券化的繁荣中分一杯羹。他最喜欢乔·卡萨诺（Joe Cassano），就是被美国记者马特·泰比（Matt Taibbi）称为"全球经济危机的零号病人"的那位，这个人提出了一个看似绝妙的主意：评级机构将 AIG 评为信用最高的AAA 级。为什么不用评级来赚钱呢？因此，AIG 为银行的打包贷款——也就是当时在投资者中倍受欢迎的 CMO 和 CDO（collateralized debt obligation，债务担保凭证）——提供担保。有了AIG 的担保，打包贷款也将获得最高的信用评级。这对打包贷款的发行方是有利的，因为这使得它们更容易将其出售给投资者。

① 高金融是指为大型和复杂的金融交易提供资金的商业活动。——译者注

61

这对 AIG 也有利，因为这家保险公司能够就这种违约担保收取费用。卡萨诺估计风险很小。由于打包销售中的大多数贷款都是美国房地产抵押贷款，而且从未发生过全国性的房地产危机，因此这看上去是一桩万无一失的交易。

到此为止，一切都很妙。在迅速发展的信用衍生品——这就是上述交易的正式名称——领域，AIG 很快成为最受追捧的合作伙伴。欧洲的银行尤其喜欢由 AIG 担保的证券化的打包债务。这样，它们就能将其作为安全的资本出资报告给中央银行，因此它们只需持有更少的高昂股本。这似乎对所有相关方都是有利可图的：对于进行证券化的银行如此，对于收取担保金的保险公司如此，对于客户而言也是如此，客户收到的产品显然是安全且有吸引力的，而且利率诱人。但随后金融危机开始了：AIG 如此慷慨地与之分享了自己的信用评级的那批贷款突然被认为风险比预期的大得多。然而，在卡萨诺合同的小字中，有一项条款这么说：如果信用等级下调，AIG 必须将一笔款项作为担保品转移到银行手中，以抵消证券较高的风险，而且是以现金方式。简言之，这意味着 AIG 必须将一笔现金转移给高盛或德意志银行等交易对手方。随着新一轮的不良贷款浪潮汹涌而至，AIG 的交易对手方要求提供更多的担保。对于 AIG 管理者来说，找到所需的资金变得越来越困难。格林伯格运气不佳的继任者——英国人马丁·沙利文（Martin Sullivan），他也是曼联足球俱乐部骄傲的赞助商，但显然长时间都不知道该公司所处的危险。由于对抵押贷款产生了新的怀疑，银行坚持要求 AIG 追加担保。

最终于 2008 年夏天接任沙利文的维伦斯塔德委托贝莱德调查卡萨诺的那些灾难性衍生品，以稳定局势，但为时已晚。银行要求追加担保变得难以承受。2008 年 9 月，在曼哈顿下城区派恩街上，也就是 AIG 富有艺术气息装修风格的摩天大楼矗立之地，恐慌来袭：华盛顿出面干预，AIG 被国有化。这在美国真是不可想象的一幕，美国一向将自己视为自由市场的避风港。但是，在这场危机中，很多以前无法想象的事情都变成了现实。（此外，AIG 大楼已被改造成超豪华住宅，AIG 迁至更为简朴的办公楼。）

然而，事实证明，华盛顿的接管并未终结贝莱德接受的有关 AIG 的委托。相反，贝莱德接手了为中央银行服务的 AIG "有毒"资产的分析和清算工作。于是，Maiden Lane Ⅱ 和 Maiden Lane Ⅲ 基金相继诞生。（如上所述，Maiden Lane Ⅰ 基金服务的是之前贝尔斯登的投资组合。）Maiden Lane 的所有三只基金都交由贝莱德管理。

在金融危机期间，贝莱德在其他方面也积极为中央银行服务。为了保护企业免受信贷紧缩的影响，中央银行制订了多项支持计划。其中包括一项被称为"定期资产支持证券贷款工具"（term asset backed securities loan facility，TALF），就是中央银行向资产支持证券（为抵押品）发放的定期借款。这个神秘术语的背后是一项筹资活动，投资者只要投资中央银行所选择的证券，就可以从中央银行获得廉价贷款。中央银行也将接管在该计划框架下购买的任何价值深度下跌的证券。利用这些补贴和担保，中央银行试图降低市场的信用风险，从而让市场参与者敢于在彼此之间开展业务。华尔街毒舌称这项支持行动是"现金换垃圾"（cash for trash）。贝莱德受雇为 TALF 项目分析资产证券化证券。竞争对手太平洋投资管理公司——安联保险的子公司，负责相关的评级。但是，存在一种不容忽视的利益冲突：无论是贝莱德还是太平洋投资管理公司，都以 TALF 使用者的身份出现。例如，在该计划的框架下，贝莱德旗下基金向美联储借了 28 亿美元。这使得贝莱德跻身于 TALF 的 20 个最大借款人之列。（美国政府问责办公室——一个与德国联邦审计院职能相近的机构，在 2011 年 7 月提交给美国国会的一份报告中报告了上述内容。）

简言之，贝莱德就 TALF 计划提供证券分析服务；同一时间，贝莱德旗下基金使用 TALF 购买此类证券。应彭博社的询问，贝莱德解释说，贝莱德的另一个部门代表客户使用了 TALF。两个部门严格隔离。彭博社在报道中没有针对贝莱德和太平洋投资管理公司提出任何在 TALF 项目上可能违规行为的指控。贝莱德未回应有关如何处理美联储计划中的利益冲突的评论请求。

影子财政部长

贝尔斯登、AIG 和 TALF 绝非芬克及其团队的全部危机业务：2008 年 12 月，中央银行与贝莱德签署了另一份委托。这次是导致花旗集团数十亿美元亏损的组合。花旗集团必须获得国家的全方位支持，否则次级抵押贷款将摧毁这家曾经的世界最大金融集团。贝莱德负责测试投资组合并计算最大可能损失。

在华盛顿，贝莱德同样被咨询：房利美和房地美是具有法定职责以支持美国抵押贷款市场的公共机构，这是为了让尽可能多的美国公民能买到属于自己的房子。该目标被认为具有政治上的重要性，因为在美国，人们认为，比起租户，房主对社区的运作更感兴趣，因为房主的不动产价值取决于它。房利美和房地美这两家出资机构是世界上最大的抵押贷款购买者（危机发生后比危机发生前购买得更多）。它们从最初向房主发放贷款的银行处购买抵押贷款。但是，这两个巨人购买和证券化了过多的次级抵押贷款，最终不得不接受美国纳税人将近 1 900 亿美元的援助。涉及分析危机发生前几年所购买、现在账面上的抵押贷款的信用质量时，房利美和房地美的专家们也明显超负荷。这项分析委托又交给了贝莱德。

此外，贝莱德于 2009 年秋季申请成为另一项纾困计划的管理人之一，这次是为美国财政部服务。对于该委托，贝莱德应该以自有资金和公共资金通过所谓的"公私合营投资计划"（public-private investment program，PPIP）购买银行的不良证券，以释放银行资产负债表中的坏账负担。2012 年底，贝莱德清偿了这只基金，并将 9.17 亿美元汇给财政部，其中 5.28 亿美元是财政部的初始公共投资，3.89 亿美元是利润。其间被任命为贝莱德总裁的卡皮托在新闻稿中称赞了 PPIP 基金的清偿。贝莱德的参与为稳定抵押贷款市场做出了贡献，同时也产生了可观的利润。卡皮托称这证明"国家与私营部门之间的伙伴关系有利可图，能够产生利润"。芬克和贝莱德在纾困行动的方方面面均有所表现，至少被华盛顿的一些人视为慷慨的公益援助的象征。例如，詹姆斯·R. 威尔金森（James R. Wilkinson）——乔治·W. 布什（George W. Bush，小布什）时期的财政部长亨利·保尔森（Henry Paulson）的得力助手，在接受采访时称赞芬克是"爱国者"。保尔森在金融危机的第一阶段负责危机管理。在此之前，他曾是高盛的老板，在华尔街时代就很信任芬克。

贝莱德并非不计报酬地为政府提供这些服务。公司详尽的收入难以推测。例如，中央银行长时间以来一直将其文件束之高阁、秘不示人。直到 2010 年，财经媒体彭博社才得以首次披露许多细节。但是，为此彭博社不得不根据《信息自由法》提起诉讼，该法保障美国公民有权从公共当局获得信息。根据美国政府问责办公室后来的一份报告，贝莱德因为 Maiden Lane 计划提供服务共获得了约 1.82 亿美元。贝莱德因参加 TALF 项目获得了相对较少的 125 万美元。就向花旗集团提供的咨询服务，纽联储向贝莱德支付了 1 200 万美元。就向抵押贷款证券购买计划提供的服务，贝莱德将约 1 100 万美元收入囊中，在该计划中，贝莱德为纽联储提供了支持。在致国会的一封信中，POGO——华盛顿一个旨在反对腐败和滥用职权的公民倡议组织警告说："鉴于与公共部门签署的大量委托和协议，贝莱德的财务利益比起其他公司甚至更不透明。"

至少华盛顿的一些国会议员和官员将目标对准贝莱德。来自艾奥瓦州的好斗参议员查克·格拉斯利（Chuck Grassley）早在 2009 年就批评说，相关的公司"将获得中央银行何时出售证券及将要支付的价格的信息，同时这些公司拥有全球范围的金融关系"。代表纳税人审查银行救助计划的总检察长尼尔·巴罗夫斯基（Neil Barofsky）指出："潜在利益冲突巨大，很难控制。"虽然他没有提及贝莱德和太平洋投资管理公司，但是，在他 2009 年 4 月提交给国会的报告中，他描述了从他的角度来看这种伙伴关系存在的重叠问题。"基于这些公私合营合伙基金的性质和设计，其在被冻结的市场上的交易——它们本身也是这些市场的活跃参与者——会对相关资产的价格产生重大影响。因此，所有管理或持有这些资产的人将受益于价格上涨，这也同样适用于公私合营合伙基金的管理人。"

接下来，巴罗夫斯基提到了政府委托的基金经理从公共委托中受益的可能方式：例如，基金经理可以通过购买某些抵押贷款证券来推高其价值。进而，如果他在另一家他为其他私人客户管理资金的基金中恰好持有这种证券，那么该基金的价值也会增长。这反过来又增加了基金经理从私人客户那里收取的管理费。根据巴罗夫斯基的说法，基金经理还可以通过其他方式受益，例如，如果他在一家银行中拥有股票，那他可以在公共委托的框架下买断"有毒"证券。他对这些证券给出的估价越高，对银行越有利。反过来，这将导致股价上涨——拥有银行股票的基金经理将获得股价上涨的收益。

在 2010 年 4 月的一次国会听证会上，巴罗夫斯基宣布他将更精确地调查贝莱德在金融危机中的作用。这项调查很快就悄无声息了，至少在公开场合如此。一年后，巴罗夫斯基辞去了他的总检察长职务。当被问及巴罗夫斯基是否已开始对 TALF、PPIP、TARP 等支持计划或者美联储或美国财政部的其他计划进行调查时，贝莱德未予置评。

巴罗夫斯基在辞职后写的《华盛顿如何一边拯救华尔街一边抛弃芸芸众生》一书中描述了他与华盛顿财政部代表的斗争。最重要的是，有必要"在获得 PPIP 资金的基金经理与公司其他部门之间建立道德隔离墙，以免他们欺骗系统和推高这些证券的价格，他们的投资组合中有这些证券"。根据巴罗夫斯基的说法，美国财政部拒绝在 PPIP 计划中建立强制性的"道德隔离墙"。根据他开玩笑的说法，与财政部代表打交道时获得的唯一礼物是平克·弗洛伊德乐队的专辑《迷墙》。巴罗夫斯基现在在纽约一家私人律师事务所工作，并代表私人公司参加诉讼。他的专长是针对政府部门和机构的诉讼。

贝尔斯登交易引起了国会一些众议员的质疑。早在 2008 年 4 月，贝尔斯登崩盘后的一个月，经济委员会主席①鲍勃·凯西（Bob Casey）就想知道，中央银行究竟发生了什么情况以至于让贝莱德参与交易。时任美联储主席的伯南克解释说，他们"承受着巨大的时间压力"。伯南克没有提供任何细节，但确认在匆忙中没有预先商定如何支付报酬。报酬问题被推迟到以后解决。类似地，蒂莫西·盖特纳也以防御姿态回应询问。在营救贝尔斯登期间，盖特纳曾担任纽约联邦储备银行行长，并直接参与了 2008 年的决策。作为对来自艾奥瓦州的参议员格拉斯利的一封信的回应，这位参议员同样想知道有关贝尔斯登委托合同的细节，特别是为什么贝莱德在没有招标和投标程序——这在公共服务采购中通常是惯例——的情况下被任命为 Maiden Lane 计划的管理人，盖特纳简单粗暴地回答说，形势赋予这种例外必要性。根据盖特纳的说法，该公司之所以被选中是因为其"技术秘诀（know-hows）、运营能力和可证实的先前成功经验"。当这位参议员想要一份委托合同的副本时，盖特纳说，参议员必须亲自前往纽约，且只能在纽约联邦储备银行以尽可能保密的方式查看该文件。

与高盛、摩根士丹利或花旗集团等不同，贝莱德不仅在金融危机中幸存下来，还通过这场危机赢得了权力、收获了资本。区别何在？贝莱德更好地适应了近年来出现的崭新的现代金融世

---

① 美国国会两院联合的经济委员会。——译者注

界。芬克对抵押贷款的拆解和拼装只是一个影响深远的变化的一小部分。在过去的几十年里，金钱变得越来越抽象，到了今天，金钱表现为显示屏上闪烁的数字，或电子表格中的数据项。和以前一样，债务人与债权人的关系，或者一个国家与另一个国家的关系可以用套利公式或利率来表示。甚至当人们谈论现金时，也很少是指美元纸币或欧元硬币。金融市场的一部分很早就在朝这个方向发展：在芝加哥期货交易所中，只有少数参与者希望在合约到期时收到一袋小麦、一扇生猪或一罐橙汁。的确，这就是现代期货交易的起源，当时美国中西部的农民和牧场主进入1848年成立的芝加哥期货交易所保护自己免受玉米或牛肉价格下跌的影响，同时肉类工厂和大型面包店想保护自己免受原材料价格上涨的影响。时至今日，这些市场仍为这些供给者和需求者所使用，但还有更多的市场参与者购买芝加哥牛肉或玉米期货合约以满足完全不同的需求。例如，养老基金担心通货膨胀率上升，因此会投资原材料；或是对冲基金，只为寻求投机利润。如今，围绕着这个之前主要服务于农业的市场已经形成了复杂的金融工具网络。期货市场只是一个例子。但是，诸如此类的基础性交易变得越来越抽象、越来越全球化，所引发的动荡威胁着这个新金融世界的创造者们——银行家、投机者、投资者、交易员——要将其压垮，正如2008年所发生的。

与之相反，对于芬克和贝莱德——借助计算机和模型——而言，至少到目前为止这是一个完美的环境。没有其他组织像贝莱德一样熟稔于如何利用它们。特别是在大危机后，所有玩家都陷入不确定和迷惘之中。几乎在所有中央银行和政府组织的纾困行动中，贝莱德的名字都出现了——比其他任何一家公司都多。贝莱德的崛起与美国和欧洲的金融危机以及持续的后果密切相关，如果没有它们，贝莱德的权力和重要性可能会大打折扣。但是直到今天，即使是内部人士，他们当中的许多人对当时发生了什么事情也还是说不清、道不明。贝莱德在其中扮演了何种角色他们也不清楚。

进入权力阶层

蒂莫西·盖特纳对华尔街尤其贝莱德来说是一个关键人物。作为纽联储主席，他实际上是那里的银行的最高监管者。在2008年的危机中，他成为那些银行的最高拯救者。之后，他进一步高升：新任总统贝拉克·奥巴马（Barack Obama）于2009年初正式任命他为财政部长。当时，这是奥巴马必须任命的最重要的一个政府职位。盖特纳的职业生涯几乎与总统本人一样令人惊讶。盖特纳身材瘦长，一张娃娃脸，才40多岁就爬上纽联储主席的高位，这是由于他具有在正确的时间结识正确的人的才能。盖特纳不是银行家，他从未在金融业工作过。他从事公职。拉里·萨默斯（Larry Summers）在20世纪90年代初注意到他，当时他是华盛顿财政部的年轻官员，后来成为财政部长。萨默斯让盖特纳成为自己的助手。萨默斯本人则是克林顿总统的财政部长罗伯特·鲁宾（Robert Rubin）的政治养子。鲁宾来自华尔街；在摇身一变成为政客之前，他领导过高盛。对于高盛的老板们来说，华丽变身去财政部任职颇具骑士风度（高盛前老板亨利·保尔森曾在小布什政府担任这一职务）。作为财政部长，鲁宾继续对他以前从事的行业奉献友好。作为负责任的财政部长，鲁宾尤其被视为阻止当时正处于讨论中的对新型衍生品的监管的决定性力量。这里说的新型衍生品就是后来使 AIG 濒临破产的那些衍生品。鲁宾不再担任财政部长时——回到华尔街进入花旗集团领导层——他帮助自己的政治养子萨默斯上位。盖特纳，三人帮中的第三人，一下子打入了华盛顿权力阶层内部。

在亚洲危机期间以及在后来对对冲基金长期资本管理公司的救助行动中——1998 年这家公司的倒闭有可能引发一场全球危机——盖特纳在谈判中出现在萨默斯身旁，引起几位华尔街大佬的注意。其中就有彼得·彼得森——就是黑石集团的创始人，他在芬克于第一波士顿遭遇滑铁卢后给芬克机会——后来他成为纽联储主席。（允许大银行派代表到纽联储董事会任职，这种非正统安排的起源可以追溯到 1913 年美联储成立之时。）彼得森一直在为该机构寻找新负责人。纽联储绝不是华盛顿总部的州级分支机构，它履行一项重要职能：位于华盛顿的美联储主席负责货币政策，纽联储则负责监管华尔街。

实际上，担任该职务的人应当具有丰富的市场经验和一定的行业地位。盖特纳当时一样也没有。但是，其联系人为他扫清了道路。到国际货币基金组织短暂过渡之后（这将产生余波，因为盖特纳未能就其在国际货币基金组织的收入纳税，这位即将上任的财政部长用计算机程序出错进行了解释），他于 2003 年成为纽联储主席。盖特纳找到正确联系人的能力也对其帮助有加：杰拉尔德·科里根（Gerald Corrigan）在跳到高盛任职之前，在美联储工作了 20 年。他将盖特纳纳入自己羽翼下。盖特纳很快就与芬克的对头、人称"约翰小子"的塞恩建立了友好关系，塞恩当时仍在高盛，后来成为纽约证券交易所主席。盖特纳定期与塞恩通话，还与摩根大通的老板杰米·戴蒙一起用餐。戴蒙实际上是盖特纳的上级——摩根大通的老板同时也是纽联储董事会成员。盖特纳和戴蒙一起为达成贝尔斯登交易牵线搭桥，贝莱德也参与了该交易。这位对金融业不甚熟悉的纽联储主席也很高兴能与芬克交流想法。盖特纳与贝莱德联合创始人拉尔夫·施洛斯泰因及其妻子曾在纽约当地的布鲁咖啡馆共进晚餐，或者到家里交换想法，这都见诸盖特纳的官方日记。施洛斯泰因向《纽约时报》保证，这与贝莱德的业务无关，而是涉及市场的总体情况。"与盖特纳的谈话可恰当地表述为单向的。他打电话来，用一堆问题对你进行狂轰滥炸，略表感谢然后挂断电话。"

当盖特纳转身至华盛顿的财政部任职时，他与芬克的联系更加紧密。那时形势已经不允许盖特纳再与他的银行家朋友们会面了。华尔街引发的大萧条引起了公众的极大愤怒。然而，在那些日子里，芬克成为新任财政部长的军师。一夜之间，新部长就面临着拯救美国银行和美国经济的任务。盖特纳咨询芬克比咨询金融业任何其他首席执行官都更多。仅2011年初至2012年中，两人就互通电话近50次，《金融时报》对盖特纳的官方日记进行了分析。财政部长召唤名单上的第二名和第三名是罗伯特·鲁宾和拉里·萨默斯。芬克本人毫不掩饰对自己在华盛顿所扮演角色的自豪感。一位高居金融业领导职位的内部人士说，芬克喜欢不露声色地透露刚接到盖特纳的电话。毫无疑问，芬克和美国这个超级大国最重要的部长能以名相称。①

---

① 在西方国家只有家人和亲密朋友之间才以名相称。——译者注

进军欧洲

芬克的新朋友向何人推荐了贝莱德？至少爱尔兰中央银行在2010年秋联系了贝莱德。爱尔兰濒临绝境。多年来，该国的经济受益于金融业的繁荣。爱尔兰似乎终于找到了有前途的产业。最后，那里的银行的资产负债表膨胀到 GDP 的数倍。然后，危机爆发，突然间充斥着有毒票据和不良贷款的银行威胁着要把该国拖入深渊。问题需要快速解决。但是，救助超出了爱尔兰政府的能力。布鲁塞尔和国际货币基金组织担心会在欧洲其他地区产生连锁反应。因此，爱尔兰获得了 850 亿欧元的一揽子援助。但条件还包括对爱尔兰银行进行压力测试。这意味着检查爱尔兰金融机构的账簿和资产负债表，以确定银行的脆弱程度以及它们将需要多少新资本。猜猜爱尔兰中央银行行长帕特里克·霍诺汉（Patrick Honohan）的电话打给了谁？不错，正是芬克。贝莱德与波士顿咨询集团、英国巴克莱银行一起获得了合同。在这种情况下，就像在美联储的情形一样，贝莱德是在没有公开招标的情况下被委托的。在爱尔兰媒体上，有人调侃合同采购是根据一句格言进行的："对美联储好的，对圣母院街也一定好。"意思是说，贝莱德的大客户不仅有美联储，也包括位于都柏林圣母院街上的爱尔兰中央银行。

这项委托将使深陷困境的爱尔兰花费 3 000 万美元——人均6.5 美元①。当在电视上被问到这个问题时，爱尔兰中央银行行

---

① 爱尔兰人口约 500 万（2019 年）。——译者注

长支支吾吾，最后解释说他必须听从欧盟和国际货币基金组织的指示。这两个组织没有直接指示爱尔兰人让美国人加入，但与爱尔兰的有关协议明确指出："诊断调查不应由过去三年向任何一家银行提供服务的审计公司或咨询公司进行。此外，央行还应聘请一家员工有支持能力的专门公司，以确保调查的可追溯性和完整性。"可以将这视为聘请贝莱德或类似公司的相当明确的指示。爱尔兰中央银行 2011 年 3 月的采购报告清晰指出："为了获得国际金融市场完全认可的信用投资组合压力分析结果，央行聘请了贝莱德——一家分析压力条件下潜在信用损失的领先公司。"

爱尔兰经济学家汤姆·麦克唐纳（Tom McDonnell）认为爱尔兰金融奇迹之所以昙花一现并以灾难告终，原因之一是政府官员与金融业没有保持距离："在危机爆发之前，众所周知，银行家经常与央行高官打高尔夫球——这些官员实际上拥有对银行的最高监管权力。"对知名公司再次在援助中发挥重要作用，麦克唐纳并不感到惊讶。他认为这是一个全球性经济团派的一贯延续："总是那些相同的关键人物，名称叫'达沃斯帮'。"

无论如何，芬克对来自欧洲的大额委托感到满意。正如彭博社 2011 年 1 月所报道的，芬克热情洋溢地对投资者表示："这比我们为美联储服务的 AIG 案例投入更多，而且也比贝尔斯登任务的工作量更大。这是一项巨额委托。"当两项委托接踵而至时，他应该喜不自禁了，尽管贝莱德的计算结果显得过于乐观。贝莱德的专家就所调查的金融机构给出的 2011—2013 年的收入估计值至少为 19 亿欧元。但实际上据布鲁塞尔独立媒体《欧盟观察家》的报道，直到 2012 年 6 月，它们仅产生了萎缩性的 4 亿欧元收入。（贝莱德拒绝对爱尔兰中央银行的委托合同和压力测试结果发表评论。）

但是，对这一笔业务的潜在利益冲突，社会一直存在质疑。2012 年，贝莱德的各类投资工具在绿岛管理超过 1 600 亿欧元的资产，如安硕基金和货币市场基金，并代表爱尔兰的养老基金和金融机构管理着超过 50 亿欧元的资产。贝莱德显然决定立即在岛上增加人力投入：2012 年 4 月，该公司在都柏林开设了一家分支机构。爱尔兰中央银行刚刚与贝莱德签了另一项委托合同。委托完成后，2013 年秋，贝莱德部门收购了爱尔兰银行约 3% 的股份，这是贝莱德分析师在压力测试中测试的银行之一。这些股份使贝莱德当时成为该银行的第五大单一股东。

携带秘方到雅典

爱尔兰中央银行的委托以多种方式犒劳了芬克和他的团队，但最重要的是开出了通往欧元区的门票。贝莱德在欧洲危机中的专长是查阅陷入困境的金融机构的贷款组合账目。贝莱德通过这项委托抓住了危机的核心：银行。银行的账簿上充斥着欧洲政府债券，如今这些债券比美国的次级按揭贷款好不到哪儿去。为此，在欧洲央行的廉价资金推动下，银行放宽了放贷要求，现在它们自身已面临破产的风险。为了避免国家破产，希腊从欧盟委员会、欧洲央行和国际货币基金组织（所谓的三驾马车）获得了总计 2 400 亿欧元的援助，还为陷入困境的银行注资。但是，就像爱尔兰一样，希腊人想找出他们的银行陷入沼泽究竟有多深。银行的账簿上有多少不良贷款？贝莱德可以帮助找出答案。2011 年 8 月，希腊中央银行正式委托芬克的团队。为什么选择贝莱德？一言以蔽之：爱尔兰。希腊银行的董事查兰波斯·斯塔马托普洛斯（Charalampos Stamatopoulos）对《纽约时报》表示："这是在此期间唯一一家分析过银行系统的公司。"

与芬克从希腊收到的委托相比，拯救爱尔兰只能算是练手。一段时间以来，似乎金融危机将主要打击美国。但随后发生了2010年欧元区的大地震。南部国家和北部邻居之间突然出现裂痕。多年来，在稳步增长的欧盟这一共同体的表象下一直闷烧着的情绪，如今因金融市场动荡而宣泄出来。特别是德国，突然间意识到自己承担着不甚令人喜欢的角色，即担保偿付其他国家堆积如山的债务。

希腊成为爆燃和威胁性的例子。长期以来，如山般的债务超过了该国的年度经济产出，准确地说，已达到GDP的160％。希腊以前使用过华尔街的算术专长。2001年，在满足欧盟预算条件时，希腊政府曾求助于多家银行。高盛最终赢得了竞标。希腊的想法是通过与高盛进行政府衍生品交易来清理部分债务。这样，28亿欧元的未偿债务就消失了——只不过是按照金融工程师的逻辑。然而，希腊在金融市场上下的赌注很快就转向不利于希腊人，整个交易使困境重重的希腊纳税人损失了超过50亿美元。这是"两个罪人之间的性感故事"，时任希腊债务管理部门负责人的克里斯托福罗斯·萨德尔里斯（Christoforos Sardelis）曾在一次采访中这样声称。批评家们将其视为最高级别的资产负债表粉饰技术。得益于财务技巧，希腊人已准备好前往欧盟。（顺便提一句，希腊并不是唯一一个陷入华尔街骗局的欧盟成员国，但它显然是唯一一个陷入如此境地的国家。）

危机现场的爆炸性角色

对于贝莱德的年轻人来说，这是一项艰巨的任务。与之相比，即使要求希腊人拆掉雅典卫城再加以重建也不算过分。来自18家不同银行的约数百万笔贷款，总计2 550亿欧元。（在爱尔兰只有4家银行。）对于贷款，必须检查借款人和抵押品，并计算相应的违约风险。与爱尔兰不同的是，这里存在语言障碍。查账的时间以月为单位，而不是年。但是，进行分析所需要的不仅仅是正确的计算机程序和勤奋的员工。敏锐的直觉至关重要。毕竟，不仅是希腊，欧盟的未来也取决于查账结果。如果贝莱德的审计师过于乐观地设定了银行的资本要求，从而要求的资本过低，那么这些机构就可能在进一步出现贷款违约的情况下倒闭，并加剧危机。但是，如果审计师高估了资本要求，那么就很难找到愿意向银行提供资金的私人投资者。而本已债台高筑的希腊政府将不得不进一步向银行注资。

芬克派遣了一支别动队前往雅典。鉴于天天都有街头巷战、轮胎燃烧和催泪瓦斯的报道，华尔街那些见过世面的年轻人不禁对此表示担忧：在美国尽管存在种种不满，但从来没有这样的抗议活动。因此，这是一项需要小心谨慎的任务。就像在更糟糕的谍战片中那样，该团队启用了代号：太阳项目（Projekt Solar）。《纽约时报》兴奋地报道，称贝莱德的员工在太阳项目期间不得携带或穿着带有公司徽标的任何东西。一家私人安全机构正在保护这些美国分析师。在一栋不起眼的雅典办公大楼中，太阳项目团队被安置了数月之久，其他租户显然应认为这是一家太阳能公司。亚尼斯·瓦鲁法基斯（Yanis Varoufakis）仍然对伪装感到好笑。瓦鲁法基斯在 2015 年担任希腊新任财政部长时，以剃光头、穿皮夹克和语不惊人死不休的风格震惊了默克尔、沃尔夫冈·朔伊布勒（Wolfgang Schäuble）[①] 和德国的电视台，他回忆说："甚至雅典的出租车司机都在讨论贝莱德的这帮家伙会做出什么事。"早在危机发生前瓦鲁法基斯就警告说，该国的银行已经破产。发现这个真相后——不需要贝莱德的专业知识就能发现——他在雅典变得不受欢迎，以至于受到死亡威胁。（在这之后，他作为讲师的收入越来越少。这位博弈论专家离开雅典，去了得克萨斯州大学奥斯汀分校。）瓦鲁法基斯声称，贝莱德所扮演的角色并不是真正去查出一些东西。"当涉及这样的委托时，咨询顾问们知道委托者期待他们做什么。"在那种情况下，他们不应将不良贷款率设置得过高或过低。

　　无论如何，当贝莱德员工上门并要求查阅文件时，对于希腊银行家来说必定是一次令他们不愉快的拜访。但是最终，如果他们不想招惹中央银行，并招致欧洲一半国家不满，他们就别无选择，只能回应不速之客的要求。《贝莱德报告》让希腊人从欧盟获得了约 500 亿欧元的资金来稳定其银行业务。希腊政府对贝莱德提交的结果感到非常满意，以至于两年后又聘请贝莱德对银行进行压力测试。希腊仍然与之前一样悲惨：经济萎缩，失业率为30%——年轻人失业率甚至达到 50%。根据欧洲统计局的数据，该国 1/3 的人口生活在贫困线之下。银行贷款违约率继续上升。（贝莱德对此已有预测。）希腊金融机构合计持有逾 700 亿欧元的

---

　　① 时任德国财政部长。——译者注

不良贷款，约占 GDP 的 1/3。现在是进一步干预的时候了。贝莱德的别动队再次收到请求。这次同样有大量事务取决于其调查结果。因为三驾马车要求的紧缩措施已使希腊陷于瘫痪，所以现任希腊政府已决定摆脱三驾马车的约束。为此，希腊政府想要利用《贝莱德报告》。根据贝莱德分析师的说法，希腊银行短缺约 60 亿欧元。但是，在最初的银行救助基金中仍剩有约 110 亿欧元。希腊人这样算计：由于《贝莱德报告》显示仅需要 60 亿欧元，因此该基金的其余款项可以重新分配用作其他救济措施。但是，三驾马车提出抗议。它们的吝啬鬼核数师得出的结论与贝莱德截然不同。贝莱德分析师的计算可能过于乐观。欧洲央行透露，希腊银行实际上至少短缺 100 亿欧元；根据国际货币基金组织的计算，甚至超过 200 亿美元。至少这是内部人士 2014 年 3 月向《金融时报》透露的。其他人不同意最大数额，但相差不远。事实是，华盛顿（国际货币基金组织所在地）、雅典和布鲁塞尔围绕哪个数额才算合适争论了数月。争议的真正实质是，贝莱德更低的数字能给希腊人留下摆脱三驾马车的约束所需的余地。借助其分析师的力量，贝莱德在欧元危机的幕后发挥着决定性作用。

希腊悲剧的延续

事实证明，欧元危机不仅仅使贝莱德有利可图。政府、中央银行和个别银行都在拼命寻找外部专家，主要任务是估值、分析、计算和检验假设。这与银行发放的贷款有关，与投资组合中的复杂证券有关，与价值存疑的资产有关。任务的重要部分始终是恢复信任。这是因为，如果说在战争中首先消亡的是真理，那么在金融危机中首当其冲的就是对机构的信任。另外，如果央行行长或财政部长能用纽约一家公司百来页的报告来论证他的评估，那么他至少可以指望其关于银行状况的陈述会收获更多的信任。对于欧洲央行的高级管理人员和施救国政府首脑来说，这也是实用的。他们可以说：亲爱的选民，我们有严格的准则，我们使得对政府和银行进行问责成为可能！除贝莱德外，奥纬咨询的银行顾问也在该地区忙碌。然后就是"四大会计师事务所"，即安永、德勤、毕马威和普华永道。还有奥迈之类的公司，它曾接受破产管理人的委托处理雷曼兄弟的清算事务，为锈迹斑斑的底特律汽车工业提供长年服务并收取了可观的费用，尽管最终显然不甚成功。

有时，金融危机的全球获利者试图互相超越，有时它们合作并瓜分订单。订单额高达数百万美元，通常是上千万美元。不过，这笔钱只是吸引这些咨询机构的一部分因素。从这些任务中获得的关系和洞察更重要。然而，大多数接触发生在官僚机构层面而不是部长层面，但这一事实根本不是一项不利条件。这是因为，官员和公务员都了解具体情况，而且服务期限通常比其服务的政府更长。

对合同的争夺并不总是温情脉脉。例如在塞浦路斯，合同争夺战演变成了政治惊悚片。这次行动也有代号。

在这座地中海海岛上上演的是希腊悲剧的延续。塞浦路斯金融机构依靠将俄罗斯寡头的非法资金投资于高息希腊政府债券过上了好日子。但是，2012年初的希腊债务减记是历史上规模最大的一次减记，这使得希腊政府债券变成了血腥的亏损制造者。岛上最大的银行有万劫不复的危险。塞浦路斯迅速向布鲁塞尔通报。为了防止恐慌再次在欧元区蔓延，三驾马车再次进行干预。欧洲央行、欧盟委员会和国际货币基金组织，在这里也是要求先对银行进行分析，再提供救助资金。当时担任塞浦路斯中央银行行长的帕尼科斯·季米特里亚季斯（Panicos Demetriades）从太平洋投资管理、贝莱德、奥纬咨询和克莱顿欧元风险管理等知名公司处获得了报价。尽管贝莱德最受欢迎，但竞争对手太平洋投资管理公司最终获得了合同。但是，这还没完。2012年底，有消息称银行的资金需求可能高达90亿欧元，令人震惊。欧盟债权人（主要是德国人）厌烦了对许多负债累累的银行的救助行动，对苛刻的资金要求表示欢迎；塞浦路斯的银行家则进行了强烈抗议，并干预了季米特里亚季斯的决策。然后，这位央行行长做了一件不同寻常的事情：他聘请了此前拒绝接纳的贝莱德分析师。他们应该像在专业领域那样给出第二份意见。因此，贝莱德应审查太平洋投资管理公司的报告。太平洋投资管理公司的人大发雷霆，但是他们无能为力。与在希腊一样，贝莱德的年轻人试图将自己的活动尽可能保持在公众的视野之外。《纽约时报》援引内部文件报道，称他们甚至为涉及者起了别名。克莱尔是塞浦路斯中央银行的名字，彼得代表太平洋投资管理公司，本代表贝莱德。

贝莱德得出的结论是，其竞争对手太平洋投资管理公司做出了过于悲观的假设，后者认为信用违约的可能性很高。简言之，贝莱德对银行的财务要求比太平洋投资管理公司和三驾马车所设定的要低。塞浦路斯与欧洲债权人之间的拉锯战持续了7个月。2013年初，三驾马车基于太平洋投资管理公司的数据收紧了救助方案包。估计的资金需求非常重要——对于塞浦路斯人来说尤其如此，其中许多人失去了积蓄，因为他们在银行中的存款被用于救助行动。与希腊的情形不同，这次是《贝莱德报告》的缺位影响了该国的政治命运。毫不奇怪，储户的损失使得塞浦路斯政府大失民望。对于为什么提交的不是更积极的《贝莱德报告》，存在不同的解释。在塞浦路斯新政府的压力下被解职的季米特里亚季斯称，这份报告来得太迟了。官方的说法是，实际上中央银行直到 2013 年 5 月才收到它。但是，内部人士称，早在 1 月该报告的早期版本就已被提交给央行行长。但是，他没有向三驾马车或新政府通报这一更为积极的结果。无论这座地中海岛屿发生什么了事件，贝莱德借助其分析师的报告显然都发挥了决定性的政治作用。当被问及在塞浦路斯的活动时，贝莱德不予置评。

贝莱德在西班牙错失了机会。尽管据说这家纽约公司距赢得合同只有一步之遥，但西班牙经济大臣路易斯·德·金多斯（Luis de Guindos）在最后一刻犹豫了。他告诉彭博社记者："您不认为贝莱德想要在西班牙购买资产吗？如果您既是裁判员，同时又购买了有问题的资产，那么这显然存在利益冲突。"（奥纬咨询和罗兰贝格得到了合同。）芬克勃然大怒，据一位雇员的说法，他让欧洲部门负责人解释怎么会与这么重要的合同失之交臂。

西班牙是一个例外。与在美国一样，芬克的电话号码也在中央银行官员、财政部长和欧盟精英人士的快速拨号列表中。（因此，贝莱德在西班牙的合同被否决几个月后，英国财政部将合同交给贝莱德，由贝莱德负责剥离苏格兰皇家银行的有毒资产。）在 2012 年夏天，芬克成功采取了一项行动，最终使贝莱德在欧洲建立了牢固的基础。不过，这次遵循的是相同的路线。

达沃斯的圈子

达沃斯世界经济论坛是每一个有想法的人的梦想之地。每年1月，世界精英，或者更确切地说，那些受到组织者和赞助者信任的精英，都来到瑞士阿尔卑斯山的小镇聚会。冬季背景是达沃斯世界经济论坛的重要组成部分。美国有线电视新闻网（CNN）一度要求会议组织者投掷雪炮。另外，冷杉树上最好撒上冰雪粉末。会议组织者拒绝这样的提议，因为温度太高时不可能实现。

达沃斯世界经济论坛在2015年创下新纪录。来自140个国家的2 500多人参会。苏黎世机场在1月21日至1月24日之间报告了约1 100次额外航班——主要是私人飞机。

在瑞士的银行业大都市苏黎世和达沃斯这座阿尔卑斯山上最高的城市之间，在会议期间，人们在路上几乎只能看到宽大的豪华轿车，如奥迪、奔驰、宝马等，以及车后的深色玻璃窗、方向盘旁的司机。那些赶时间的人乘坐直升机。最新版的《金融时报》被置于雷蒂亚铁路线每个一等座上。这显示出一年中的这四天与滑雪和阿尔卑斯山的良好空气质量无关。最初的路障出现于距达沃斯约20千米处。当地部署了数千名瑞士士兵。据称，组织者对达沃斯的水管和水源定期进行了检测。没有人能够毒害参会者。身穿白色迷彩服的狙击手被部署在会议酒店的屋顶上，用双筒望远镜搜寻周遭的可疑物。会议中心周围的区域完全被封锁，感觉像是一个超大木板箱。警察只允许人们凭通行证进门，参会者通过金属扫描仪的检测，再通过白色长廊进入下一处检查点，最后走出通道。然后，语言大杂烩开始了。讲各种语言的人聚到一起——中国人、印度人、苏丹人、美国人、阿拉伯人、瑞士人、意大利人、日本人、埃及人、乌克兰人、俄罗斯人、德国人。在所谓的会议中心，举行着较低层次的"权力会议"。参会者可以在小型咖啡吧台旁交流想法。潜伏着的记者在等待路过的"大鱼"，如商界和政界的贵客。为了消磨等待的时光，他们在咖啡吧台随意享用咖啡、茶、蛋糕等。一切免费！毕竟，应该尽可能有效地利用参会时间，而不是节约小钱。

镇上每一平方米空间都得到充分的利用。发廊将场地出租给一位赞助商，该赞助商在那里举行会议。理发师为在会议期间需要理发的顾客提供上门服务。不远处，瑞士信贷银行租用了一家家具店，完全清理干净，并改建成会所。微软也有展馆。据说谷歌为一套公寓支付 30 000 瑞士法郎的费用。瑞士电台和路透社已在市图书馆落脚。瑞士电视台、CNBC 和福克斯新闻网在会议中心旁的室内游泳池的屋顶上搭起了弹出式录音棚。国家元首、经济学家和商业领袖以分钟为单位在这里接受采访。在这平淡无奇到令人吃惊的山间穷乡僻壤及杂乱无章的旅馆房间里聚集着这么多的精英，在这个星球上再也找不出这样的地方了。

达沃斯世界经济论坛会发展成为一个全球性超级组织，这一点不难预见。创始人克劳斯·施瓦布（Klaus Schwab）不乏野心。施瓦布生于 1938 年，在上斯瓦比亚的拉芬斯堡呱呱坠地。他年轻时就参加了"欧洲运动"。他学习了机械工程和企业管理，并获得了哈佛大学公共管理硕士学位。美国人将企业管理知识和商业知识加以组合的一些观点令施瓦布着迷，比如公司不仅要对所有者负责，而且要对其他利益方（如国家、雇员和客户）负责。1971 年，他当时是日内瓦大学的教授，在达沃斯组织了一次欧洲管理论坛。他喜欢这个地方远离尘嚣，以及拥有会议中心的事实。最后但并非最不重要的一点是，达沃斯是一处知识渊薮。托马斯·曼（Thomas Mann）的《魔山》在达沃斯的沙茨阿尔卑上演。雕塑家菲利普·莫德罗（Philipp Modrow）希望在那里开设一所女子大学，并教授世界语。那是在1921年，这一要求却被政府婉拒。1928年，当一所大学真正开学时，爱因斯坦发表了荣誉演讲。次年春天，20世纪哲学的双峰——海德格尔和卡西尔，在这里举行了传奇性的辩论。无论是高山空气、滑雪场还是伟大思想的交响——施瓦布每年都会重复举行的论坛吸引越来越多的参会者，这已成为一种全球现象。1987年，他将其重命名为世界经济论坛。

围绕该论坛出现了由研究机构、会议和咨询公司组成的一整个集团。目前，世界经济论坛在科洛尼总部拥有约600名员工，在纽约有120名员工，在旧金山有80名员工，在东京和孟买也有代表处。世界经济论坛2019年的预算为3.44亿瑞士法郎。

世界经济论坛由会费资助——世界上最大的千家公司几乎全都是其会员。世界经济论坛对它们来说如此重要，以至于它们虽然对会费抱怨不已，但在2014年会费上涨20%时仍然慷慨解囊。最重要的小组中的100名成员，即所谓的战略合作伙伴，可以在项目设置上拥有发言权，现在每年付费60万瑞士法郎。在这些合作伙伴中，包括安联保险、思爱普、奥迪、西门子、大众汽车和德国邮政等德国公司。世界经济论坛称，选择这些合作伙伴是根据其为"改善世界状况"所做的承诺。其中的跨国公司还包括百事可乐，化学巨头陶氏化学，制药巨头诺华，基础设施集团福陆、脸书、谷歌和思科等科技公司。但是，也有一些不那么出名的参会者，如阿塞拜疆国有石油公司 SOCAR 或桥水基金。桥水基金是规模达 1 600 亿美元的对冲基金，创始人雷·达里奥（Ray Dalio）坚信"生活与管理原则"，并要求员工采取激进的开放态度，因而该企业中的每一场对话都被记录下来。当然，还有贝莱德。

参会者可能全是世界精英人士。但是，也存在明显的差异。从参会者脖子上吊着的各种铭牌可以看出他们的身份。这些牌子显示谁有权访问哪些场所。参会者的目光会自动从对方的脸上移到其铭牌上。《纽约客》的一名（男性）记者曾经这样描述："这种情况经常发生，以至于我第一次有了深 V 领口的感觉。"

但是，要想进入"真正的达沃斯"，人们不仅仅需要相应的身份证件。实际的对话并不在会议中心或其周边的场馆中进行。在酒店中，预订的套房可以使政客和商业领袖之间实现真正的"速配式约会"。在这里，他们可以无拘束地会谈，避免公众的注意。

只有真正属于这个圈子的人才能进出贝尔维迪尔酒店：中央银行官员和其他银行家，企业高管，对冲基金经理，各种预言家和继承人，天体物理学家，僧侣，硅谷代表，以及通常都会前来献唱的博诺。这位戴着粉红色眼镜的 U2 主唱现在是世界经济论坛的定期嘉宾，有人不太友好地将其称作达沃斯宫廷小丑。2008年，《时代》杂志发现博诺的出席是一件好事：毕竟，在讨论贫困问题时，他曾指出，参加讨论的人是世界上最富有的人，这让讨论显得荒谬。不过，这种自我批评的论调是罕见的。

所有参会者都沉浸在相互认可的氛围中。出席的人中约有 80% 是男性，大多数仍然是白人。自 2007 年以来一直在那里工作的一位内部女士说："这使得会议有点单向度。"不过，她说，那里的一切都比其他国际会议文明得多。这位纽约女士为富人和机构投资者提供咨询服务，世界经济论坛对她来说是一年中最重要的事件。这与直接开展业务无关，太过简单粗暴会令人生厌。人们释放善意，探讨可能性，检验想法。简言之，人们可以建立一个基础，之后可以依靠它来进行更具体的交易。据说《北美自由贸易协定》就是在达沃斯设计的。正如上面那位纽约内部人士描述的那样，人们使用某种术语，即所谓的达沃斯行话。"你必须去那里几次才能理解。"而且你必须先进去。没有门票。无论是首席执行官还是专家，都必须受到邀请才行。这也有助于实现排他性。

将自己成功绑定到达沃斯网络上的人将不用再为生计担忧。"即使政治家在自己的国家无法取得成功，甚至同胞对其蔑视有加，只要被达沃斯的喷气式飞机旅行家们高度重视，橄榄枝就会纷至沓来——有欧盟委员会、国际货币基金组织等很多选择。同胞的蔑视甚至是个加分项——毕竟，这表明他已经准备好按照国际社会的要求行事，即使要站在本国公民的对立面。"左派自由主义的美国博客作者马修·伊格莱西亚斯（Matthew Yglesias）在论文《全球统治阶级》中这样说。

贝莱德老板拉里·芬克在加入这一盛会时遇到了困难。是的，有传闻说在受到邀请之前达沃斯曾将他视为"无足轻重之辈"而不予考虑。不过后来，芬克这个"加州小子"成为其中一员。当然，当他小时候在父亲的鞋店里整理鞋带和清理鞋盒时，他绝对不会想到有这一天。一位纽约咨询顾问兼达沃斯资深人士观察到："他不像很多银行家或政客那样圆滑。"她说，芬克在达沃斯的交际仍然密切"与交易相关"。显然，芬克没有完全抛弃其作为华尔街交易员的过往。据说，在达沃斯的圈子中，人们调侃芬克有炫耀名字的癖好，说他也有点八卦。无论如何，芬克做到了。因此，你可以发现他于 2015 年 1 月在贝尔维迪尔酒店举行的那场鸡尾酒会上显得轻松愉快，身边陪伴着一位亿万富翁的遗孀和一位中央银行前官员。一家直到最近仍寂寂无闻的纽约投资公司的老板怎么去了那里？更重要的是：他去那里做什么？

雇到一个"开门人"

2012 年夏天，芬克"钓到了迄今为止最大的一条鱼"。他雇到了菲利普·希尔德布兰德（Philipp Hildebrand）。贝莱德老板在有关新任命的新闻稿中热情地宣称："极少有高管能以其专业知识、判断力和诚信受到如此广泛的认可。"（消息传出后不久，芬克接到了他的老朋友盖特纳的电话，盖特纳时任美国财政部长。这一信息出自盖特纳的官方日记。这位奥巴马总统最重要的部长在持续十分钟的通话中与芬克讨论了什么内容尚不清楚。）

与希尔德布兰德先前的工作相比，芬克给出的工作机会算是一种退步。希尔德布兰德此前曾担任瑞士国家银行行长。他离开这个最高职位并非完全出于自愿。正如瑞士《每日导报》所报道的，希尔德布兰德的妻子——卡西娅·希尔德布兰德（Kashya Hildebrand）给他惹了祸。两人在前任雇主摩尔资本那里"相识并相爱"——摩尔资本是一家在纽约和伦敦开展业务的对冲基金。据报道，希尔德布兰德在摩尔资本大发横财。他后来回到自己的故乡阿尔卑斯发展——在冯托贝尔银行和瑞联银行工作。在只有 40 岁时，他就进入了瑞士国家银行董事会。2010 年，他被任命为主席。这对夫妇定居苏黎世。卡西娅在通往班霍夫大街的十字路口开设了一家画廊，那条街上豪华精品店堪与私人银行比肩而立。"这位来自华尔街的女画廊老板"出生于巴基斯坦，在美国长大，专门做中国、俄罗斯和美国艺术家的生意。客户主要来自亚洲。但是，卡西娅显然无法完全摆脱她的既往财务历史的影响。根据希尔德布兰德后来发表的关于自己不知情的声明，2011 年 8 月 15 日，卡西娅用自己的账户将 400 000 瑞士法郎换成了 504 477 美元。2011 年 9 月 6 日，希尔德布兰德以瑞士国家银行行长的身份宣布，他将把瑞士法郎与欧元挂钩。事实证明，他妻子的美元生意获利颇丰。几个月后人们才知道这一点，这还是由于银行员工将希尔德布兰德的账户文件交给了瑞士国民议员克里斯托夫·布劳赫（Christoph Blocher），此人是极右翼政治家，也是针对希尔德布兰德的批评者。希尔德布兰德公开保证，在决定钉住欧元之前，他对这笔交易一无所知。各种外部和内部调查都得出结论：希尔德布兰德一家没有违反任何规定。但是，希尔德布兰德面临巨大的压力。他于 2012 年 1 月辞职。他离开时还说他像狮子一样为这份工作而战。

甚至在辞职之前，希尔德布兰德在瑞士已是争议人物。他最初为世界经济论坛工作，为该组织工作的人常被戏称为"行李搬运工"。希尔德布兰德显示自己是人际关系网络大师，无论他是否感念在世界经济论坛工作的那段时光，都如此。他一如既往地被认为是全球最具人脉和最受认可的金融家之一。瑞士的经济杂志 *Bilanz* 曾称其为"桥梁式银行家"。他能够被主导金融市场的英国人和美国人所接受，他说英国人和美国人的语言。但是，希尔德布兰德与华尔街和纽约过从甚密，在瑞士批评者看来，甚至在美元换汇丑闻爆发前，这都令其不适合担任瑞士国家银行行长。这位百万富翁不仅与银行家和对冲基金经理保持着良好关系，还是一流的金融外交官。希尔德布兰德是法国国库署战略委员会成员，国库署是一家管理法国的债务和资产的机构。遭遇脱欧失败的英国前首相特蕾莎·梅（Theresa May）任命这个瑞士人为大英博物馆董事会成员，大英博物馆是英国的最高荣誉体现之一。

他曾担任巴塞尔国际组织金融稳定委员会的副主席，该组织是在 2008 年金融危机之后成立的，目的是防止今后再发生此类危机。当时的主席是高盛前董事马里奥·德拉吉（Mario Draghi），他晚些时候担任欧洲央行行长。希尔德布兰德与德拉吉有更多的共同点：两者都是"30 人集团"（Group of Thirty）的成员，该组织的 30 名成员是从前任和现任中央银行官员、学者和银行家的排他性圈子中招募而来的。该组织的网站称，这一精英俱乐部由洛克菲勒基金会于 20 世纪 70 年代成立，其宗旨是"加深对国际经济和金融市场问题的了解"，并"探索能为市场参与者和监管机构提供何种可能性"。成员包括美联储前主席珍妮特·耶伦（Janet Yellen）——仅一个任期就被特朗普粗鲁地免职，以及欧洲央行前行长让-克劳德·特里谢（Jean-Claude Trichet）。德国央行前行长阿克塞尔·韦伯（Axel Weber）以及中国人民银行前行长周小川也出席了会议。哦，还有拉里·萨默斯，他在克林顿政府担任财政部长后担任过一段时间的哈佛大学校长，然后成为奥巴马最亲密的顾问。希尔德布兰德与萨默斯保持着密切的关系，正如他与蒂莫西·盖特纳和前总统克林顿关系熟络一样，盖特纳是芬

克在纽约时的老熟人。还有一位密友是马克·卡尼（Mark Car-
ney），他是希尔德布兰德的伴郎。高盛前银行家卡尼曾任加拿大
联邦储备银行的首任负责人，并于 2013—2020 年担任英格兰银
行行长。

希尔德布兰德与卡西娅的婚姻如今已成为历史。如今，玛格
丽塔（Margarita）取而代之，出现在希尔德布兰德身边。法国媒
体称她为"女沙皇"。这名俄罗斯人有自己的阶层攀升史。冷战
铁幕落下后，玛格丽塔先是与一个瑞士人结婚。后来，当她遇到
法国人罗伯特·路易斯-德雷福斯（Robert Louis-Dreyfus），她再
度踏入婚姻，但这段婚姻并没能持续多久。在德国，德雷福斯以
阿迪达斯的老板闻名。此人还是一个商业帝国的继承人。他控制
着农产品公司路易达孚，这是由其曾祖父建立的一家阿尔萨斯农
产品贸易公司。路易达孚是与其美国竞争对手嘉吉、邦吉和艾地
盟齐名的全球食品巨头之一，没有它们，超市的货架就会空空如
也。没有它们的参与，几乎难以生产出任何食品。德雷福斯于
2009 年 7 月去世，死于白血病。瑞士小报《一瞥报》称其遗孀
为"有点斜视的金发俄罗斯人"，当她"掌控帝国的缰绳"时，
出乎所有人的意料，正如该报所描述的那样。战略思想家希尔德
布兰德和农产品女亿万富翁之间真的产生了共鸣。在什么地
方？——2013 年在达沃斯。两年后，两人又来了——作为拉里·
芬克的陪伴者，出现在贝尔维迪尔酒店的鸡尾酒会上。

即使瑞士人将希尔德布兰德赶出办公室，希尔德布兰德也并
未失去来自全球金融界和政界的朋友。在这个世界上，芬克和他
收购的帝国仍然充斥着暴发户的气息，这是一个没有高贵血统的
初来乍到者。在希尔德布兰德的帮助下，芬克开启了一扇门，在

此之前，尽管他坐拥数万亿美元，那扇门仍对他关闭着。

欧洲央行的垂青

希尔德布兰德的人脉关系对 2014 年贝莱德在欧洲获得迄今为止最负盛名的委托绝非无益。欧洲央行行长马里奥·德拉吉——他非常信任希尔德布兰德这位央行前行长——在 8 月宣布，想要建立一个购买私人信用证券的计划。贝莱德将作为欧洲央行的顾问负责该计划的开发。当被问及是否进行了公开招标时，欧洲央行新闻办公室表示已经开展了"基于竞争的谈判程序"。这是遵照《欧洲央行采购指南》第 6.1 条进行的。德拉吉于 2014 年 1 月在达沃斯世界经济论坛公开表示考虑这一计划。从广义上讲，该计划将鼓励欧元区的银行向个人和公司提供更多贷款。根据该计划，银行将把汽车贷款、抵押贷款和其他私人贷款打包，并将其证券化后发行。此后，欧洲央行将从银行那里购买这些证券。由于有欧洲央行作为安全的买家，银行将愿意发放更多此类贷款。这样，从银行那里获得的新鲜资金将确保个人能够以信贷方式购买新车、电视和家具等，从而增加了需求。相关公司将利用借来的资本建造新工厂并创造更多的就业机会。

传统上，央行试图通过降低利率来实现这样的目标，这会使资金成本更低。但是，当时欧元区的利率已经为零。欧洲南部国家的经济仍然没有复苏。出于政治原因，欧洲央行委托芬克团队建立的购买计划对高盛前银行家德拉吉也很重要。他在向对手德国央行行长延斯·魏德曼（Jens Weidmann）出招。当时，两人在幕后争执不休。德拉吉实际上想像美联储那样大规模购买政府债券。通过这种称为量化宽松（QE）的方法，美国经济再度得到刺激。尽管取得了明显的成功，但 QE 的真正效果还是极富争议。无论如何，魏德曼反对 QE 由来已久。（德拉吉的方案最终获得通过，并于 2015 年春季开启了欧洲版 QE。）德拉吉委托贝莱德开展的项目是 QE 的变体——一种轻量版 QE。授予贝莱德合同能一劳永逸地消除魏德曼的影响：QE 开始了。

德拉吉所设想的，本质上无非是一种重组并重启破损的货币机器的尝试，这部机器在 2007 年因次级抵押贷款而崩溃，并引发了金融危机。提倡购买信用证券的人和机构（除德拉吉之外，还有德意志银行和 ING 等欧洲大银行）认为，货币机器出现问题仅出证券化的贷款的质量所致。因此，只要证券化的贷款的质量有保证，那么货币机器将具有促进欧洲经济增长的潜力。

但是，这类计划也为银行提供了一个良机，将沦为废纸的证券化的资产甩给欧洲央行，从而将违约风险转移给纳税人。欧洲央行显然已准备好承担这一风险。欧洲央行董事会成员贝诺伊特·科伊尔（Benoit Coeure）在宣布购买计划时说，为使设想中的购买计划充分发挥潜力，各国政府必须在计划失败时承担其中至少一部分："证券化市场将需要大量的公共资助。"他这样告诉金融杂志《风险》。一言以蔽之：纳税人将承担损失。德拉吉本人多次表示，希望放宽对信贷证券化的要求。这是金融危机后被冻结的此类贷款证券化市场得以重启的唯一方法。国家担保与放松监管齐头并进：对于魏德曼这样的怀疑论者来说，这是一个恐怖的场景。

选择贝莱德会带来其他问题。这是因为，根据彭博社的计算，贝莱德是欧洲贷款票据（恰恰是在欧洲央行计划下将要购买的那些票据）的最大投资者之一。这是明显的利益冲突。

欧洲央行在问答中表示，自 2014 年 11 月 21 日起该购买计划一直以资产支持证券购买计划（ABSPP）的正式名称运行。它将运行至少两年。欧洲央行重视对贝莱德解决方案公司——贝莱德的一个"独立部门"——的委托。声明称，贝莱德解决方案公司只是作为"设计和实施"顾问而发挥作用，与计划的运行无关。欧洲央行表示，其对贝莱德解决方案公司的委托包括许多预防措施，通过这些预防措施利益冲突被"大幅削弱"。除其他事项外，贝莱德需要将其就 ABSPP 为欧洲央行服务的员工与从事资产证券化工作的员工分开。外部审计人员将对此进行检查。欧洲央行不想提供这些审计人员的姓名。欧洲央行称赞，在这一过程中，贝莱德已经证明在管理利益冲突方面具有"丰富的经验"和"最佳实践"。贝莱德不想对 ABSPP 委托发表评论。关于新的评论请求，该公司给出了与本章开头类似的一般声明。

但在 2015 年 1 月，当欧洲央行宣布将扩大购买规模时，职业投资策略师孔睿思（Russ Koesterich）告诉网站 Pension Fund Insider，称这"对投资者来说是一个真正的惊喜"。收购虽然不会刺激欧盟经济的增长，但会支持欧洲股市。孔睿思的雇主是谁？贝莱德，欧洲股市的主要投资者。这些项目还会帮助到谁？"欧洲积极货币政策"（Positive Money Europe），一个旨在使货币政策更加透明和民主的倡议组织，希望这一点得到澄清。但当该组织在 2017 年以信息自由为由提起诉讼，以了解更多关于购买计划的信息时——毕竟是 2 900 亿欧元——欧洲央行拒绝公开这些信息。直到欧盟议会发出问询，人们才清楚购买的主要是按揭贷款和汽车贷款。通过这样做，欧洲央行间接补贴了房地产行业与德国和法国的汽车行业。

贝莱德又开始发挥作用。例如，2016 年，欧洲央行聘请这家纽约公司就欧洲银行的压力测试提供建议。与审计一样，这会涉及敏感信息，例如投资组合中的不良贷款比例。人们对与贝莱德的潜在利益冲突表示担忧，毕竟贝莱德是大多数受到审查的主要信贷机构的大股东，德国人也不例外。欧洲央行告诉路透社，这次咨询任务与贝莱德其他部分分离。"合同中约定了保密性。"欧洲央行发言人说。这次测试有多严格？无论如何，西班牙第六大银行大众银行获得了欧洲央行的签章背书，并于几个月后倒闭。然而，欧洲央行显然对此感到满意。因此，贝莱德在两年后再次被聘，以进行下一次压力测试。

与央行共生

对于在 2016 年进行的压力测试部署，贝莱德收费 820 万欧元，当时的央行监事会成员丹尼尔·诺伊（Daniele Nouy）在致德国财政部长沃尔夫冈·朔伊布勒的信中对此有所披露。对于贝莱德来说，这些更像是松子而不是花生。但是，发钞银行和中央银行是贝莱德非常特别的客户。在危机发生之前，它们扮演"金融之王"（lords of finance）的角色，正如利雅卡特·艾哈迈德（Liaquat Ahamed）在他的同名书中所称的那样，中央银行在 20 世纪 30 年代的大萧条中就发挥着这样的作用。它们位于国家和金融体系之间的某个地方，很少公开露面。自从这些机构的领导者下令向亿万富翁抛去数十亿美元，他们的名字——珍妮特·耶伦及继任者杰伊·鲍威尔（Jay Powell），马里奥·德拉吉及继任者克里斯蒂娜·拉加德（Christine Lagarde）——就已经和国家领导人一样闻名。但是，即使是经济学家，中央银行的内部运作对他们而言也不易理解。尽管中央银行已经存在了数百年（例如，瑞典央行自 1668 年以来就一直存在），但它们仍然保持一定的神秘色彩。那里的人喜欢闭门做出决定。

美联储的创建就可以作为惊悚片的模板：参与该计划的银行家（主要是华尔街银行家）于 1910 年 11 月化名并以猎鸭的名义乘火车前往佛罗里达州，再到更南端，最后到达佐治亚州，他们终于在一个沿海的私人岛屿上相聚。三年后，这一秘密计划变成美联储。在 20 年的时间里，没有一个参与者对岛上的会议描述过片言只语。这并非没有理由，人们担心的是美国国会的反对，担心国会将新机构视为权力和影响力的竞争者。金融领域的一大群专家现在只关注美联储或欧洲央行。央行行长的每一次演讲、每一次露面都会产生连篇累牍的解读。例如在 2014 年的第一次新闻发布会上，耶伦被问及"一段时间"是什么意思（美联储在会议纪要中曾表示，希望将利率在一段时间保持低位），耶伦犹豫了几秒钟，然后不确定地说"六个月左右"。这番话立即引发了股市和债市的暴跌。这可能是这位美联储主席无心的回答，对市场来说却意味着突然设定加息的具体日期！从那时起，耶伦变得更加谨慎，但是与她的前任相比，她的言辞还是显得彻头彻尾的坦率。艾伦·格林斯潘（Alan Greenspan）在 1987—2006 年间担任美联储主席，曾是神秘语言大师。为了捕捉蛛丝马迹式的线索，华尔街试图通过这位美联储主席在美联储会议当天到办公室的公文包的鼓胀程度来解读格林斯潘的利率决定。（是的，当格林斯潘在这样的日子里登上美联储大楼的台阶时，电视转播镜头就守在那里！）

如果说有人认识到了美联储的政治权力，那么这个人无疑就是特朗普。他将他不喜欢的学者耶伦替换为前私募股权投资人鲍威尔，与其前任不同的是，特朗普并不回避公开贬低鲍威尔和他领导下的美联储。在演讲和推特消息中，特朗普称美联储有时"可悲"、有时"无知"。特朗普有一次骂他们是"傻瓜"。另外，特朗普公开质疑美联储的心智及健全程度："美联储要疯了。"2019年夏天，在与中国的贸易战中，美国总统甚至宣称不知道谁是美国更大的敌人——是美联储主席鲍威尔还是中国领导人。尽管特朗普对鲍威尔一伙人的激烈言辞看上去很奇怪，最终他还是将央行行长从一个超脱的位置打入日常政治的低谷。

在欧洲，央行行长最近也越来越多地成为批评者的目标。欧洲央行银行家在德国尤其会被看作财富破坏者。著名经济学家汉斯-沃纳·辛恩（Hans-Werner Sinn）对《商业周刊》表示，德国储户的钱将被"秘密征用"。在成员国之间新旧裂痕叠加时期，欧洲央行已成为维系架构的关键环节。通过欧元，德拉吉最终捍卫了欧洲的统一性。因此，选择一位政治家作为他的继任者是顺理成章的——克里斯蒂娜·拉加德，拉加德在成为国际货币基金组织总裁并最终成为欧洲央行行长之前曾任法国财政部长。

近几十年中，随着全球化进程发生变化，央行行长的重要性和作用不断提高。过去，资金的流动伴随着商品的流动；如今，资金蜂拥而至以寻求在全球范围内进行投资。但是，正是2008年的危机使中央银行官员身上的光环消失了，并使他们政治化。在2008年的危机后，格林斯潘的继任者伯南克并不回避采取前所未有的措施以再次提振美国经济。伯南克创建了许多紧急贷款计划，例如 TALF "这样一份包含所有名称以及简短说明、使用小号字，甚至不足一页 A4 纸的文件"，就像《华盛顿邮报》报道美联储的记者尼尔·埃尔文（Neil Irwin）在危机期间曾经描述的那样。实际上，美联储制定并实施了经济政策。国会中的共和党议员尤其认为这超出了美联储的职权范围。但是，从伯南克的角度来看，他别无选择，只能引导美联储朝这个方向发展。最终，共和党占优势的国会和民主党总统互相拆台。当时新当选的奥巴马总统在他的第一个 8 000 亿美元的一揽子计划之后未能有所作为，而许多经济学家认为那个计划的作用实在是太有限了。这使美联储成为华盛顿唯一有行动能力的参与者。顺便说一下，伯南克的危机管理为应对 2020 年爆发的新冠肺炎疫情危机提供了蓝图。

欧洲也陷入了政治改革的僵局之中。持续的危机令各成员国分崩离析，新旧裂痕叠加。因此，欧洲央行已成为仅剩的一致机构。正如前任特里谢和德拉吉一样，拉加德最终以共同货币也就是欧元来捍卫欧洲的统一。购买计划确保欧元疲软，最终无非就是有利出口的政策。

中央银行官员承担了政客们在危机管理中无法或不想承担的任务。贝莱德、太平洋投资管理公司则是中央银行官员的助手，它们受托具体实施了压力测试和债券购买计划等措施。以贝莱德为例，中央银行是其最重要的客户之一。已有 50 家中央银行聘请了贝莱德管理其储备。希尔德布兰德向中央银行网表示，芬克的公司参与这一领域是他接受这份工作的原因之一。

中央银行是大型金融公司非常感兴趣的客户。这涉及声望、费用和订单。但中央银行也拥有有价值的信息，特别是这些信息有助于市场参与者，因为没有人能像它们那样引导市场。是的，这里有大肆鼓吹的"隔离墙"，即：企业应采取预防措施，防止其员工知悉不该知道的事情。但是，凡是在华尔街提到"隔离墙"，人们通常都会耸耸肩，一笑了之。"下班后，乔会和哈利出去喝啤酒吗？你可以就此打赌。"业内人士这样说。即使想建"隔离墙"，又如何隔离头脑中的信息呢？"你不可能知道却装作不知道"是关于该话题的一个流行说法。也就是说，从知情变成不知情是困难的。

在提交的文件中，一方面，贝莱德坚持在其顾问和投资经理之间设置坚实的"隔离墙"。另一方面，该集团以其内部人员身份做广告。例如，2006年其年度报告指出"我们的投资和非投资活动之间的密切联系将继续成为我们取得长期成功的重要因素"，"我们是将全球影响力的优势与本地服务和联系相结合的全球性公司"。贝莱德拥有29个主要投资中心，遍布各大资本市场，这"让我们能够更深入地了解日益互联的金融市场"。在最后，报告指出："我们相信，在本地获得并在全球范围内共享的投资知识可为我们的客户提供最大的投资机会。"与政府机构的联系甚至是一项义务。在2016年的新闻稿中，该公司向客户声称："与世界上任何一方的政府保持密切和深厚关系，是我们的受托责任以及我们的工作。"这些"密切和深厚关系"引发非营利组织"问责运动"的怀疑，这是一个旨在揭露滥用权力和资源的组织。这家非营利组织于2018年夏天启动了一个仅适用于贝莱德业务的项目。其中，民权活动人士对出现员工调动时"隔离墙"的可渗透性产生了疑问。例如，莉莉·福罗拉吉（Lili Forouraghi）先是从事顾问方面的工作，为央行行长和财政部提供建议，之后转向投资方面，为大型机构投资者的投资策略提供建议；韦恩·菲茨杰拉德（Wayne Fitzgerald）——一位房地产专家，他也先在贝莱德解决方案公司工作，然后从事投资方面的工作；奥利维尔·德沃（Olivier Defaux），他先是金融市场咨询团队的一员，处理了三驾马车、爱尔兰央行、希腊银行和瑞士国家银行的委托，之后改换了部门，为大型保险公司提供咨询服务，然后从事欧洲抵押贷款投资业务（2016 年，他离开了贝莱德）。

政客们显然屈服于中央银行官员及其有薪助手的网络。例如在欧洲央行对贝莱德的委托中，当被问及是否担心可能带来潜在的利益冲突时，一位以对金融业持批评态度而闻名的欧洲议会议员表示："执行此类任务的专家很少，因此总会存在利益冲突。"意思是，这么做不太好，但这就是现实。一位在布鲁塞尔工作了很长时间的欧洲银行家谈到华尔街的年轻人时说："他们创造了所有这些复杂的产品和系统，对其进行管理和分析时他们又变成不可或缺的了。"

影子银行：黑暗中一无所见

人们会以为这是一家酒店——一家面向商务旅客、费用适中的酒店的接待大厅，一些现代艺术作品挂在没有窗户、有些沉闷的墙壁上，既不那么跳脱，也不太保守。大厅里有明亮的座位、配有电话的桌子、常见的图画书和报纸。然而，没有人敢沉浸于室内装潢，舒适地浏览书报。没有访客期待会受到贝莱德主人的迎接。沙发靠垫上绣有彩图（如果仔细观察，就会发现图案中的世界地图），这也许是受拉里·芬克喜爱民间艺术的影响。

这是贝莱德的纽约总部，从此处延伸，其分支机构遍布全球：法兰克福、苏黎世、伦敦、上海、东京和香港。大堂玻璃门后的办公室墙上贴了实用米色纺织墙纸，大多数家具看上去都可以从折扣店欧迪办公订购。还有常见的"小隔间"，即现代办公室工作人员可在其办公桌周围使用的小小空间。无窗视频会议室的主要设施是一块一人高的三联显示屏。除了时钟（传统样式）外，墙上没有装饰。甚至没有一支圆珠笔摆放在附近。该公司的说法是："我们专业，我们高效，我们专注。"这里给人的感觉与高盛耗资20亿美元打造的市中心大楼的内部装潢相去甚远，那里的大楼大堂有一座音乐厅大小，透过玻璃幕墙哈德逊河全景一览无余，甚至能给审美疲劳的纽约人留下深刻印象。

高盛是公开的榜样。高盛人在外的名声首先是傲慢自大和聪明伶俐。贝莱德的业务代表努力创造类似的光环：不可企及和完美无缺。"贝莱德太希望成为高盛了。"一位前雇员在一个在线论坛上这样嘲讽其前雇主。

在金融危机之前，"高盛嫉妒"，也就是对高盛银行家的羡慕，是华尔街和伦敦金融城深植的观念和常见病。这不仅仅是因为薪资——尽管这绝非微不足道：高盛在2007年达到顶峰时向员工支付了200亿美元的薪酬。英国《金融时报》专栏作家吉莲·泰特（Gillian Tett）兴奋地写道："高盛具有'它'因素——一种智力上的吸引力。谁不想成为公认的金融天才中的一分子？他们一方面设计了足以使控制论专家头晕目眩的衍生品交易结构，另一方面又精心策划了一些幕后交易，这些交易足以让拜占庭外交官①叹为观止。美国精英大学的毕业生争相加入高盛。部长和其他政府机构的首脑们喜欢在政治生涯临近终了时加入高盛。罗伯特·佐利克（Robert Zoellick）是高盛与华盛顿之间的"旋转门"的经典案例。佐利克曾任小布什政府副国务卿，后在高盛担任数年执行董事，并最终担任世界银行行长。作为高盛二号人物的加里·科恩（Gary Cohn）摇身一变，加入特朗普政府。科恩从未超越劳埃德·布兰克费恩成为该银行董事会主席，可能他希望至少能在华盛顿更上层楼。然而，虽然科恩在充满最大敌

---

① 这是指擅长玩阴谋诡计者。——译者注

意的工作环境中磨炼多年，但是他在特朗普顾问一职上仅撑过数月。欧洲最有名的"旋转门"利用者无疑是马里奥·德拉吉，他曾在世界银行和意大利财政部任职，之后任职高盛，最后出任欧洲央行行长。①

高盛在金融危机中幸存下来，境况比大多数竞争对手都要好，但其神圣不可侵犯的声誉已经烟消云散。布兰克费恩在一次采访中说他的银行正在做"上帝的工作"。这位当时的高盛首席执行官后来又徒劳地辩解说，这只是个笑话。有一笔名为"算盘"的交易（这是一项基于抵押贷款证券的交易），它是高盛为对冲基金大亨约翰·保尔森（John Paulson）量身定制的。个中的天才设计在于，保尔森押注抵押贷款证券会暴跌。这项交易并非精妙无比，因为后来被美国证券交易委员会（SEC）指控向高盛其他客户出售"算盘"交易的份额时，保尔森反向下注的情况被隐瞒。根据 SEC 调查，保尔森下注了 10 亿美元，但"算盘"交易另一端的客户（例如德国工业银行）损失了 1.5 亿美元。SEC 称高盛以 5.5 亿美元和解，这是华尔街单一券商的最高和解纪录。当法布里斯·图尔（Fabrice Tourre）（此人是受委托参与"算盘"交易的高盛银行家）的电子邮件被获取时，形势变得很不利。在这些邮件中，图尔坦白了对抵押贷款市场的见解："整栋建筑即将倒塌。只有'神奇法布'才能幸存。"此人称自己是"神奇法布"。即使在高盛自己的队伍中也出现了毁灭性的批评声音。高盛在伦敦的长期经理格雷格·史密斯（Greg Smith）于 2012 年春季辞职时向《纽约时报》提交了一封公开信，他在信

---

① 2021 年 2 月起担任意大利总理。——译者注

中抱怨高盛的文化"具有破坏性"。客户在这里被骂成"mup-pets"（提线木偶，在英语中意为"白痴"）。史密斯的坦白激起了一阵愤怒，以及轻蔑和嘲笑。例如，嘲讽网站 Funny or Die 的一个视频，访问量达成千上万次，其中虚构的高盛经理虚假地谈论亚洲实习生的古柯过量使用行为和性行为，在一次董事会会议上轻率地评论亚洲实习生，并八卦客户。Muppet Show 中的木偶突然出现，并反驳经理是在"诽谤"。虚构的金币人不为所动。其中一位细条纹人士说："我通常会用像您这样的东西制成西服。"

突然间，高盛人不再被认为是聪明潇洒的专家，而是阴险狡诈的窃贼。

金融危机后，高盛需要在公众敌意的审视下再度证明自己，然而贝莱德却开启了秘密崛起的进程。英国《金融时报》专栏作家吉莲·泰特表示："对贝莱德的艳羡取代了高盛的光芒。"泰特对这种变化持有科学的见解。作为一位受过训练的人类学家，她多年来一直观察华尔街名门而不是亚马孙印第安人。在大学毕业生交流理想工作机会的在线论坛中，在高盛之外蹿红的正是贝莱德——一个 20 多年前甚至不存在的名号。贝莱德也日益成为人们走下政坛后的栖身之地。奥巴马的安全顾问汤姆·多尼隆（Tom Donilon）于 2014 年加盟。多尼隆在奥巴马总统下令杀死奥萨马·本·拉登（Osama bin Laden）的过程中为总统提供建议。他在美国驻班加西大使馆遭到袭击后辞职，美国大使在那次袭击中丧命。贝莱德招募的关系网最广的美国政府官员是彼得·费舍尔（Peter Fisher），他在小布什总统任期初期曾担任财政部副部长，然后加入贝莱德。他同时还是英国金融监管机构的顾问。贝莱德透明项目涉及 84 位前官员，这些美国及其他地方的前政府和央行官员于 2004—2018 年摇身一变，成为资产管理人。

据称，芬克还曾试图让奥巴马政府财政部长盖特纳卸任后加入贝莱德。盖特纳最后决定加盟同类机构华平投资集团。盖特纳拒绝了他的朋友芬克，也许是为了避嫌，即贝莱德在盖特纳任职期间获得了利润丰厚的公共合同，盖特纳因此赢得了贝莱德提供的工作。

不过，贝莱德依然是曼哈顿金融界的局外人。贝莱德人不是银行家，不运营对冲基金，他们是大大小小投资者的买方中间人。但是，它与富达或美洲基金这样僵化保守的基金公司（也就是传统买方）没有太多的共同点。因此，贝莱德人保持自己的风格，从不引发关注。

贝莱德几乎从未出现在令人畏惧的网站 Dealbreaker 上，这是一个八卦网站，传播华尔街从床第到办公室的各种劲爆新闻。迄今为止，Dealbreaker 网站披露的贝莱德最耸人听闻的丑闻都与性、毒品或内幕交易（常见话题）无关，只是涉及逃票，毕竟这是一种常见现象并且与系统有关。乔纳森·保罗·伯罗斯（Jonathan Paul Burrows）是贝莱德伦敦办事处的投资经理。但与许多伦敦金融城同事一样，他更喜欢住在绿树成荫的郊区。他出资 400 万英镑购置了东萨塞克斯郡的几处房产。但住在那里上下班需要通勤较长时间，从地铁石门站到市区单程票价 21.50 英镑。这可太贵了。这位投资专家决定采取行动。作为一个机智的人，他发现了一个漏洞：石门站没有检票口，因此伯罗斯可以一直坐到伦敦城里的坎农街站。他只需在到达目的地地铁站之前刷一下电子地铁卡——这样他只需支付伦敦最后一站的费用，即 7.20

英镑。伯罗斯公然逃票长达 5 年，直到一名地铁工作人员在 2014 年夏天注意到他并进行了跟踪。根据地铁公司的计算，贝莱德的这名职员总共逃票67 000美元。伯罗斯试图通过悄悄地与地铁公司和解来解决问题。但是，运输工会揭露了这笔交易，并公开了伯罗斯及其雇主的名字。伯罗斯对此充满了愤怒，但他的逃票伎俩以及长期未被察觉的事实也为他赢得了名气。《每日邮报》的大字标题甚至称他为"世界最大逃票者"。然而，英国金融监管机构并未理睬这种"名气"，而是对他做出终身禁入金融业董事会的处罚。伯罗斯从贝莱德辞职。他对终身禁入反应惊人：他感到遗憾的是占用了英国金融监管机构的时间，监管人员本应在更严重的案件上下功夫。显然此人仍不思悔改。在纽约总部，伯罗斯的逃票行为可能引发了一些不可描述的诅咒。贝莱德可不想以这种小聪明出名。

丹尼尔·莱斯（Daniel Rice）的事情更糟。丹尼尔·莱斯家族活跃于能源行业。于是，莱斯出任贝莱德旗下各种基金的联合基金经理就再合适不过了。2007 年，莱斯与他人共同创立了一家名为莱斯能源的公司。莱斯能源的子公司后来与一家名为阿尔法自然资源的煤炭和天然气公司成立了合资企业。莱斯成为执行合伙人，而董事会主席以及首席财务官和首席地质师由他三个儿子包揽。2011 年，阿尔法自然资源公司是莱斯管理的贝莱德能源和资源基金持有的最大股权头寸。莱斯的雇主贝莱德许可他的这种兼职行为。遗憾的是，该基金的投资者对此一无所知。许多人显然是从《华尔街日报》上了解到这一事实，当时的文章标题是《一位更喜欢自家厨艺的基金经理》。SEC 认为这件事没有那么有趣。莱斯辞职。2015 年 4 月，贝莱德通过和解并支付 1 200

万美元了结此事。贝莱德发言人向《华尔街日报》保证："作为客户的受托管理人，我们极其严肃地对待出现的利益冲突。"贝莱德强调，和解并非承认有罪。

家庭关系也成为另一位基金经理的灾星。兰迪·罗伯逊（Randy Robertson）在贝莱德任职十余年，是贝莱德多种类收益信托（名字平淡无奇）的联合基金经理。根据招股说明书，它过去拥有"可观的高收入和高回报率"。2017 年，该基金向一家名为阿韦龙的电影公司提供了 7 500 万美元的贷款——这是当时投资者投入这只基金的资金的 10%。两年后，贷款没能收回，几乎所有的钱都被亏光了。贝莱德起诉阿韦龙的所有者欺诈。罗伯逊承认，他由于疏忽错误执行了伪造贝莱德经理签名的文件。但是，他背后还有一个有趣的故事，故事拍成好莱坞大片也许还不够成熟，但制作电视喜剧片绰绰有余。阿韦龙试图抓住每一个机会，选出丽贝卡·李·罗伯逊（Rebecca Lee Robertson）担任合适的角色。名字重合并非偶然，丽贝卡是罗伯逊的女儿。阿韦龙在 2019 年制作了电影《之后》。这部电影是关于年轻大学生泰莎的故事，她对高中恋人的忠诚度受到了迷人而神秘的哈丁的考验。预告片是这么说的："第一个之后，生活不再一样。"阿韦龙的员工设法让罗伯逊的女儿在《之后》中扮演有台词的角色。此后不久，由罗伯逊管理的基金同意出资 1 000 万美元。威廉·萨德尔（William Sadleir）告诉《华尔街日报》："我不知道他是否因女儿在电影中出演角色而做出这一决定。但我可以告诉你，贝莱德在拒绝了其他各种电影项目之后才批准了这笔资金。"《华尔街日报》批评说，像这样一家大型投资公司应该建立可靠的程序，"避免利益冲突和基金经理冒险下单"。这一定伤害了芬克的公司。当记者追问时，贝莱德称自己是阿韦龙及其执行董事欺诈行为的受害者。无论如何，罗伯逊的结局并不圆满：他被解雇了。

关于贝莱德与所谓的"Cum-Ex"骗税丑闻（号称德国最大的金融丑闻）的联系，稍后将加以分析。

交易日每天早上8点，贝莱德总部都要举行内部简报。根据贝莱德网站上的说法，正式名称是"每日全球会议"，同事们在此讨论"市场新闻，投资前景"。来自全球各地办事处的员工通过视频连线。参加者标明自己的责任：在牌子上写着"美国利益"或"证券化"，而不是名字。至少这就是《财富》所描述的经理所谓的"强制性事件"的仪式。这给有些人带来了"我们小时候去教堂"的印象。一位前雇员对此种做法表示怀疑。他说，他觉得自己像是在"崇拜"。正如他所说的那样，"大惊小怪"和内部"炒作"使他神经紧张，以至于他辞职了。在任何情况下，他都不想打上自己的名字。其他前雇员即使匿名也不想发表任何言论，即便是正面言论。

芬克并非无可非议。这位老板喜怒无常——有时他很风趣，邀请你喝星巴克，有时却盛气凌人且野蛮。一位前经理说，事情已经发生了，同事们在他与芬克会面后打电话给他，半认真半开玩笑地问："你还活着吗？"Glassdoor是一个员工可以匿名评价雇主或前雇主的网站，在该网站上虽然大多数人对贝莱德的评价都是正面的，但也有一些人抱怨存在"小团体"和阴谋诡计，并且在贝莱德内部人士所在的聊天室中甚至有人指责贝莱德对员工进行洗脑。在养老金专业杂志《养老金与投资》一项关于工作条件的调查中，贝莱德在2018年69名资产管理人中排名第四。接受调查的员工称贝莱德为"行业最佳雇主"和"对其照顾有加"。

　　然而，人们，尤其是欧洲人，似乎对拥抱贝莱德文化有困难。有人抱怨说，非盎格鲁-撒克逊人没有受到重视。纽约永远一锤定音。

　　欧洲央行一位前官员做出了更为严厉的批评。他说，贝莱德人傲慢自大，甚至比高盛人更甚。而且关于贝莱德为何成为华尔街年轻人的新宠，他有一个不祥的解释：在高盛，对银行的更严格规定确保行动自由减少和行动范围缩小。"你在高盛不能做的事情，现在可以到贝莱德去做。"从某种意义上说，贝莱德是"高盛的暗黑双胞胎兄弟"。可以肯定的是，芬克巧妙地设法将他以前的债券小店铺变成了一个全球性玩家，更是在短短几年内就将其拉到了幕后。这并非巧合。

监管争论

　　会面地点是华尔道夫酒店大厅。自赫伯特·胡佛（Herbert Hoover）以来，公园大道上这座颇具艺术气息的建筑一直是美国总统会下榻的酒店，也是同名的华尔道夫沙拉的诞生地。这座有着将近 90 年历史的盒子式建筑（当时的帝国大厦所在地）是纽约的标志性建筑，玛丽莲·梦露（Marilyn Monroe）曾在这里下榻，亨利·基辛格（Henry Kissinger）则在这里打过外交电话。在我们交谈时，华尔道夫酒店看上去有点像纽约上流社会容颜衰老的女士，闪闪发亮的钻石和浓重的腮红无法掩盖斑驳的白发和皱巴巴的脸颊，尽管如此，她们仍然是盛宴帝国无可争议的统治者。枝形吊灯闪烁着微光，镜子有点模糊。在网上，来自各地的游客抱怨浴室门被卡住、地毯倾斜、墙纸破旧。（这家酒店被以数十亿美元的价格卖给了中国保险公司安邦,后者进行了全面的翻新,使酒店看起来像其位于迪士尼的复制品。)但华尔道夫酒店仍然是理查德·波夫(Richard Bove)的理想住所。他的深色西服非常合身,领结整齐,金色袖扣是亚光的,白胡须经过精心修剪,蓝眼睛闪闪发光。《商业周刊》曾经这样形容这个人:"一半是蠢蛋,一半是圣诞老人。"当他伸手去拿背心时,人们会失望——他掏出的不是沉重的怀表而是三星手机。任何看到这个场景的人,都不会赞同《商业周刊》的描述。但是,作为7个孩子的父亲、14个孙辈的祖父和2家比萨饼店的老板,波夫却是一个异端。

为了使金融体系更加安全,必须对银行进行更严格的监管;信贷机构持有的资本越多,它们就越稳定;最好拆分大银行。每当波夫听到这些论点,他都会气得火冒三丈。波夫是大型银行——摩根大通和美国银行等金融巨头的坚定捍卫者。他称它们是"我们繁荣的守护者"。那也是他一本书的书名(人们一般不将其视为非虚构类书籍,而是看作公共舆论法庭上公益性辩护人的辩护陈辞)。波夫称,试图通过监管限制金融巨头,甚至拆分它们,都是极其愚蠢的行为。

40多年来,银行一直是波夫的生计所在。他是银行分析师,对金融机构的股票进行估值。他的判断有助于投资者决定是买入还是持有或出售银行股。银行和投资公司之所以雇用分析师,是因为客户(大型投资者)喜欢将他们的研究和推荐作为服务。在互联网泡沫期间,为大型银行工作的分析师声名狼藉。例如,如果你的投行同事帮助一家初创公司上市,内部分析师的强烈推荐有助于首次公开募股——但分析师一般只会建议投资者买入,而非劝退他们。最为臭名昭著的欺诈案例是亨利·布洛杰特（Henry Blodget），他是美林的明星分析师，他推荐了互联网公司（但在给员工的内部电子邮件中，他却喜欢将这些公司称为"垃圾"）。当时的州检察长艾略特·斯皮策（Eliot Spitzer）对此颇为关注。斯皮策开始清理华尔街，他的第一个目标就是分析师。两家银行一共支付了15亿美元的罚款——创下当时最高纪录！——并承诺解决利益冲突问题。布洛杰特被终身禁止从事股票业务（现在他是一名记者）。

波夫从来不去大型机构当分析师。他虽是纽约人，但全家搬到了佛罗里达州坦帕。其雇主一直是华尔街所谓的精品店：较小的独立公司，为共同基金和对冲基金等客户提供专业服务。波夫作为分析师声名鹊起，正如《华尔街日报》指出的那样，这是由于他"不讲情面的直率"。当美国第二大储蓄银行美联银行在2006年以240亿美元收购加利福尼亚州的金西银行时，许多分析师称赞这笔交易是战略上的明智之举。波夫的评价是：美联银行只是将"核废料"带回家。这是因为，金西银行专业从事高利率抵押贷款业务，而利率却总是在下行。美联银行在两年后因抵押贷款损失而倒闭，并被监管机构强行出售给富国银行。

波夫曾在法庭上度过艰难时光。在2005年8月，他警告说，银行的房贷条件造成了抵押贷款泡沫。他的研究的标题是《这个火药桶即将爆炸》。"当我写下这篇文章时，人们以为我疯了，"波夫说，"如果坚守这种观点，我会被视为英雄。"但在2008年春季，他却说最糟糕的时期已经过去，并且他建议购买银行股。当年秋季，雷曼兄弟倒闭了。如今，波夫说，他的购买建议令人"毛骨悚然"，他不愿意掩饰自己的荐股失误。措辞毫不留情面可能是波夫从未在大型银行工作的原因之一。大西洋银行是一家地区性银行，在 2008 年遭受抵押贷款损失的打击，因商业损失起诉波夫。这一诉讼拖了好多年，使波夫丢掉了工作，并花费了 80 万美元的律师费。最终，他同意签和解协议——波夫不必向银行支付一分钱。SEC 后来赢得了对大西洋银行的诉讼，理由是该银行在有关信用质量的问题上欺骗投资者。

与大西洋银行的争论丝毫未令波夫裹足不前。

过去，波夫在预言银行崩溃时冷漠无情，现在他在为银行辩护时也毫不妥协。他悲观地警告说："我们正试图与金融体系脱钩，这将以灾难告终。"波夫认为，银行甚至无须为这场危机负责。相反，他认为美国全球贸易失衡是根本原因。美国进口大于出口，特别是对中国。由于美国买家以美元向国际供应商支付，因此美元数量膨胀。危机发生前的几年里，波夫解释说："到处是泛滥的美元在投资不动产。"美元最终在美国房地产行业的奇异金融工具中找到了出口，也就是 CDO、CMO 和 CDS（信用违约互换），拉里·芬克是先驱之一。当然，银行本来可以延缓这一过程。波夫说："银行应因可疑或非法行为而受到起诉，负有责任者应入狱。"他认为将银行定为罪魁祸首是错误的。这个错误的结论在美国和欧洲的政治家中广为流传，导致了完全错误的改革。他清单上最重要的选项是较高的法定准备金率，首先应由美国引入，慢慢地再由欧洲引入。但是，即使是对银行自营交易实行严格限制的沃尔克法则，波夫也表示不赞同。这两种措施都是为了使银行更稳定、金融体系更安全。但情况恰恰相反。

当波夫 2013 年底出版有关银行作为繁荣的守护者的著作时，引发了争议。《纽约时报》的笔杆子罗杰·罗森斯坦（Roger Lowenstein）称该书是一种"恐吓战术"。这还算客气的。一个互联网金融论坛的参与者不太客气地写道，波夫的观点简直是放屁。但是，正如波夫的言论经常引起的争议那样——很难评价这些更严厉的监管规则，因为对银行客户施以过多的罚款是在为监管机构的失败买单——这位华尔街资深人士的主要论点是正确的。银行正变得不那么重要。全球资本市场构成正在发生缓慢但明确的变化。银行业收缩虽受到银行批评家的欢迎，但正显示出令人担忧的副作用。

对于波夫而言，新规则创建了一个从根本上改变了的金融体系，它包含新的未知威胁。交易活动正在迁移至影子银行领域。波夫说："我们对银行毫不留情的压制意味着我们的金融体系越来越多地与银行脱钩，从可见的、受监管的部分，转变为看不见、不受控制的存在。""在这种黑暗中，我们的下一个危机将到来"，波夫对此相当肯定。

到底发生了什么

影子银行并非新鲜事物。根据定义，自受监管银行存在以来就存在影子银行。就像在电影《星球大战》中一样，有原力就有黑暗原力。但是，该术语在金融危机期间才开始出现。这是贝莱德的竞争对手——太平洋投资管理公司的经济学家、资深投资人士保罗·麦考利（Paul McCulley）创造的新词。在落基山地区怀俄明州杰克逊霍尔豪华度假胜地的中央银行官员和精选明星经济学家的年度夏季会议上（人们可以将其视为为中央银行官员举办的达沃斯），麦考利在 2007 年指责这些"金融工具首字母缩写词的大杂烩"。那会儿已经为时已晚，但是，麦考利首次谈到这些金融投资工具时，指的是 CDO、CDS、CMO、SIV 和类似的结构性投资工具，它们已经显示出承受压力的迹象。

影子银行的问题在于，关于其构成有很多不同的观点。由二十国集团（G20）于 2008 年金融危机后成立的国际机构金融稳定委员会将影子银行定义为"在常规银行体系之外进行的信贷中介活动"。在所有拥有现代金融市场的国家，只有银行才能吸收由国家存款保险担保的储蓄存款，而且只有银行可以直接向中央银行寻求救助。因此，银行在经济结构中起着特殊作用，必须服从特殊规则，例如自由资本规则，该规则规定银行为安全起见必须保留一定的资本。但这并不意味着银行就是唯一的资本来源。例如，一家公司可以发行债券并将债券出售给投资者——这是一种准贷款，分摊到许多债权人（即债券持有人）头上。对冲基金可以提供贷款。当铺和高利贷也是其中一部分。尽管金融稳定委员会对影子银行的定义非常狭窄，但银行家对这一术语的定义更为广泛：由非银行所进行的一切银行活动，包括证券交易。

在金融危机之前，发展壮大的不仅仅是银行，影子银行也膨胀到前所未有的规模。2007 年，仅美国的这一部门规模就达到24.9 万亿美元，相当于美国和中国的 GDP 之和。在 2008 年金融危机中，影子银行也未能幸免。但到 2013 年，美国的影子银行规模为 25.2 万亿美元，超出传统银行业 5 万亿美元。根据金融稳定委员会 2018 年的年度报告，在全球范围内，影子银行这一金融的阴暗面达到约 116 万亿美元的规模。然而，传统银行却在受损，它们在金融体系中的份额从 2008 年的 49％下降到不足40％。影子银行的份额在同一时期从 26％上升到 31％。未来几年，这种趋势还会加剧。

银行被认为是 2008 年金融危机的罪魁祸首。关于它们的可疑或犯罪行为，没有什么可以美化的。但是，是影子银行使雷曼兄弟危机演变为全球性的燎原大火，并最终引发经济衰退。当时，属于影子银行的货币市场基金扮演着经常被忽视的主要角色。

那是 2008 年 9 月 17 日，星期三，世界濒临深渊。两天前，在诞生 158 年后，9 月 15 日凌晨 1：45，投资银行雷曼兄弟不得不站上位于曼哈顿南端破旧的旧海关大楼的破产法庭。雷曼兄弟员工的照片——他们匆忙地将绿植和全家福塞进纸箱中的照片，传遍全球。迄今为止，2008 年 9 月的这两天被认为是金融危机的顶点。不过，只有内部人士才知情。

实际上，那个星期三是灾难日。突然间，股票交易所的新闻屏幕上显示一条消息：储备基金价格跌破 1 美元，华尔街称之为"跌破面值"。储备基金是历史最悠久的基金之一，规模达 640 亿美元，也是最大的货币市场基金之一。跌破面值非同寻常，实际上是不可能的事件，因为货币市场基金向其投资者保证了 1 美元的最低价格。货币市场基金份额和现金一样好用，也一样有保证。到底发生了什么事？储备基金暴跌是雷曼兄弟破产的直接结果。储备基金的投资者之所以从该基金中撤离，是因为他们担心投资经理会持有雷曼兄弟的债务票据。由于雷曼兄弟已经申请破产，该基金预计会损失惨重。储备基金的每个客户——养老基金、保险公司和小投资者——都试图尽快从该基金中撤离。这是可怕的"退出挤兑"竞赛，抢在其他所有人之前寻找紧急出口撤出，目的是使自己的钱安全无损失。在短短 24 小时内，储备基金损失了 2/3 的投资资本。最终，它甚至不得不清盘。拥有十年历史、规模达 640 亿美元的基金——炸了！恐慌和苦恼蔓延到其他货币市场基金。基金和银行，平常不停地交换资本，此时却彼此不信任，甚至基于政府债券来筹集更多的钱也行不通了。最终，"退出挤兑"从金融业传导到了企业。通用电气、丰田、电信巨头韦里孙和摩托车制造商哈雷等大型企业向美联储和财政部长亨利·保尔森发出了求救信号，因为这些企业耗光了资金，无法再从货币市场上获得资金了。推动经济发展的资本流动从未像当时那样，完全停摆了。

你如果想了解这种局面是如何产生的，则必须深入了解华尔街。

关于 2008 年金融危机的起因已多有报道。债务驱动型经济、美国房地产价格过热、抵押贷款证券化、使银行几乎无风险地转售抵押贷款、借方和贷方简单欺诈、银行家和投资者过于贪婪和轻信、监管失灵和政治失败……这些都是原因，但是如果没有一种机制可以将打包的抵押贷款倾泻进金融体系的心脏，那它只不过带来一阵眩晕，但不会导致心脏骤停。此种机制称为回购。

回购市场以晦暗和有点吓人而闻名，对华尔街人士来说也是如此。一位从事回购业务多年的内部人士说："甚至银行经理都对回购有点畏惧。"这缘自其起源。回购曾经是"后台"的一部分。这是组织和开展银行业务的地方，其中包括簿记、管理、IT 以及特定证券交易的清算。投资银行家与后台人员之间的关系大致就像好莱坞明星和演员。一位业内资深人士表示，最初的回购业务是一种证券借贷业务，由"布鲁克林街区的意大利人统治，在那时那里还是一个工人社区"。具有讽刺意味的是，这桩帮派式的平淡无奇的生意已经成为现代金融市场的要害之处。

银行界发生了一场革命，公众却对此几乎一无所知。在经典业务模式中，银行从储户处拿到钱，并提供利息作为报偿。银行必须将部分资金留作准备金，其余资金则作为贷款发放给企业或房主，这些企业或房主向银行支付利息。银行以两种利率之间的差额为生。如今这种业务模式仍存在，这是金融业的"面包和黄油"①。华尔街的银行家发现了一种更有利可图的赚钱方式——"香槟和鱼子酱"。他们不是将钱借给企业，而是摇身一变成了资本中介。他们通过发行股票和债券帮助企业筹集资金。代替收取利息的是，他们收取费用。

作为经典业务模式另一边的储户也流失了。他们被资金池，也就是所谓的货币市场基金所吸引，这些资金池向他们承诺更高的利率，以及与现金同等的安全性。这是一个吸引人的组合，尤其是对于大型机构投资者例如养老基金、保险公司和国际公司的财务部门而言，它们正越来越多地将资金投资于此。

对于普通人来说，金钱是指以下项目之和：个人账户余额；储蓄（但愿有），拿不准的情况下也存到银行；钱包中的现金。对于资产管理人或跨国公司而言，金钱则是另一回事。因为它们无法将自己拥有的资金以成捆钞票的形式存放。没有足够的保险柜，甚至瑞士所有的保险柜都派上用场也不够，何况还有管理问题和被盗风险。而且，由于金额超过了所有的国家存款保险担保，因此，将资金存放在普通的银行账户中仅代表该银行的无担保付款承诺。风险在于，如果出了问题银行将没钱兑付。因此，

---

① 意为某人或公司的主要收入来源。——译者注

专业人士必须寻找替代方案，以尽可能安全地存储资金。而他们所选的路径往往直接通往影子银行，其中就包括货币市场基金。货币市场基金实际上是机构投资者的存折。

银行适应了这种局面，它们与新的竞争对手做生意。这似乎是一项所有当事人都能受益的业务。银行从货币市场基金和其他投资者处借钱。作为担保品，它们交存其投资组合中的证券，例如国债和抵押贷款。向货币市场基金借来的钱使银行得以扩张。借出资金的货币市场基金与想要借入资金的银行之间的这种交换在回购市场上天天进行。之前的华尔街后台成为大资金流转的枢纽。这是回购参与者的时代。

新形式的银行挤兑

几乎无人看到新模式带来的风险，相反，它似乎比经典模式更安全。一方面是储户必须无条件相信银行，他们的钱就可以安全地存放在那里；另一方面，在回购模式下，他们却有证券作为担保品。但是，这种虚假的安全性是一个谬论，将大衰退带给了全球。

起初，银行和货币市场基金似乎创造了不受制约的货币机器。新系统如此成功，以至于银行仅受可用作担保品的证券数量的限制。因此，银行有了刺激抵押贷款业务发展的想法。美国抵押贷款被视作理想选择——与美国国债一样安全，利率还更具吸引力。看上去，它似乎是制造证券的理想原料。银行以抵押贷款证券作为担保品来借钱，并用借来的资金为新的抵押贷款融资，然后又将新制造的抵押贷款证券交存债权人以获得更多的资金，如此循环。为了能够发放更多抵押贷款，信贷机构降低了授信标准，对债务人资信的要求很快降至最低。同时，泛滥的资金将房地产市场价格推向不可持续的历史高位。

然而，中央银行和监管机构由于专注于监管传统银行业务，因此忽视了影子银行世界中逐渐积累的危险。

直到 2007 年发生了爆炸：房地产泡沫破灭，许多抵押贷款也崩溃了。突然间，货币市场基金和其他回购债权人陷入恐慌：它们的回购担保品怎样了？它们的担保品安全吗？如果银行存入的抵押贷款证券变成垃圾，怎么办？回购债权人要求银行提供更多的担保品。反过来，这又将银行逼上了绝路：它们不得不在一夜间筹到资金以满足新的担保品要求。但是，它们未曾为此类业务拨出准备金——在影子银行世界中不存在这样的规则。银行仓皇出售所持证券。这些证券的价格因此下跌。这引发回购债权人新的担忧，因为总体价格暴跌也影响了它们从银行获取的作为担保品的抵押贷款证券的价值。担保品突然价值骤降。结果是，回购债权人要求银行提供更多的担保品和更大的安全性。直到压力变得不能再大：贝尔斯登于 2008 年 3 月倒闭。6 个月后，雷曼兄弟不得不申请破产。高级金融典当游戏崩盘了。

日益野蛮生长的影子银行体系使正式的金融体系陷入停滞，中央银行和监管机构却只能袖手旁观，有心无力。对金融历史学家加里·戈顿（Gary Gorton）而言，2008 年的崩溃是银行挤兑的现代版——只是没有激动的储户包围银行柜员要求提取存款，但回购债权人的蜂拥挤兑却发生在华尔街闪闪发光的玻璃幕墙后。另一个区别在于：款项数额巨大。此类业务在此期间演变为巨大的规模。据估计，回购类影子银行业务规模在危机前的高点已达 10 万亿美元。根据戈顿的计算，银行一夜之间几乎面临高达 2 万亿美元的追加担保的要求。

回购市场崩盘的首批受害者是货币市场基金。作为银行的替代品，它们在崭新的美丽金融世界中占据了有利可图的利基市场。它们不仅取代了旧的存折，也取代了大型投资者过去在银行的存款。它们也越来越倾向于扮演企业贷款人的角色。为了向供应商和雇员付款，企业财务经理签发短期债务凭证，并向货币市场基金交换所需的资金。多年来，该项业务运行顺利，货币市场基金获得了利息，企业获得了日常所需的资金。但随后雷曼兄弟破产，并触发了储备基金的倒闭。货币市场基金陷入困境——投资者现在要求收回其投资本金。基金艰难求生。它们再也无法将资金借给企业。突然地，看似取之不尽、用之不竭的廉价经济资源几乎一夜之间枯竭了！出现了多米诺骨牌破产链的风险，这将拖累一个又一个企业。

时任美联储主席的伯南克紧急刹车。为防止全面崩溃，他提出由美联储为风雨飘摇中的货币市场巨头提供全面的担保——相当于金融市场的安全网。这是历史上最昂贵的安全网，由公众为那些高端金融杂技演员提供，可能耗资数十亿美元。

似乎有些讽刺的是，金融危机爆发后监管机构对银行进行了整顿，影子银行则几乎不受阻碍地继续蔓生。

影子银行之母

在金融危机之前，有两大阵营：一方是投资银行；另一方是投资银行的客户，包括养老基金、基金会和投资基金等大型投资者，以及全球性公司的财务部门。它们也就是卖方和买方。人们可以将银行想象为超级市场，不过那里的买方是大型投资者，供应的不是蔬菜、乳制品、肉类，而是股票、债券或衍生品。正如家乐氏的产品除了经典的玉米片外，还有新的薄片食品，例如大米脆饼、蜂蜜棒子和炸玉米饼，金融工程师也在不断开发新产品。金融发明家们开发的是"节税套利型利率互换"，而不是"全套巧克力早餐体验"。在2008年危机爆发之前，大型投资者在银行超市中选择投资产品是正常的。新规定使得银行往货架上摆上股票变得更加困难和代价高昂，因为对于账簿上的大多数产品，银行都必须相应地缴存资本。除了空荡荡的货架，大型投资者对华尔街店主正在为它们提供新的丰富的金融产品从未有过信心。因此，难怪投资者会寻找替代选择。

对于贝莱德来说，这是百年一遇的良机！无论如何，为许多资产管理公司所接受的被动借款人角色从来都不适合贝莱德及其卖方出身。银行的萎缩为华尔街新主人腾出了空间，他们有明确的想法。投资银行家通常会就如何融资向企业提出建议：企业需要多少股本？应该承担多少债务？如何为扩张或收购提供资金？投资银行安排股票或债券的发行，并相应地配售股票或提供贷款。而这些又是由投资银行家向金融超市中的投资者提供的。

贝莱德可不想等那么久。当涉及企业的金融需求时，芬克的员工希望从一开始就出现在那里。他们对此毫不掩饰。例如，当时在贝莱德负责固定收益证券的彼得·费舍尔在2011年向行业杂志《机构投资者》解释说："我们想要进行这样的投资，它们具有我们想要的风险-回报特征，而不仅仅是配置那些市场上已有的产品。"

以 Zayo 集团为例。该公司为商业客户（如数据中心和电信企业）运营光纤网络。Zayo 是 20 世纪 90 年代互联网泡沫的幸存者。这家科罗拉多州公司主要通过不断吞并竞争对手来实现增长。几十年来，它已经吞并了 30 多个竞争对手。2012 年夏天，Zayo 再次出击。为给这笔规模达 15 亿美元的收购提供资金，Zayo 希望发行债券。但是，欧洲的持续动荡使市场环境变得极为恶劣。投资者要求高利率以弥补风险。对于 Zayo 来说，这似乎是一个代价高昂的提议。但是，公司随后提出了要约：贝莱德将认购债券的很大一部分——只要资产管理人在债券条款上有发言权即可。实际上，投资银行家已与公司秘密协商了不寻常的要求，例如息票、到期日等这些条件。贝莱德对此安排感到非常满意。理查德·普拉格（Richard Prager）2012 年 11 月在商业杂志《财富》上表示了赞赏："这是一种能够解决所有人问题的模式。"普拉格曾是美国银行的外汇和商品专家，他于 2009 年加入贝莱德，负责组织更多的此类交易。他是芬克和卡皮托专为扩展该部门而招募的几位银行家之一。

普拉格向英国《金融时报》保证，这样做绝不是要将投资银行家撵走。《金融时报》也报道了这一新战略。这也不会挑战投资银行家收取的费用这一问题。投资银行家可以继续参与交易。只要明确一件事情，贝莱德就不会撵走他们，这就是获得影响力。通过这种新模式，贝莱德不再只是在寻找最佳的投资机会，而是在创造最佳机会，公司直接从全球最大投资者处获得了一份心愿单。"这使我们能够尽早在桌子旁坐下来。"普拉格直言不讳地说。卡皮托显然对其同事的坦率不是很满意。他对记者说，他不明白他的合伙人就这个问题与《机构投资者》有什么好谈的，毕竟这关系到"商业秘密"。在任何情况下，他都不会给行业内的模仿者任何提示。

实际上，贝莱德和私募股权在影子笼罩的债务世界中起着更大的作用。

通过债务赚取高额利润

2015年7月中旬，CNBC记者在镜头前向两位华尔街巨头的提问看起来像是例行公事。一方是卡尔·伊坎（Carl Icahn），亿万富翁和对冲基金资深人士，已有50年从业经验。另一方是芬克，同样腰缠万贯，是全球最大资产管理公司贝莱德的老板。但是，伊坎和芬克并未进行平等的交谈，而是进行了激烈的争论。对此，华尔街的银行家和投资者直到今天还在谈论。

伊坎说，贝莱德对全球金融市场构成威胁。在他看来，该公司老板芬克就像是在悬崖上开着一辆载满毫无防备的投资者的公交车，直到撞上了一堵"黑岩"。伊坎对芬克说："您的公司非常危险！"

伊坎所指的不是芬克公司的股票投资。这位老牌金融家的警告是关于贝莱德在信贷领域的活动，尤其是债券领域。

对于公司债券，最初无人会将其与金融市场的阴暗面联系起来。这是一种简单而有效的信用工具：公司收到钱，然后向债权人发行固定收益证券。但是，近年来这些常规证券的市场出现了变化。

中央银行的廉价货币引起了扭曲。在2008年信贷紧缩之后，低利率使中央银行挽救了经济，但这可能引发了新的信贷泡沫。

这次负债累累的不是房主，而是企业。工业债券正在经历历史性的繁荣。

根据管理咨询公司麦肯锡的一项研究，2017 年全球企业未偿还的贷款和债券总额达到 66 万亿美元。自危机以来，企业的债务几乎增加了一倍。

这是一个全球性现象。中国企业正在引领信贷繁荣。若以中国的经济表现衡量，它们的债务水平最高。

在欧洲，欧洲央行推动了这一趋势。为了加速经济增长，欧洲央行购买了公司债券等。中央银行的需求降低了企业必须支付的利息。结果是，对于许多财务主管来说，借入的资金变得便宜，这令人难以抗拒。截至 2018 年底，仅大众汽车就发行了 125 亿欧元的债券——创下了新纪录。2007 年，即金融危机发生的前一年，德国企业发债总额达 330 亿欧元。在 2018 年——迄今为止的创纪录年份，这一数字为 1 230 亿美元。尤其是“高收益债券”，也就是华尔街所说的信用评级较差的垃圾债券，更是难以满足投资者的胃口。当时，在线杂志《商业内幕》一篇文章的标题是《投资者对欧洲垃圾着迷》。

人们可能希望这些负债累累的企业去建立新工厂、雇用员工或投资研发，满足大量的创新需求，例如应对气候变化的挑战。但是，这些企业发现了另一种用途：回报股东。这个神奇配方，即从债券或债务中可以产生利润，即使是炼金术士约翰·弗里德里希·伯特格（Johann Friedrich Böttger）也会对其印象深刻，他曾受萨克森选帝侯“强力王”奥古斯都二世委托，寻找一种黄金制剂，可用铁或其他金属制造黄金。众所周知，他没有成功提炼出黄金，但他至少找到了生产瓷器的配方，这是梅森瓷器的开

端——在可持续性方面要远高于华尔街炼金术士的发明——股票
回购。

企业正在证券交易所大规模回购自己的股票。通过减少流通
股数量，它们推高了股价，从而为股东带来了增值收益。高级管
理人员也从中受益，他们中的大部分以股份方式获得薪酬。这是
股息的一种节税型替代方法，越来越受欢迎。2008—2017 年，
美国企业为此花费了超过 4 万亿美元，相当于同期利润的一半以
上。利润的另外 40% 作为股息发放。这意味着企业 90% 以上的
利润都归所有者所有。美国经济学家威廉·拉佐尼克（William
Lazonick）称这种做法是"掠夺性价值抽取"，直至 1982 年罗纳
德·里根（Ronald Reagan）总统批准解除禁令前，这种做法都是
被禁止的。拉佐尼克的研究所针对 2019 年波音 737 MAX 飞机坠
毁丑闻进行的一项研究得出的结论是，开发一种全新型号的飞机
将比波音 737 MAX 有问题的现代化多花费约 70 亿美元。这个数
字与自 2013 年以来波音平均每年在股票回购计划上的花费（总
计 430 亿美元）相当。此外，该公司在此期间还支付了 170 亿美
元的股息。狮航飞机于 2018 年 10 月 29 日坠毁并造成 189 人死
亡后不久，波音宣布将股息提高 20%，并进一步回购自己的股
份，总额达 200 亿美元。3 月初，该公司股价创下纪录。10 天
后，埃塞俄比亚航空 302 号航班坠毁，机上搭载 157 人。没有人
说回购是造成这些悲剧的原因。但是，它们显示了波音管理层的
关注点随着时间的推移是如何变化的，而波音曾经是美国工业的
图腾并以其工程师为荣。

在德国，近年来股票回购也在增加。2018 年，包括安联保
险、西门子和慕尼黑再保险在内的公司回购了自己近 100 亿欧元

的股票。与美国相比，这看起来不算什么，但却创下自 2008 年
金融危机以来的最高点。或者，它们本可以将资金投资于新产品
和新就业岗位上。科隆一家机构弗罗斯巴赫·冯·施托希研究所
的一项研究称，鉴于数字化和人工智能的发展，"机会是否真的
不存在，或者只是公司缺乏想象力"，值得怀疑。

一方面，管理层想象力匮乏引发了信用证券的浪潮，另一方
面，最老练的金融工程师让其膨胀为一场海啸。

杠杆收购与解绑垃圾债

2019 年 11 月的一个早晨，紧张预期弥漫在曼哈顿的空气
中，路透社的记者几乎都顾不上一瞥办公室之外的景色。该办公
室位于时代广场，从里往外看可以欣赏到摩天大楼、对面的纳斯
达克立面和未来主义风格的数字广告屏的壮观景色。相反，记者
们一直在拐角处张望，看看邀请各家新闻机构前来的"新闻人
物"是否会出现。然后，终于等到了苏世民同意接受采访。黑石
集团（曾是贝莱德的母公司）的联合创始人回忆起他的一件往
事。在高中生的 800 米接力赛中，年轻的苏世民在起跑时右肌腱
撕裂。他非常清楚，由于伤痛，他无法跑出好成绩。于是，他跑
到宽阔的弧线区域阻挡竞争对手。尽管如此，他的团队还是明显
落后。但是，他们没有放弃——最终他们赢了接力赛。他对路透
社记者说："那是我生命中最重要的时刻，因为那不是关于我自
己，而是关乎我的团队。"后来，他成立了埃德科姆钢铁，这是
黑石集团在 20 世纪 80 年代早期收购的一家钢铁公司。当钢铁价
格暴跌时，这家年轻的公司亏损惨重。苏世民回忆说，一个亏了

钱的投资者把他叫到办公室，然后对他大声斥责。又一个宝贵的教训！这位金融家当时发誓，那样的事情再也不会发生在他身上。如今，几乎没有人可以反对这家规模近 6 000 亿美元的金融巨头的老板。苏世民收购了数百家公司。凭借其私募股权基金捐赠的滚滚美元①，苏世民的名字出现在纽约公共图书馆主楼上——在位于纽约第五大道的入口大门前，由著名的石狮"耐心"（patience）和"坚毅"（fortitude）守望，纽约每个孩子都熟悉它们。并非所有人都对这位之前以会计专业知识著称的新命名人感到满意，因为命名被视为公众成就的象征。

任何听过苏世民讲话的人都会有这样一种印象，即私募股权的成功在于能够找到可以通过卓越管理进行优化的公司。这个行业喜欢用这个理由证明自己的正当性，丝毫不觉得惭愧。但这只是事实的一小半。私募股权之所以能够从目标公司中压榨巨额利润，往往靠的是残酷的紧缩政策，再辅以金融杂技。这些策略令人叹为观止，以至于可以激发电影制作灵感。

在美国，私募股权经理和对冲基金经理享有税收优惠。他们只支付收入的 20%，而不是像普通纳税人那样支付高达 37% 的所得税。当奥巴马总统威胁要堵住这个漏洞时，苏世民将其比作希特勒（他后来为此道了歉）。特朗普也曾在竞选中承诺终结这一特权。"他们不交钱，令人难以置信。这些人把文件往桌子上一摊，就能从中获利，"特朗普在 2016 年 8 月的一次竞选活动中说道，"他们毫发无损地逃过了谋杀。"与他不喜欢的前任一样，特朗普最终也并未堵住这个漏洞。据《纽约客》的研究，仅此一

---

① 据公开报道，2008 年苏世民向纽约公共图书馆捐赠了 1 亿美元。——译者注

项每年就能为苏世民节约 1 亿美元的税款。同时，苏世民是特朗普的知心密友。特朗普感谢他在与中国达成第一阶段贸易协议时所提供的帮助。金融业代表在白宫绿色会议室齐聚一堂，这并非巧合。他们推动达成协议。毕竟，美国银行业、公司猎手和对冲基金迄今在全球第二大经济体中只赚到了 20 亿美元。这大约是它们在欧洲收入的 1.5%。这种局面即将改变。

苏世民的黑石集团可能是当今最著名、最具影响力和最富有的私募股权公司。他完善了一种方法，该行业的先驱在 20 世纪 70 年代就使用过这种方法。

杰罗姆·科尔伯格（Jerome Kohlberg）、亨利·克拉维斯（Henry Kravis）和乔治·罗伯茨（George Roberts）在贝尔斯登碰头。贝尔斯登是华尔街最小的券商，以足智多谋弥补资本实力的欠缺而闻名。这三人想出的招数是：用借来的钱买一家公司。到此为止，并无出奇之处。但贷款的担保品是收购对象承担——债务由被收购公司承担，而不是由买方承担。这是一种"自助法"（bootstrapping）——吹牛大王明希豪森男爵的财务变体，他说他可凭借自身力量将自己从沼泽中拽出来。1976 年，三位银行家开始创业。他们选择了自己的名字缩写 KKR 作为名号。这三个字母现在在德国也很出名：KKR 入主的企业之一是斯瓦比亚一家传统企业，即福腾宝金属制品公司（WMF），该公司自 1853 年以来就以生产厨具和餐具著称。KKR 加入后的两年，WMF 裁员数百人，这不是因为生意不好。据《斯图加特报》报道，该公司表现出色，"裁员是因为资产负债表还能变得更漂亮"。一位女牧师总结了那些被解雇者的感受："现在有几个人变得非常富有，另一些人则失去了工作，这令人怒火中烧。"2016

年，KKR 以 15.9 亿欧元的价格将 WMF 卖给了法国赛博集团。伦敦金融新闻网的一位内部人士称，KKR 在 WMF 交易上实现的收益率为 40%。2019 年，KKR 以 29 亿欧元的价格收购了施普林格的股份，成为这家德国媒体公司最重要的共同所有者。

借助 1988 年的一笔交易，KKR 在美国书写了历史。进入克拉维斯和罗伯茨——科尔伯格已经中途离开——视野的是雷诺兹-纳贝斯克，这是一家生产香烟和饼干的混合企业。该公司当时的老板罗斯·约翰逊（Ross Johnson）最初想在金融家的帮助下买断股东的股份。然而，这发展成为华尔街历史上最传奇的敌意收购战。KKR 的一个竞争对手将杠杆收购者形容为"野蛮人"，必须被赶出城门。这种表述也成为《华尔街日报》记者就这座饼干工厂争夺战所写著作的书名[1]。凭借 250 亿美元，KKR 最终取得了胜利。但是，沉重的债务几乎压垮公司，KKR 不得不裁员。根据艾琳·阿佩尔鲍姆（Eileen Appelbaum）和罗斯玛丽·巴特（Rosemary Batt）在他们的著作《私募股权揭秘》中的估算，这次收购导致 45 000 个工作岗位被削减。杠杆收购声名狼藉，但是华尔街喜欢这个原理。

然而，若没有另一个投资传奇，无论是 KKR 还是今天的私募行业，都无法想象。

迈克尔·米尔肯（Michael Milken）没有发明垃圾债券，但是，作为加利福尼亚州一名会计师和家庭主妇的儿子，米尔肯设法将信用评级差的公司的垃圾债券变成了华尔街最抢手的投资产品之一。还是宾夕法尼亚大学精英商学院之沃顿商学院一名 20

---

① 即《门口的野蛮人》——译者注。

岁的学生时，他就认识到，投资者从这些垃圾债券中比从知名公司债券中能赚到更多的钱，尽管后者有着令人印象深刻的信用评级 AAA 级。评级差的债券不得不用相应的高利率来弥补较高的风险。米尔肯的天才见解是，当时这些垃圾债券数量过于受限了。当他加入德崇证券（金融家 J. P. 摩根创立的一家银行的后继者，但当时早已滑入第二梯队）后，他改变了这种状况。米尔肯说服他的新同事帮助信用评级不太漂亮（一种更好听的说法）的公司发行债券，然后银行家将其作为高收益产品出售给投资者。对于那些从未从任何一家银行获得过哪怕一分钱的公司来说，这就像一个金融童话故事。对于像 KKR 这样的公司猎手来说，这是为收购提供资金的不竭源泉。米尔肯大发横财。他是当时华尔街上收入最高的人，年收入高达 5 亿美元。野心驱使他不愿放过任何一笔交易，甚至是有问题的交易。米尔肯和疯狂牧师吉姆·琼斯（Jim Jones）一样强势，吉姆·琼斯曾于 1978 年诱导信徒大规模自杀。"只有 10 亿美元、一个公关人员和一间还算不错的办公室。"一个熟人曾对在线杂志《商业内幕》不加任何奉承地这样描述他。后来，米尔肯和杠杆收购成为 SEC 和美国司法部的目标。这最终让一位年轻的检察官名声大噪，他就是鲁迪·朱利安尼（Rudy Giuliani）。米尔肯的秘密是，他利用了自己与储贷银行的关系，这些储贷银行正是新发行的垃圾债券的买家。这些联系和对内幕交易的调查最终令这位"垃圾债券之王"垮台。米尔肯于 1990 年被判处 10 年徒刑，但他在狱中仅服刑 22 个月。他被终身禁止从事金融业。后来，米尔肯被诊断出患有前列腺癌，并利用他剩余的资产帮助研究治疗方法。

　　判决也为朱利安尼的一生指引了新方向。他以自己在犯罪方

面的强硬派①声誉而著称，并成功竞选纽约市长一职。由于在
2001 年 9 月 11 日恐怖袭击中冷静坐镇，他成为一位举世知名的
美国市长。后来，他受聘成为特朗普的律师，其中一个所涉案件
与向色情演员斯托米·丹尼尔斯（Stormy Daniels）支付封口费有
关。他也因在乌克兰追踪特朗普的政治对手拜登的儿子亨特·拜
登（Hunter Biden）的定罪材料，牵涉 2019 年针对特朗普的弹劾
程序。朱利安尼和特朗普一起为米尔肯奔走，这位前市长也患有
前列腺癌。现在，朱利安尼与米尔肯有着友好关系，并就营养问
题交流心得。

2020 年 2 月，特朗普赦免了这位坠落的华尔街明星，米尔肯
的定罪被推翻。特朗普的女发言人在解释中称赞了米尔肯的"创
新金融机制"。作为房地产大亨，特朗普从米尔肯的垃圾债券市
场中受益：它向价值 12 亿美元的特朗普泰姬陵赌场——特朗普
称之为"世界第八奇迹"——提供了大部分资金。该赌场位于赌
城大西洋城。一年后，该赌场申请破产。工匠们坐拥一堆未结清
的账单，许多人破产。特朗普与债权人达成协议，被允许保留泰
姬陵赌场一半的股份。

公司猎手

几乎没有任何其他活动能像私募股权那样无须发明或创造任
何东西就这么快赚到这么多钱。是的，正如威尔伯·罗斯（Wil-
bur Ross）的崛起所示，人们甚至可以通过摧毁公司来赚钱。是

---

① 意为难对付的人。——译者注

罗斯让特朗普与垃圾债券债权人达成了有关泰姬陵赌场的协议。这位地产大亨大选获胜后将这位救命恩人任命为商务部长。特朗普喜欢将这位时年 80 岁的老人称作"华尔街杀手"，但罗斯很快就惹怒了特朗普，因为他总是在官方场合打瞌睡。在其鼎盛时期，罗斯更是以"秃鹫之王"著称。在钢铁危机期间，他通过收购传统美国公司、裁员、削减退休金和医疗保险，并最终再次以数十亿美元的价格出售，从而积累起财富。他精明地运用了国家救助、破产法的空间和令人印象深刻的财务技巧。然而，对于成千上万的钢铁工人而言，这却意味着他们失去工作和社会保障。从本质上讲，这些始终与"他钱"（他人的钱，other people's money）有关。"他钱"令罗斯和黑石集团、KKR、阿波罗、凯雷这样的大型私募股权公司的合伙人变成了千万富翁，不少人甚至变成了亿万富翁。

这就是私募股权的运作方式：私募股权公司成立一只基金，并从感兴趣的投资者那里筹集资金。投资者是富有的个人、基金会、国家基金、保险公司，最重要的是养老基金——具有讽刺意味的是，被收购公司的被解雇员工往往是这些养老基金的成员。然后，这个公司猎手开始寻找合适的收购对象。如果它找到了所要的东西，它就把所募集资金的一部分作为首付款，这与买房相似。在雷诺兹-纳贝斯克时代，10％的首付款就足够了；直到 2008 年金融危机，通常也只需 25％的首付款。在那之后，有一段时间人变得更保守，要求交 45％的首付款。然而，其中大部分是由私募股权公司借来的——最初是银行过桥贷款，银行随后很快又将债务以信用票据（主要是垃圾债券）的形式出售给投资者。它与买房的区别在于：由被收购的公司而不是私募股权公司负责还款和支付利息。高比例的债务资本充当了回报的引擎。一个简单的例子可以说明它是如何运作的：投资者以 40 美元的价格买入股票并以 50 美元的价格出售，这样可以产生 25％的投资回报率。如果投资者又借了 40 美元，买了两倍数量的股票，利润将是 20 美元，即 50％投资回报率——不考虑借入 40 美元的利息。

按公司猎手的观点，被收购的公司可以轻松偿还较高的债务。毕竟，它现在已经是一家具有卓越管理水平的组织。为了获得这项特权，被收购的公司必须向公司猎手支付额外费用。私募股权公司进一步借款给公司，然后从公司利润中提取利息的情况也并不少见。华尔街将这一过程叫作股息再资本化，但这种掠夺行为却与这一委婉说法相反。在线专业杂志 *Pitchbook* 2019 年 8 月的一篇文章指出："这种方法从未在私募股权行业之外流行过。"文章作者列举了太阳资本的例子，该公司于 2005 年以 11 亿美元收购了威斯康星州一家地区性百货连锁店 Shopko。之后，太阳资本作为公司猎手反复使用股息再资本化的手法，最近一次是在 2015 年从零售商处又提走了 5 000 万美元。2019 年 1 月，Shopko 最终破产，350 家分店关闭，数千个工作岗位被毁。参议员伊丽莎白·沃伦（ElizabethWarren）——当时的总统候选人，是金融业真正的梦魇。她呼吁私募股权公司购买其他公司后，在再次举债之前，要保持至少两年的冷静期。但这一努力失败了。

一直到几年前，这都是公司猎手的一种典型获利退出方式：用其证实过的方法（最佳实践）"优化"公司——紧缩，剥离，裁员，然后，通常在 5 年后让公司再次上市，目的是通过出售股票来回收成本，以使私募股权基金获利。但是，这种"退出"

（称为剥离投资组合公司）已变得更加困难，因为成功的 IPO 变得更加不容易实施。另一种方法是出售给投资组合公司的竞争对手或业务与投资组合公司适配的公司。不过，公司猎手越来越多地互相转售自己的投资对象。这使它们免去必须说服潜在买家的股东或监事会购买目标公司的烦恼。这还会产生可观的费用，并作为一种成功的退出方式展示给投资者。但是，对于被投资的公司而言，这通常意味着更多的债务。

公司猎手带来的威胁

难怪对于许多公司而言，私募意味着在某个时候安息。玩具反斗城连锁店是公司猎手的主要受害者之一。玩具货架上挤满了成排的玩具，这是许多孩子和父母梦寐以求的。查尔斯·拉撒路（Charles Lazarus）从第二次世界大战归来后提出了"反斗城"的构想。他后来回忆说："那时，每个人都想回家，生孩子并实现美国梦。"拉撒路看到了一个不断成长的市场：儿童玩具。1957年，他在华盛顿郊区开设了第一家绿色玩具店。全世界数百人跟随。毛绒长颈鹿杰弗里成了这家店的吉祥物，孩子们从远方就认出了它。婴儿潮和美国人对购物中心的热情使玩具反斗城在零售业中获得了巨大的成功。但是，从 20 世纪 90 年代开始，玩具反斗城的压力越来越大。沃尔玛凭借冷酷无情的价格控制和中国供应商取代了玩具反斗城，成为美国最大的玩具销售商。玩具反斗城还与亚马逊达成协议，通过新兴的在线服务独家在线销售，但它在电子商务领域也收效甚微。

那时，玩具反斗城需要一项新的策略。尤其是，这家连锁店的市场份额为 14％，并且仍然比竞争对手更具优势，正如《商业周刊》曾经描述的那样："人们可以依赖这样的事实：儿童会长时间纠缠父母带他们去玩具反斗城买玩具，店中有游戏活动时更是如此。如果仍能保持店铺布局的清晰，并要价合理，那么成年人会更乐于屈服于孩子们的冲动。"这就是玩具反斗城的未来，但要通过正确的管理。

卓越管理，这是 2005 年三家私募股权公司以 75 亿美元收购玩具反斗城时宣扬要带来的东西。它们是投资"梦之队"：贝恩资本，竞选失败的共和党总统候选人米特·罗姆尼（Mitt Rom-ney）曾以此发家致富；KKR；房地产专业机构沃那多房产信托。然而，在新东家掌舵下，13 年内上任了 7 位首席执行官，紧缩措施层出不穷，改革半心半意，只有债务在稳步增长。除其他事项外，新东家还出卖房产。美国 500 家分店的房产已转移给单独的公司，玩具反斗城现在必须向这些公司支付租金。当玩具反斗城在 2017 年 9 月申请破产时，这家连锁店被证实每年必须筹措 4 亿美元用于偿债。在利润微薄、竞争激烈的环境中，没有足够的资金来投资新创意。破产后，员工们提出抗议，其中许多人工作数十年后在没有遣散费的情况下被解雇。有些人在脸书上成立了"死长颈鹿协会"，这是暗指长颈鹿杰弗里。你会在网站上找到以下条目："有一天，我们的孩子会问：'这些人是谁？'我们将止住眼泪用微笑回答：'正是和这些人一起，我们曾度过生命中最美好的时光。'"

当然，并不是说玩具反斗城在杰夫·贝索斯（Jeff Bezos）的亚马逊时代真的就能生存下来。但是，沉重的债务负担增大了失败风险。艾琳·阿珀尔鲍姆和罗斯玛丽·巴特在著作中引用了一些研究，这些研究表明，由私募股权公司接管的公司比上市公司更容易陷入破产境地。然而，私募股权公司忽略这种较高的风险。金融专家总结说，可能是因为它们不负责偿还破产公司的债务。

世界上最危险的公司

现在，公司猎手的炼金试剂比以往任何时候都更受欢迎。自2002年以来，私募股权公司的资金增长了7倍。最近，它们拥有2.5万亿美元的"弹药"，这是指它们从投资者那里募集的可用于疯狂收购的资金。这给公司猎手提供了相当于瑞士、土耳其、波兰和中国台湾地区经济产出总和的资金。但这也意味着数倍于这个金额的债务。换句话说，私募股权引发了信用证券泛滥。这些证券需要由投资者来购买。没有这些"他钱"（OPM），私募股权的公式就行不通。这就是贝莱德大显身手的地方。这家资产管理公司的股票投资在引发极大关注的同时，在信贷方面的活动也是问题重重。贝莱德事实上已在信用证券上投资了数万亿美元。没有贝莱德，公司猎手们将很难调配出其炼金试剂。

贝莱德如何利用这些信用证券？这家资产管理公司又发现了一个神奇公式，可以帮自己赚钱。这就是ETF（华尔街偏爱三个字母的缩写词），凭着这项最重要的创新，贝莱德正在从根本上改变债券市场。ETF指交易所交易基金，即可以在交易所买卖的共同基金，这些看似简单的投资产品使小投资者能够像专业人士一样进行投资。

常被人们忽视的一点是：ETF在影子金融领域的蓬勃发展。

ETF：追捧与危险

认为"投资发生在华尔街或纽约的投行"是错误的。只有交易商、银行家——最终是高管——在那里。像 Malony、Maguire、DeLucca 之类的名字仍然可以从纽约证券交易所的交易员铭牌上找到。1903 年，当证券交易所在曼哈顿南端开设新办公场所时，经营者需要在交易大厅传递消息的廉价劳动力。这是来到纽约的移民、意大利人和爱尔兰人乐于接受的工作，他们不久前才乘坐远洋轮船漂洋过海，最终在移民港埃利斯岛上岸。他们一直努力工作，直到今天，尚存的一些小型经纪行都是家族企业。但是，向交易员和银行家发出指令的决策者，来自两个地方：最重要的是波士顿，其次是费城。美国媒体喜欢调侃，称波士顿有美国古老的金钱贵族，即"波士顿婆罗门"。美国传奇银行家 J. P. 摩根的家族来自那里。东海岸的各个富裕家族——与华尔街暴发户不同，对他们来说，谨慎行言是超越一切的品质——老早就开始寻求一种可赢利的投资方式。结果就是第一批投资基金的产生。爱德华·C. 约翰逊二世（Edward C. Johnson Ⅱ）看到了向更多投资者开放精选的资金池的机会，并于 1946 年成立了富达投资公司。这家波士顿公司是最早的养老基金提供商之一。富达成长为一家全球性公司，2014 年（截至 2015 年初）管理的资金约为 2 万亿美元。在这种商业模式下，基金经理一心想的是大幅增加委托他们管理的资金。有些人成为明星，例如彼得·林奇执掌富达的旗舰基金麦哲伦基金长达 13 年之久。在林奇的领导下，麦哲伦基金最终达到了 140 亿美元的规模——他接手时只有 2 000 万美元的规模。投资者为能参与大师的巧妙投资而挤破头。有时，富达会令基金对新投资者关闭——它的规模太大了。这源于成功的诅咒：基金规模越大，基金经理需要赚取的利润就必须越高，这就是行业黑话所称的"速度表移动"。投资者还面临另一个不利条件：基金公司和基金经理根据为他们提供的服务收取费用，这减少了回报。

衍生品的美丽新世界

接下来登场的是约翰·克利夫顿·博格尔（John Clifton Bogle），他在华尔街以"杰克"闻名。他有一个革命性的想法：为什么不创建一只几乎可以自动运营的基金？基金公司不应聘用人工成本高昂的基金经理来做出投资决定，而只应复制知名指数，例如标准普尔指数。第一个股票指数是由金融记者查尔斯·H.道（Charles H. Dow）于 1896 年创建的。道琼斯工业平均指数的原理非常简单：查尔斯选取了在纽约证券交易所上市的交易量最大的 12 只股票，将其当期价格除以 12，确定平均价格（现在，该指数包括 30 家公司）。查尔斯的目标是获得一种衡量标尺，它衡量的不仅是单只股票价格的波动，而且是整个股票市场

的波动。指数后来得以完善。在标准普尔 500 指数中，根据市值
（市值是流通股数量与价格的乘积）赋予指数所涉及的公司较高
或较低的权重。标准普尔 500 指数的起源可以追溯到 1860 年亨
利·瓦纳姆·普尔（Henry Varnum Poor）的美国铁路注册簿，
其中所含的 500 家美国公司至今仍被认为是美国权威的市场指数
构成。博格尔延伸了道琼斯工业平均指数的想法。他不仅想衡量
市场动向，还想将市场描绘成一只基金，以便投资者能够投资一
篮子股票。粗略地说，该基金将购买并持有标准普尔 500 指数中
的股票。然后，该基金将随市场行情上下波动，其盈亏将仅与市
场的损益相称。这样的一只基金，任何人来当基金经理都不能通
过做出错误的决定而损害投资者的利益，最重要的是投资者不必
向基金经理付费了。

这个概念本身并不新鲜。两位诺贝尔奖获得者为之奠定了基础。
经济学家威廉·夏普（William Sharpe）分析了风险与回报之间的关
系，并得出了投资者应对整个市场进行投资的结论。他的同事尤
金·法玛（Eugene Fama）提出了一种理论，即价格反映了所有可
用的相关信息——据此，长期来看，无论基金经理多么聪明，都不
可能战胜市场。基于这些学术考虑，麦克·麦昆（Mac Mc-
Quown）——富国银行的金融工程师，早在 1971 年就设计了第一
个跟踪股票指数的投资组合。

博格尔进一步发展了夏普和法玛提出的概念以满足个人投资
者的需求。博格尔被最后一任雇主扫地出门——这是一家老字号
的费城共同基金，他遭解雇是因为他负责的一起并购案亏损。这
对他来说几乎毫发无损，他于 1975 年创立了他的第一只共同基
金，跟踪美国的宽基股票指数标准普尔 500 指数。业界对此报以

冷嘲热讽——称之为"博格尔式愚蠢"（Bogles Folly），即博格尔是个蠢货。"波士顿婆罗门"对此心怀恶意，富达创始人的儿子内德·约翰逊三世（Ned Johnson Ⅲ）的话常被引用："我无法想象投资者会对平均回报感到满意。"但是他错了，"博格尔式愚蠢"现在被称为先锋 500 指数基金，最终甚至超过了约翰逊家族的旗舰麦哲伦基金。2015 年 6 月，麦哲伦基金规模近 170 亿美元，而先锋 500 指数基金规模超过 2 000 亿美元。保罗·沃尔克（Paul Volcker）是美联储前主席，也是博格尔的朋友。他曾在金融危机后表示，过去 20 年中，金融领域唯一有意义的创新就是自动柜员机（ATM）；回顾过去 40 年，有意义的创新还有一个：指数基金。同时，指数基金膨胀得如此之大，以至于由基金经理进行积极控制的投资基金逐渐成为少数。

博格尔本人差一点未能活到见证成功的时候。他遭受了六次心脏病发作。在 20 世纪 90 年代初期，先锋领航集团担心创始人不会长寿，因此，公司为他创建了一座两米高的青铜雕像。应博格尔的意愿，雕像栩栩如生，人们可以识别出其因骨关节炎而形成结节的手指。但是在 1996 年，博格尔收到了捐赠的心脏——正如他所说，一颗年轻人的心脏使他焕发了青春。博格尔焕然一新的健康面貌使他迅速陷入了与他本人任命的继任者的争论。

对于博格尔而言，指数基金不仅仅是一种产品。他甚至不靠先锋领航集团发家致富——至少按照华尔街的标准如此。他告诉《纽约时报》，他的财富达到"数千万美元"，这是他通过投资先锋 500 指数基金赚到的钱。（另外，约翰逊家族的富达王朝经常出现在福布斯富豪榜上。）这也是因为先锋领航集团不是一家普通公司，它属于基金份额全体所有人。它的原型就是相互保险公司。博格尔认为自己是小投资者的斗士，他希望为小投资者公平地进入股票市场开路。当他看到华尔街对他的想法所做的事情时，他一定感到更加震惊。

金融精英进一步发展了指数基金，并创造出一个新的投资工具——交易所交易基金（ETF）。ETF结合了指数基金的优势——可以低成本地投资一揽子股票，还拥有类似于个股的"优势"，即基金份额可以像个股一样交易。人们猜测这是一份投机邀请函！至少这是博格尔所批评的，这与他想用自己的资金实现的目标——"将正常收入者转变为长期投资者"——恰好相反。他担心，ETF会诱使小投资者投机。他曾经抱怨，这就像"放任大火蔓延"。指数先驱者的警告没有引起注意。ETF已成为数十年来最成功的新型投资工具。供应商竞相创建最受欢迎的ETF。"在意大利的冰激凌店里，ETF比冰激凌还多。"这句话在金融顾问中成了惯用语。通过ETF不仅可以复制广泛的指数，例如标准普尔500指数、纳斯达克100指数或后来的DAX指数，还可以创建和交易债券指数。（请注意：ETF只是这些新上市的投资工具ETP和ETN中的一类，此处统一用ETF代表这些投资工具。）有了这一工具，华尔街投机者就产生了这样一个梦想，即能够在证券交易所像买卖股票一样买卖债券。不久之后，就出现了投资于黄金、白银，以及投资于水、房地产或生物技术的ETF。现在，产品远不只这些。很少有一种产品能如此迅速、如此彻底地将全球证券市场彻底改造。自20世纪90年代初期首次出现原型以来，到2000年，ETF还不足100只；到2010年底已超过2 500只。2019年，投资者向全球7 000只ETF投入了约6万亿美元。

当先锋领航集团也开始在新任首席执行官的领导下发行 ETF 时，博格尔离开了自己所创公司的董事会，以示抗议。（毕竟，先锋领航集团为博格尔成立了自己的研究所，博格尔以该研究所的名义可以随心所欲地发表批评意见。）但是，对于先锋领航集团来说为时已晚，有公司已经在 ETF 中一马当先了，这就是贝莱德。

贝莱德于 2009 年进入 ETF 领域。当银行和其他竞争对手仍在忙于解决后雷曼兄弟危机时，贝莱德以 135 亿美元的交易接手了英国巴克莱银行旗下的安硕。贝莱德与美林的基金部门一起参与投资业务。安硕使这家纽约公司跃升至行业前列。安硕是在 20 世纪 90 年代初推出第一批 ETF 之后推出的，其明确目标是吸引广泛的小投资者购买。2006 年，巴克莱银行接管了德国联合抵押银行的 ETF 部门，从而成为欧洲市场的领导者。

虽然竞争白热化，但贝莱德旗下的安硕在美国的市场份额约为 40%，在欧洲则高达 45%。仅在 2019 年，贝莱德就筹集了近 1 850 亿美元，占流入 ETF 的资金总量的 1/3 以上。《安硕在市场上占据了压倒性的主导地位》，这是晨星公司 2013 年欧洲年度报告的标题。那年，贝莱德还吞并了瑞士信贷银行的 ETF 业务。贝莱德的 ETF 在伦敦、纽约、香港、多伦多、悉尼、法兰克福和苏黎世上市。在德国，贝莱德管理着德国投资者投向 ETF 的 1 500 亿欧元资金的大约一半。这是金融网站 Citywire 2019 年 3 月对安硕德国分部负责人进行的采访披露的。（安硕在全球发行 800 只 ETF，截至 2019 年底投资的资金超过 2 万亿美元。）

ETF 为投资者提供了"追求更复杂的投资策略并涵盖多个市场和资产类别"的机会，这是安硕宣传其优势的方式。而且，新产品当然也使小投资者获得了证券和其他资产，而这些证券和其他资产以前只有大投资者或千万富翁才能接触。例如，在 ETF 时代之前，原材料、石油或替代能源方面的投资主要留给了投资者中的 VIP 客户。

贝莱德为安硕打出这样的广告："ETF 结合了传统投资基金和个股的最佳功能。"安硕的一本小册子称，ETF"透明度高，容易理解"。从个人投资者的角度来看可能是这种情况，但对于在交易所上市的基金来说却绝非如此。归根结底，这是衍生品的问题，衍生品的价值来自基础股票，就像抵押贷款证券的价值来自基础资产一样——CDO 基于基础贷款，自金融危机以来就臭名昭著。每天美国股票市场上至少有四分之一的成交量是通过 ETF 交易实现的，一些观察家甚至估计，一半以上的成交量受到 ETF 的影响。此外，对冲基金和高频交易者（那些超快赌徒）经常采取一揽子股票交易方式。在 2012 年针对金融分析师的商业期刊《金融分析师杂志》上，有文章作者警告"股市存在系统性风险"。在研究价格走势时，他们注意到不同股票的走势在朝相同的方向发展。如果一些股票下跌，这可能导致广泛的"传染性"并引发崩盘。

评论家认为 ETF 的设计存在潜在问题。ETF 的设计听起来很简单：一篮子证券，各种投资者都可以参与。但是，要将这种简单的原则转化为具体的投资产品，在后台需要复杂的交易和机制。没有市场参与者——银行和经纪行的积极参与，不断保持 ETF 与它所基于的价值之间的联系，ETF 将无法运行。我们以追踪像 DAX 这样的指数的 ETF 为例。投资者购买了 ETF 份额，由于这一需求，ETF 的价格上涨速度超过了其所基于的 30 只股票（这是 DAX 指数中的公司股票）的市场价值上涨速度。由 ETF 发起人特别委托的市场参与者来维护价格，我们称它们为做市商，做市商注意到买卖不平衡并购买 DAX 指数中的公司股票并将其交给发起人。这将创建新的 ETF 份额来满足需求，使得 ETF 价格下降。由于做市商购买标的股票，这些股票的价格上涨。通过这种方式，ETF 价格再次接近标的股票价格。如果 ETF 价格跌至其所基于的股票的市场价值以下，则发起人委托的做市商会采取相反的行动。也就是说，做市商购买 ETF 份额，并与保荐人（发起人）交换一篮子基础股票。它们依次在市场上出售股票。由于 ETF 份额被回购，ETF 价格上涨，而出售交换后的股票则对股票价格造成下行压力。这样，ETF 和相关股票的价格再次趋于平稳。做市商的"报酬"呢？两个字：套利。它们将从 ETF 和股票之间的短期价格差异中受益。

批评者看到了这样的危险，即：在市场恐慌的情况下，做市商不履行职责，以免在价格下跌时被困在 ETF 或股票上。根据在金融危机后成立的美国监管机构金融稳定监督委员会 2013 年的一份报告，ETF 可能在市场动荡期间"潜在地加速或扩大价格波动，从而减少市场流动性"。在这种情况下，做市商将无法继续运作，因为它们不再获得可靠的价格信息。例如，2013 年 6 月 20 日，当资本市场发生强烈震荡时，做市商不再执行清算 ETF 的命令，因为它们已经达到了其雇主（即银行）设定的资本上限。同一天，另一位做市商拒绝以现金清算，而是提供股票。金融稳定监督委员会的报告称，"研究 ETF 发行人及其合作伙伴如何应对压力和波动至关重要"。

2010 年 5 月 6 日，市场发生"闪电崩盘"（flash crash）。直

到今天，怀疑论者仍将其视为警报信号。在那个星期四，市场参与者担心希腊的局势，情绪紧张。但是，没有任何事情可以解释纽约时间下午2：32发生的事情：一些证券的价格突然开始迅速下跌。埃森哲的股票就是一个例子，这是一家管理咨询公司，年营业收入达300亿美元，拥有超过30万名员工。在下午2：20之前，埃森哲的股票报价为40美元，之后开始没有明显原因地下跌。在下午2点47分47秒时，股价为30美元——仅仅7秒后，股价便降至1美分。包括IBM、迪士尼、波音和可口可乐等大型美国公司在内的道琼斯工业平均指数在几分钟之内暴跌近1 000点，1万亿美元蒸发。然而，还出现了莫名其妙的动向：苏富比拍卖行股价从30美元飙升至99 999.99美元，市值达到6.8万亿美元，超过了德国和法国的GDP之和。然后，其股价以同样的莫名其妙的方式，再次回归正常。

"闪电崩盘"很快就为公众所遗忘，因为股价已经迅速恢复。但是，直到今天，那段记忆仍然令人恐惧。这是因为相关原因从未明确阐明。多年来，监管机构一直称堪萨斯州的一家投资公司沃德尔-里德是这次市场崩盘的主要责任者。它的一位基金经理不小心在期货市场下了40亿美元的订单。

闪电崩盘五年后，2015年4月，一个名叫纳文德·辛格·萨拉奥（Navinder Singh Sarao）的日内交易操盘手因涉嫌通过非法操纵触发闪电崩盘而被捕。萨拉奥与父母一起住在伦敦郊区离希思罗机场不远的豪恩斯洛一栋排屋中。他在那里有一台电脑，用来交易股票期货合约。出庭时，他穿着金黄色的运动衫和运动裤。在被捕前，他在伦敦市或华尔街寂寂无闻。萨拉奥所谓的伎俩是这样的：在期货市场上下大笔订单，但在订单实际执行前取消其中的大部分。检察官认为，虚构订单的目的仅仅是给其他市场参与者以股市抛售即将到来的印象。然后，这些市场参与者实际抛售，股价因此暴跌，萨拉奥从而可以较低的价格接盘。当股价从人为造成的下跌中恢复过来，萨拉奥再次以较高的价格抛售。差额部分即为盈利。这种手法被称为"幌骗"（spoofing），并且是被明令禁止的。奇怪的是，萨拉奥不仅在 2010 年 5 月 6 日，而且在闪电崩盘之前和之后的 250 天中，都通过大量的"幌骗"指令使用了该技巧，只是未引起市场崩溃。同样奇怪的是，芝加哥期货交易所显然了解萨拉奥的行动。根据发生闪电崩盘当天该交易所向他发送的一则通知，该交易所警告他必须"真诚地"下订单。几周后，萨拉奥向交易所工作人员发了一封信，阐述了自己的主张：他们必须讨好自己……芝加哥期货交易所未采取进一步的行动。前投资银行家、彭博社评论员马特·莱文（Matt Levine）调侃道："可以得出一个结论，即粗暴对监管者有效。"（但是，这里必须指出利益冲突：交易所既进行自律监管，又可以从交易者就交易所支付的费用中获利。）

闪电崩盘让市场参与者和监管者忧心忡忡。他们担心这种现象可能重演，而且后果可能更严重。虽然美国 SEC 引入了安全预防措施，例如，如果价格下跌过快将自动停止交易，但是，由于无人知道股价为何会下跌，也就无人知道这些措施是否充分。

为什么闪电崩盘对 ETF 尤为重要？在清理期间被交易所取消的交易中，超过 2/3 的交易涉及 ETF。

在有关闪电崩盘的吹风会上，贝莱德承认 ETF 在跌破面值的过程中受到"不稳定市场"的影响。但从贝莱德的角度来看，ETF 不是共同肇事者，而是震荡的受害者。贝莱德的研究显示，根据对 ETF 投资者的调查，大多数 ETF 投资者所受的影响微乎其微，对 ETF 的信心持续增强。当被问及贝莱德是否会就闪电崩盘的后果向 ETF 投资者提供赔偿时，该公司没有回答。

来自 ETF 的潜在威胁随其受欢迎程度增长而增长。主要指数如标准普尔 500 指数，都是经过加权的。这意味着市值最高的公司在指数中也具有最大的权重。例如，在科技股指数中，苹果公司和谷歌权重就很大。当 ETF 复制指数时，大多数基金不可避免地会买入权重大的公司股票。因此，它们的市值和在指数中的权重继续增长。越来越多的资本只投资几只股票，而不是通过指数投资来分散风险。（对于债券指数而言，权重具有反常的效果，即债券发行量最大的公司在指数中的权重最高。）ETF 是小投资者克服价格急剧波动和恐惧的良方。

ETF 的崛起发生在股票市场长期稳定增长时期和债券市场平稳运行时期。

这样的时期不可避免地会结束。然后，ETF 必须在压力条件下证明自己。投资顾问詹姆斯·斯塔克（James Stack）警告说："这不仅仅意味着在牛市中表现良好，还与在熊市中损失了多少有关。"尤其是对于小投资者而言，这是至关重要的一点。

特别聪明的金融工程师不会复制指数实际上所基于的股票或价值来创建 ETF。相反，他们使用其他证券并与交易对手进行复杂的交易（互换）来复制价格走势和收益。例如，模仿实际上基于生物技术股的 ETF 的表现，可以结合希腊债券和日本小型股来实现。此种操作的意义在于，ETF 发起人可以使用金融杂技来更轻松、更准确地跟踪指数的表现，而无须求助于套利者。

投资者难以进入某些市场——例如俄罗斯或印度，并且对于大多数产品而言，没有互换类衍生工具投资就行不通。但是，这存在互换交易的合作伙伴（大型银行和经纪行）失败并带垮 ETF 的风险，例如雷曼兄弟式的 ETF。一段时间以来，监管机构一直就主要在欧洲使用的合成型 ETF 发出警告。（美国的监管更加严格。）贝莱德在其产品系列中尽可能地回避这些奇异品种。拉里·芬克是另一种 ETF 的最强烈反对者。在这种类型的 ETF 中，发起人还使用衍生品押注以提升基础指数的收益。在 2014 年的一次投资者会议上，芬克警告说，这些 ETF 赌注的威胁会使"整个行业有一天面临崩溃"。

贝莱德完全有理由担心 ETF 的问题。但对 ETF 的风险进行更大范围的讨论可能对这位市场领导者构成损害，例如，通过引发客户的疑问或要求监管机构采取行动，因为这位巨人对新投资工具有宏伟的计划。

ETF 业务

贝莱德老板芬克仅凭身高就卓尔不群，而马克·魏德曼（Mark Wiedman）乍一看却平平无奇，甚至在华尔街，人们（仍然）会问："魏德曼是谁？"但这一印象应该改变。这位安硕的负责人在贝莱德被认为是一颗冉冉升起的新星。他甚至被认为是芬克的潜在继任者。这个四十多岁的男人是一个细心的倾听者、一个有趣的对话伙伴。他的同事笑话他虽然能引用英国浪漫主义诗人雪莱的名句，但在给美国国家橄榄球联盟的两支球队起名时还是遇到了困难。魏德曼不在意自己的出身。

他在长岛的一处郊区长大，这里是白人中产阶级在 20 世纪

70—80 年代为了逃避充斥着犯罪和涂鸦痕迹的纽约市而移居的郊区之一。正如他本人曾向彭博社所说的那样，"39 号出口，一处不起眼的郊区中一所不起眼的房子里"。魏德曼来自一个医学之家。他的父亲是一名医生，在 80 年代仍然在执业。他的母亲在当地大学教授护理学。但是，魏德曼不仅设法上了哈佛大学，还以优异的成绩毕业于哈佛大学。然后，他转到耶鲁大学学习法律。但是，对于最初成为一名法官的计划，他过于急躁了——也许还不够谦虚。

在咨询公司麦肯锡短暂工作一段时间后，他去了位于华盛顿的财政部。财政部副部长彼得·费舍尔去贝莱德时带上了魏德曼。最初，在金融危机之后，他是原始团队的一员，该团队为中央银行和政府就有毒资产问题提供咨询。然后，他得到了一个机会——芬克任命他为收购来的安硕的负责人。魏德曼肩负的使命是将 ETF 业务打造为贝莱德业务的一部分，将新收购的业务整合进贝莱德业务线，而且将来自先锋领航集团的竞争拒之门外。由于博格尔的反对，先锋领航集团很晚才加入竞争。但是，由于特殊的所有权结构——没有所有者撷取利润——这家该投资公司能够提供激进的有利条件，这使其在小投资者中特别受欢迎。

所有这些显然刺激了魏德曼。很快，他成为稳健到无聊的基金行业的头条新闻。他的第一步是与先锋领航集团的老竞争对手富达结盟，并建立分销合作伙伴关系。但这仅仅是开始。"野心勃勃"，《金融时报》2012 年这样报道，并配上了画像。对安硕老板的这种描述应视为英国式的轻描淡写。魏德曼希望从根本上改变金融市场。他向《金融时报》记者宣布，这是"智力上最有趣、最具突破性"的发展领域。他将 ETF 与 20 世纪 50 年代用于运输的集装箱进行了比较，而集装箱彻底改变了全球运输系统。

魏德曼计划做的事情可能会彻底、永久地改变金融市场——不仅对于小投资者，对于大投资者、对冲基金，甚至对于证券交易所，都是如此。魏德曼认为，ETF不仅仅是指数基金的一种变种，还提供了远超储蓄账户的替代方案。他认为，ETF早晚将取代其所基于的真实价值——至少对投资者而言如此。他向英国《金融时报》表示："这是一个全新的想法：以前购买单只债券或衍生品的保险公司，现在转向ETF，并将ETF作为其投资组合的核心组成部分。"他举了由贝莱德提供帮助的一只美国养老基金的例子，它结清了2 000种不同证券的头寸，然后将资金仅投向4只ETF。后来接受彭博社采访时，魏德曼又讲述了一位投资者的故事，他不再持有2 200种不同的债券，而是将资金汇入两只ETF中。魏德曼高兴地说道，这位客户裁掉了此前一直负责这些头寸的债券投资经理。目标很明确：大型投资者未来也应该使用ETF，而不是像以前那样直接投资于股票、债券或商品。像安硕这样的ETF供应商应该从中受益匪浅。

不仅如此，魏德曼走得更远。2013年夏天，ETF迎来了另一项考验。时任美联储主席的伯南克当时表示，廉价央行货币时代即将结束。美联储量化宽松政策的结束在华尔街行话中被称为"缩表"（taper）。市场参与者的反应仿佛两岁孩子被父亲拿走了棒棒糖。紧接着，伯南克通告的股价暴跌被《华尔街日报》称为"缩表恐慌"（taper tantrum）。紧张的投资者主要买卖一种产品，即ETF。根据安硕的数据，高收益美国债券ETF——一只投资美国垃圾债券的ETF，当天交易量首次突破10亿美元。在"缩表

恐慌"期间，安硕规模最大的新兴市场基金一天的交易量达 56
亿美元。魏德曼后来总结道，他管理的 ETF 迎来成交狂潮，但
交易还是很顺利。

但是，并非对于所有的 ETF 供应商而言都很顺利。对于某些
基于新兴国家证券和交易量较小债券的 ETF，做市商必须找到必
要的标的。有些 ETF 失败了。英国《金融时报》表示："动荡再
次引起人们对 ETF 结构性问题的担忧。"仅在 6 月 26 日，就有
规模近 40 亿美元的 ETF 交易没有在约定的时间完成。这意味着
交易对手无法在规定的时间内获得协议中的证券。2011 年 8 月
15 日，交易亏空甚至更大：66 亿美元。当时，欧元危机动摇了
市场。但是，市场参与者对此不以为然——交易亏空仅是一个操
作障碍，而不是市场系统性风险，大多数交易最终将在宽限期内
顺利完成。

押注 ETF：赛道上的唯一赛马

魏德曼的反应与怀疑者不同。他丝毫不将"缩表恐慌"看作
一种警告，而是将这段插曲作为在 6 月底给安硕的投资者写一封
公开信的机会。他在声明中指出，ETF 很好地承受了市场压力。
他指出，贝莱德在美国与 45 家做市商合作——都是"世界领先
的金融机构"，它们可确保即使处理大笔订单也不会出现任何问
题。然后，他道出自己的真正想法：市场动荡丝毫没有显示出华
尔街这项人见人爱的最新创新会带来任何潜在问题，或导致任何
系统性风险。对于魏德曼来说，这反而证明 ETF 使市场变得更
好了。ETF 实际上就是市场。按魏德曼的说法，ETF 的价格不

再基于基础证券的价格或基础价值，这一点对投资者而言至关重要。ETF不再被动跟踪证券的价格，而是建立一种相反的跟踪关系。粗略地说，将来尾巴会摇狗（而不是狗摇尾巴）。

魏德曼在信中随意透露的信息，让饱受创伤的华尔街从业者为之侧目。定位于专业人士的行业网站ETF.com上用了这样的大标题——《安硕的主张让我紧张》。作者以难以置信的笔调写道："借助ETF，该公司希望与期货合约和其他衍生品竞争，并在某种程度上承担类似于个股的角色。"魏德曼对一篮子证券的热衷唤起了行业专家的痛苦回忆，人们想起了抵押贷款证券。对于这种金融创新，魏德曼的老板芬克曾发挥领导作用，它最初受到称赞，因为它向众多投资者开放了之前难以进入的投资领域，即美国房地产抵押贷款。到处充斥着乐观情绪，这些投资者实际上认为仅凭熟练的证券化和金融炼金术就能改善基础贷款的信用质量，然后，2007—2008年危机爆发了，甚至所谓的安全型抵押贷款也崩溃了。这种金融炼金术被揭穿，被认为是灾难的配方。

批评导致安硕其他代表迅速公开辞职，并令魏德曼的主张明显弱化。魏德曼松了口。公关灾难发生大约一年后，他在接受基金评估专业机构晨星公司代表的采访中谦逊地表示，无知是该行业最大的障碍之一。在采访中，他声称ETF价格与基础价值之间的偏差问题，是一个主要由媒体传播的"大神话"。运用传统标准来确定ETF的经典基础价值是错误的。特别是在压力下，ETF价格反映"真实市场"，而基础价值实际上是"昨天"的价格。

如果人们遵循魏德曼的观点，早晚ETF将取代大多数投资者对个股和债券的投资。但这还不是全部，贝莱德员工在另一个场合自豪地表示，他们即将与芝加哥期货交易所竞争。大型投资者将来会替换掉期货和期权，而越来越多地使用相应的 ETF 工具。"这比在证券交易所使用期货合约成本要低。"如果这家纽约公司的愿景得以实现，将 ETF 整合在一起的安硕金融工程师将决定金融市场上的交易，尤其是交易方式。

如果 ETF 一枝独秀会怎样？

当市场出现恐慌时，无人确切地知道 ETF 结构将如何运作。监管机构担心新衍生品的数量激增。"ETF 已拓展为新的投资形式（投资债券、贷款、新兴市场和商品），这些领域中的透明度和流动性通常较低。"金融稳定委员会（FSB）进行的一项研究称。金融稳定委员会是 G20 在金融危机后成立的机构，以帮助在早期阶段识别出金融体系面对的新威胁。

此外，欧洲系统性风险委员会（ESRB）的观察家还担心，投资者所珍视的，即能够随心所欲地撤回资金，对 ETF 和整个系统都是风险。如果市场参与者没有时间做出反应，那么市场动荡总是危险的。然后是可怕的多米诺骨牌效应。传统的共同基金通常持有现金，以便投资者赎回份额时能将资金返还投资者。现金缓冲确保了基金经理不必立即抛售资产来偿付情绪紧张的投资者。对冲基金在合同中大多以小字规定一个最后期限，投资者必须等到这个期限结束才能提取资金。两种策略都可以防止基金经理迫于投资者的压力对资产进行连续抛售，而连续抛售有可能加剧市场恐慌。

另外，ETF 没有安全垫和宽限期——它向所有者承诺可以随时卖出份额。只要市场上有人持相反的头寸，卖出就可以顺利进行。粗略地说，如果一种资产（如股票、债券、基金份额）的流动性充足，那么只要投资者愿意，在不需要大幅降低价格的情况下，就可以出售资产。只要市场上有足够多的买家想要购买相关资产，流动性就有保障。内部人士担心 ETF 的流动性短缺可能带来可怕的后果。例如，2015 年 3 月，一家专业处理出问题的信用证券的基金公司——橡树资本的联合创始人霍华德·马克斯（Howard Marks）在致其投资者的一封信中说明了这一担心。这位华尔街资深人士写道，ETF 是金融创新的典型，它诱导投资者以为自己发现了"灵丹妙药"，以为这种产品优于传统投资形式。马克斯说，此类金融创新总是让他想起一位玩家的故事，此人一直在寻找绝对安全的下注方式。"只有一匹马的比赛似乎很符合要求。赌徒赌上所有的钱，但是在比赛中途这匹赛马突然挣脱束缚，跃过篱笆，疾驰而去。"

巨大的债券泡沫

华尔街尤其担心债券的抛售。与股票不同，信用证券未在证券交易所进行过大规模交易。这是由债券的发行方式使然。一方面，股票基本上是标准化的公司所有权份额，授予所有者或多或少相同的权利，因此可以在公共交易所、交易平台以电子方式进行交易；另一方面，债券是根据发行公司的需求量身定制的，每种债券都有各自不同的权利和条件。粗略地说，股票是成衣，而债券是需要定制的。因此，债券一如既往地主要由银行交易员通过电话进行交易。交易商从投资者那里征集报价，然后它们自己吃下交易，最后在投资者之间分配（同时赚取丰厚的差价！）。但是，自新的资本规则生效以来，银行不得不结束这些交易。据彭博社估计，这一比例高达76%。还有其他事情在发生：随着公司债发行量的增长，近年来整个债券领域呈爆炸式增长。（这要感谢公司猎手的贡献！）投资者现在可以从46 000种不同的公司债中进行选择。作为比较，在美国股票市场上只有5 000种不同的股票上市。这使得信用证券的交易更为复杂。ETF的繁荣为此提供了另一种交易结构。债券现在可以像股票一样通过交易所指数基金进行交易。这使得债券对对冲基金等的投资者更具吸引力，债券被当作新的创造性投机想法的筹码。贝莱德看到了其中的增长潜力。安硕美国分部的负责人阿曼多·森拉（Armando Senra）在2019年9月表示，债券ETF用17年时间才达到1万亿美元，"我们相信，这个数字将在未来5年内翻一番"。

就单只债券而言，某家基金公司可能持有已发行量的一半。当一家公司的债务如此之多地集中在一家机构手中时，该机构与主银行的区别仅仅存在于观察家的眼中，或者说只存在监管机制的差异。债券市场上的活动已经"有点银行化了"，时任美联储理事的杰里米·斯坦（Jeremy Stein）于2014年5月向《金融时报》表示。他在谈到债券基金时说："影子银行的本质可能就是赋予人们对非流动性资产的流动性权利。"基金公司承诺投资者能够在任何时候出售基金份额（因此，这些基金份额具有流动性）。同时，众所周知的是，在市场上买卖债券更加困难（因此，投资债券的基金相当缺乏流动性）。正如华尔街一句古老的谚语所说："流动性就像我们呼吸的空气，当失去时人们才会想起它。"

贝莱德非常清楚这种危险。2014 年秋，贝莱德在公司网站上发布了一篇文章，作者之一是里奇·普拉格（Richie Prager）。该文宣称债券交易机制"破旧不堪"，现在是时候对这个市场进行大修了。标题《公司债的市场结构：改革正当时》听上去就像是某个政党纲领的名称，很平庸。但是在业内，贝莱德提出的这一要求引发很大的震动，堪与马丁·路德（Martin Luther）在维滕堡教堂贴出的论纲相比。①《金融时报》警告说："应为即将到来的债券崩盘做好准备。"有句话是这么说的：如果贝莱德都开始紧张起来，那么世界其他地区就得做好最坏的打算。彭博社问道："更糟的情况是什么？大银行或大型债券投资者撼动市场？"按照贝莱德的设想，应大大减少银行家作为中间人的作用，即将债券尽可能地标准化，以便可以像股票一样通过电子方式进行交易。最终，这将使债券可以像股票一样交易，从而使其流动性得到提升。但其中的困难与人类登陆火星差不多——不是不可能，但极其困难。

贝莱德的进取应被理解为一种防守措施。对于这位资产管理巨人而言，运转良好的债券市场无疑具有无与伦比的重要性。2019 年 5 月，穆迪公布了一个场景，对芬克而言就像是为自己拍摄的经典恐怖片《猛鬼街》，剧情发生在虚构的俄亥俄州斯普林伍德镇，杀手弗雷迪·克鲁格在一群青少年的梦中恐吓他们并在其清醒时对他们施暴。这家评级机构的报告称："ETF 可能出现意外的市场流动性瓶颈，尤其是所跟踪的市场内在流动性不

---

① 1517 年，马丁·路德为抗议罗马教廷销售赎罪券，于维滕堡教堂大门上贴出了《九十五条论纲》，由此拉开了基督教宗教改革的序幕。——译者注

足，如高收益债券市场的 ETF。"该机构基于其在抵押贷款证券上的作用肯定想进行一些完善。（高收益债券是垃圾债券的一个美化了的名称。）报告的作者称，这些 ETF 特有的风险可能反过来加剧"外生系统性冲击"中的系统性风险。说白了就是，一个让投资者、银行家和交易员感到害怕的意外事件不仅可能让指数基金本身陷入危机，还会裹挟整个金融体系。

差不多一年后，一个"杀手"实际上已潜伏在世界各地。2019 年 12 月中国首次宣布新冠肺炎出现后，新冠病毒在美国传播了数周。金融市场开始保持平静。2 月，道琼斯工业平均指数一度创下 29 568 点的历史新高。不过，新冠肺炎疫情大流行后，市场迅速逆转，在此之前在华尔街极少见到——在 1929 年才能看到类似的严重崩溃。投资者逃离债券市场，尤其是垃圾债券。据基金分析公司理柏的报告，人们在一周内从债券基金中撤资550 亿美元——这是自 1992 年理柏开始统计资金流入和流出以来的最高金额。据彭博社报道，美国最大的垃圾债券基金，即安硕 iBoxx 高收益公司债 ETF 的单日最大投资者的资金流出量达16 亿美元。之后发生的事情让投资者和交易员不寒而栗。平日里 ETF 的交易价格低于债券价格，而 ETF 的交易价格实际上应该反映债券价格。竞争对手先锋领航集团和太平洋投资管理公司也遇到了这种情况。实际上，做市商本应该通过套利活动来消除这种价格差异。做市商这么做是为了自己的利益，它们赚的就是这份钱。但鉴于波动性和不确定性过高，它们显然害怕遭受损失。与闪电崩盘时一样，ETF 的一个弱点再次被放大：做市商没有义务去套利。"这一幕真的不应出现，一定是哪里出了问题。"英国《金融时报》援引一家基金公司分析师的话说。下面的第二个警告令投资者可能对 ETF 失去信心。如果债券基金出现挤兑，它们可能不得不抛售债券以偿付出售所持基金份额的投资者。这将导致进一步的级联抛售，并且可能引发新的信贷紧缩。这一幕像噩梦一样威胁到华尔街。

幸运的是，芬克的公司及时得到了帮助，而帮助来自华盛顿。美联储主席鲍威尔在短短两周内完成了前任伯南克在雷曼兄弟倒闭后花了两年时间才完成的全面救助计划。美联储再次将利率降至零，向回购市场注入数万亿美元而不是数十亿美元，并宣布将购买美国国债、地方政府债券以及"旧自行车"，正如一位华尔街资深人士所调侃的那样。鲍威尔加大了赌注，他表示，美联储还将购买数亿美元的公司债。不仅如此，鲍威尔的购物清单中甚至还包括债券 ETF 份额。迄今为止，此类行动一直是美联储的禁忌。美联储不想被怀疑利用公共资金去拯救个别部门甚至公司。不过，也许美联储银行家是在借鉴欧洲央行，后者似乎并不关心道德上的微妙之处。虽然新冠病毒感染人数不断上升，但仅凭强大的美元大师的声明就确保了信贷市场的局势有所缓解。美联储最初的购债对象仅限于信用评级可接受的公司或在新冠肺炎疫情大流行之前评级良好的公司。但美联储的隐含担保也帮助了垃圾债券，以及投资于它们的 ETF。"市场信心正在恢复。"CNBC 和彭博社的评论员赞许道。相信美联储会不惜一切代价防止信贷泡沫破裂，这在货币宽松的洪流中助长了泡沫的生成。

新的信心意味着投资者向华尔街注入新的资金。贝莱德比任何其他资产管理公司都更能从中受益。毕竟，其债券基金和信贷基金规模达 5 600 亿美元——约占全球信贷 ETF 总金额的一半。3 月 23 日，星期一，美联储宣布了购买公司债的计划。据彭博

社计算，同一天仅贝莱德旗下的安硕 iBoxx 投资级 ETF 就有 10
亿美元流入。据英国《金融时报》报道，星期二又流入了 15 亿
美元，这笔款项使贝莱德获得约 230 万美元的手续费。此后不
久，美联储宣布还将购买垃圾债券。

前面提到的恐怖电影的导演韦斯·克雷文（Wes Craven）本
来希望有一个圆满的结局：主角南茜和她的朋友都会活下来，一
切都只不过是一场噩梦。但是，制片人不同意克雷文在一部电影
中将杀手弗雷迪系列完全终结。该系列电影与华尔街享有相同的
动机：滚滚美元。所以，最终有 6 部后续电影上演。

说到后续合同，谁被请来帮助美联储建立资产购买计划？正
是贝莱德。

这是 2008 年故事的续集。与过去一样，负责监管华尔街活
动的纽联储再次寻求久经考验的"捉鬼敢死队"的帮助。

对此的关注急剧增加。"这真是太离谱了。"一位可能来自贝
莱德竞争对手的基金经理抱怨道。"贝莱德将管理一只基金，并
决定是否用纳税人的钱购买自己旗下一只 ETF 的份额。可能有
100～200 家资产管理机构能够胜任这项工作，但贝莱德成了最
佳人选。"这位男士 2020 年 3 月 30 日对英国《金融时报》记者
发表讲话时比较委婉，没有那么"离谱"。正如英国《金融时报》
所解释的，鉴于"贝莱德对华尔街的影响"，他拒绝透露自己的
名字。不过，该报也诚实地指出，贝莱德在雷曼兄弟危机期间代
表美联储管理的资金为美国纳税人带来了 120 亿美元的进账。当
分析师在电话会议上询问美联储购买 ETF 股票和公司债是否构
成对贝莱德的救助时，芬克的反应激烈。他告诉提问者，以这种
方式提出问题是一种侮辱，并指出是由公司内部受到严格隔离的

部门处理这些事情。

出现在市场各个角落

"贝莱德无处不在。"人们私下会听到银行家、股票经纪人和
监管人员这么说。这一部分是慨叹，一部分是直言不讳的钦佩。
"如果我们现在走进厨房，一定会找到某个贝莱德人士，在朝我
们的汤里吐口水（意为给我们下药）。"一位华尔街资深人士在一
次私密午餐中开玩笑说。短短几年内，芬克的团队已经挺进资本
市场的几乎每个角落。

股票价格还有多准确？

暗池热潮正在让监管者对金融市场改革的成功产生怀疑。他
们看到了比操纵会更损害客户利益的问题。他们认为市场本身的
运作处于危险之中。对于许多怀疑论者来说，证券交易所只是充
满投机者的赌博窝点。但证券交易所完成了一项基本任务：它们
将资本分配给公司。而且——至少在理论上——公司只有在让投
资者相信它们的未来前景时才获得资金。证券交易所以公开且对
所有人可见的方式履行了在经济体系中分配资金的功能。交易所
上市融资基本上就像众筹一样，在"千禧一代"中非常受欢迎。
它优于众筹之处在于，投资者有机会分享风险投资的利润。在这
里，没有银行家私下做出决定，没有私募股权公司，也没有政府
官员独自做出决定。股票在证券交易所公开报出的价格对于基金
经理和小投资者来说是一样的。但有了 VIP 交易平台，这种价格

民主有可能成为过去。

曾在奥巴马总统任内担任美国证券交易委员会主席的玛丽·乔·怀特（Mary Jo White）在 2014 年 6 月的一次投资者会议上解释说，"暗交易"的比例不利于市场质量——尤其是在价格决定方面。"透明度一直是美国股市的标志，我担心暗池缺乏透明度。"她这么说的意思是：如果越来越多的订单绕过公共交易所，那里的价格还能准确地反映在市场上实际支付的价格吗？

自美国证券交易委员会主席发出警告以来，数万亿美元的资金加速流向"暗池"这一黑暗领域。2015 年 1 月，9 家美国大型基金公司宣布要运营自己的"暗池"。该计划最初以"Sakura"为代号，开发了 Fidelity 平台。贝莱德也不例外。这是在此之前一直有投资者关注的交易领域。这次，投资界的大佬们算是达成了共识。正如贝莱德在其网站上解释的那样："我们相信暗池是执行大宗订单以及交易因交易量低而流动性低的股票的宝贵工具。"除此之外，它还有更多的优势，如可将订单路由到公开的证券交易所。这是一项能带来经济利益的优势。暗池自此由"Sakura"更名为"Luminex"，由一位贝莱德前人士经营。2018年，Luminex 被行业机构评为"最佳暗池"。

外部也有暗池。但即便如此，大型资产管理公司也可以避免这种情况。基金公司不通过外部交易平台，而是互换不同客户的票据，华尔街术语称为"交叉"。这操作在巨头间也很常见。例如，如果贝莱德的客户养老基金 A 想要购买微软股票，而同样是贝莱德客户的主权财富基金 B 想要出售微软股票，双方就会相互交易这些股票。贝莱德认为，这为客户节省了交由外部交易平台处理的费用。事实上，如果华尔街银行家和经纪人因此损失数亿美元的订单，他们的客户并不太可能感到难过。贝莱德的一个额外作用是所有这些交易都保留在贝莱德的服务器中。被泄露给《金融时报》的一封内部信函称："该平台将成为世界上最大的交易平台之一，从而实现成本优势和跨所有资产的交易。"换句话说，"世界上最大的暗池"是一种私人交易所，贝莱德的一位代表曾经对一位访客如此吹嘘。

如果贝莱德是一家水务公司，那它将为世界各地的家庭和企业提供服务。它将经营污水处理厂、水库和运河，建造水坝并在船闸处收费，将活跃于从海运到汽轮机的所有领域。在许多领域——作为企业的直接贷款人、在线个人贷款的买家、内部"暗池"运营商、ETF发起人——贝莱德不仅活跃，而且凭借其市场地位重塑了市场，或者就像在债券市场发起彻底改革那样，至少在努力重塑市场。难怪金融界对此忧心忡忡。高盛的一位高管表示："我们正在密切关注贝莱德。"就连他也无法抗拒对这位25岁的创业竞争对手的某种认可。但是，所有这些转移和变化都在很大程度上绕开了公众。

现在，所有这些——ETF作为金融魔术师的新筹码、不断增长的影子银行业务、私人交易所和暗池——被美国人称为"内部棒球"（inside baseball）[①]。这些业务充斥着大量细节，人们只有对此像对体育运动那样热爱才会对汇集的统计数据感兴趣。由高盛还是德意志银行抑或贝莱德获得决定权真的不重要吗？不，不是这样的。因为这远远超越了金钱精英之间的竞争。贝莱德对市

---

① 原为棒球用语，指战术性打法，即依靠团队合作等稳妥策略取胜，而不是一击制胜或依靠明星球员取胜。它的引申意为内部信息、极具技术性的信息。——译者注

场的重塑涉及金融体系在未来如何发挥实际作用，即它将如何保持实体经济的发展。这与奖金和自负无关，而与融资公司、市政当局、政府有关。重要的是由谁来决定合同条款，以及产生何种风险。可以肯定的是，贝莱德不仅在所有这些变革中起主要作用，而且是扮演一个超级无敌的角色。

然而，金融市场的转型只是这个黑色巨人的建筑工地。芬克和他的巨型公司也是更深层次变革的推动者和急先锋。这会影响公司本身，并最终影响整个经济体系。

金融资本主义 2.0

　　伦敦在热切期待一位纽约金融大亨的到访。一位记者写道，金融业的一些代表甚至为其在劳埃德保险公司购买了人寿保险。今天，此人比世界上任何其他人都控制或影响着更多的金钱和利益。报道称："无人可以判断，甚至连他自己都不清楚，这种力量有什么责任和意义。"25 年前，这位 64 岁的老人在华尔街几乎寂寂无闻。"今天他的收入和支出几乎与德意志帝国一样多。"我们谈论的是 J. P. 摩根。上述报道于 1901 年发表在最早的调查刊物之一《麦克卢尔杂志》上。当这位纽约银行家访问英国时，他一到英国，便收购了利兰——该公司在大西洋上经营着 38 条航线——将其纳入自己的帝国。记者写道，这位初来乍到者处理了如此巨大规模的交易，犹如在享受"度假乐趣"。这一事实震惊了英国人，因为这证实了他们所担心的：摩根正瞄准英国的海上航行优势下手。（实际上，摩根后来成为泰坦尼克号的金主，他本该在其处女航中登上泰坦尼克号——船上已经为他预留了带有私人长廊甲板的豪华客舱，但他在最后一刻取消了行程，为的是能在法国汝拉地区的疗养胜地艾克斯莱班停留更长的时间。)

新时代的金主

离开了摩根这位纽约银行家,世界将有所不同。美国对他依赖良多,这是缘于他掌控的那些主导世界的工业集团——例如美国钢铁、通用电气、美国电话电报公司(AT&T)、西屋电气和波特兰水泥等。他是美国商业银行巨头摩根大通和投资银行巨头摩根士丹利的创始人。但最重要的是,摩根创立了金融资本主义,而芬克继承了他的衣钵。与钢铁大亨安德鲁·卡内基(Andrew Carnegie)等同时代人不同,摩根并非白手起家。他出身于一个富裕的银行家家庭。他的家族最早于 1636 年抵达新英格兰。他的家族在独立战争中站在革命者一边。摩根的祖父是一个农民,在康涅狄格州留下了肥沃的土地。摩根的父亲朱尼厄斯·斯宾塞·摩根(Junius Spencer Morgan)成为银行学徒,后来在皮博迪公司(新英格兰金钱贵族的一员)工作。摩根小时候因为患有风湿,一度暂时无法走路,所以被送到亚速尔群岛疗养。像许多美国精英后代一样,他后来赴欧洲接受教育。他在瑞士贝勒里夫学习法语,然后在哥廷根大学学习艺术史,并在威斯巴登度过一段时间。据说他的德语说得还不错。

但是,摩根真正的天赋是当金融家。1857 年,他在加入父亲在伦敦的银行时领悟到了这一点。《麦克卢尔杂志》指出,他对国际贸易和外汇交易极为熟稔。然而,最重要的是,"他看到了信用体系在更大背景下(更大关系网中)的潜力"。摩根不是那种典型的银行家——他不认为自己只是单纯的贷方。筹集资金只是达到目的的一种手段。这位年轻的银行家很快加入父亲的事业——作为平等的合伙人，而不是作为初级经理（初级老板）。大块头摩根给人们留下了深刻的印象。据报道，他走路时就像一阵风吹过建筑物。与芬克不同，摩根一生中的一切事物都要求大一号的。他的感情生活臭名昭著。游艇是他演绎激情的地方——越大越好。他的私人"海盗船"后来被美国海军征购用于对西班牙的战争。他抽味道最浓郁的雪茄——嘲笑者打趣说那些雪茄看上去像长柄南瓜。摩根患有皮肤病，这导致他的鼻子变形并变紫。他的许多敌人都喜欢取笑他。这解释了为什么几乎没有摩根的任何照片存世——所有的官方肖像都被修饰过。

摩根几次出手干预以防止华尔街和美国崩溃。1895 年 2 月，他乘火车从纽约到华盛顿。他未经事先通报就出现在白宫，求见格罗弗·克利夫兰（Grover Cleveland）总统。起初，他被拒绝了。但摩根表示他将等到总统会见自己。次日早上，克利夫兰总统会见了这位银行家。总统已别无选择，当时美国正处于严重的经济危机之中。金本位制下的美国金融体系已处于崩溃边缘。摩根的提议如下：他和罗斯柴尔德家族将在欧洲购买 350 万盎司黄金，作为交换，从美国财政部获得 30 年期的金边债券。克利夫兰总统"被逼到了墙角"，只得点头同意。金融史学家约翰·斯蒂尔·戈登（John Steele Gordon）说："摩根行事就像中央银行，只不过中央银行当时还不存在。"华尔街大亨的介入最终使美国得以起死回生。但是，这次救助并非那么无私，因为摩根也从交易中受益，这项交易受到许多同时代人的严厉批评。理查德·阿莫尔（Richard Armour）在他的美国讽刺故事《一切都从哥伦布开始》中自鸣得意地总结了这位备受争议的银行家的角色："此摩根被称为 J. P.

摩根,以区别于那个叫亨利·摩根(Henry Morgan)的海盗。"①摩根更多地自视出身于美第奇家族这样的名门望族。

他是书籍(藏品包括一本《古腾堡圣经》)和艺术品的热情收藏者。在曼哈顿豪华的麦迪逊大街上,他建造了一座具有古典风格的图书馆。他的书房,现在也对好奇的普通人开放,折射出他像文艺复兴时期的王子一般的荣耀:猩红色的锦缎覆盖墙壁,宽敞的沙发上覆盖着红色天鹅绒。摩根收藏的雕花天花板来自佛罗伦萨的宫殿,窗户装饰有中世纪教堂的原始玻璃画。旁边是梅姆林、丁托列托和克拉纳赫的原作。任何博物馆得到这些藏品都会乐不可支。在他家,在壁炉里烤牛肉很容易。还有写字台,他晚年喜欢坐在那里翻阅他图书馆中的珍品,再到橡树林里散散步(还可以轻松地走进一片橡树林)。1907年11月2日,星期六,一个风雨交加的夜晚,摩根在这里召集了纽约50位最重要的银行家和金融家。

1907年,摩根需要再次扮演美国队长的角色。当时发生了一场金融危机,与2008年的危机基本相似。华尔街的一家交易商摩尔斯莱投资出现失误,作为债权人的银行扬言要收回贷款。如果摩尔斯莱倒下,那么它与华尔街其他交易商的多重信贷联系将导致更多交易商倒闭,整个金融体系将被摧毁殆尽——摩根的帝国也将遭受重创。摩根出手了,但即便是他也力有不逮。因此,那天晚上,他将华尔街的上层精英召集到一起。只有当其他

---

① 海盗(pirate)一词以p打头,J.P.摩根的姓名中也有一个P,漫画家借题发挥,讽刺银行家在姓名中自诩海盗,而真正的海盗却在姓名中藏头露尾。亨利·摩根出生于威尔士,23岁就当上了海盗首领,劫掠众多城市,所到之处尽是浩劫。他后蒙英王查理二世赦免,摇身一变成为牙买加总督,清剿海盗,给牙买加带来贸易繁荣。他还成为一名富有的庄园主,晚年颇受人尊敬。——译者注

玩家点头提供必要的救助资金时，摩根才再次打开沉重的双扇大门放人。外面夜色已深。

没有摩根的上述干预，美国将陷入另一场金融危机。但是，这并未使他的对手缄口不言。即使在摩根去世后 25 年，作家约翰·多斯·帕索斯（John Dos Passos）还是讽刺地写道："战争，对股市崩盘的恐慌，机枪扫射和纵火，破产，战争债券，饥饿，虱子，霍乱和伤寒，这就是摩根公司野蛮生长的大环境。"

帕索斯尤其提到了摩根的职业生涯，说他与美国内战双方的生意都很好。但是后来，摩根发现了铁路这条生财捷径。当时铁路股就像互联网股，摩根看到了其潜力。铁路连通了美国国内市场。铁路公司在争夺新路线和货物方面竞争激烈，对资金的需求几乎没有尽头，因此经常被做空。这是具有创业野心的金融家的机会。摩根专门从事并购活动，并为此筹措资金。他通过持有股份来控制新组建的联合大企业。华尔街很快就为被收购公司发生的事情发明了一个词语：这些公司被"摩根化"①了。约翰·洛克菲勒（John Rockefeller）凭借标准石油公司无疑缔造了他那个时代最大的垄断企业。当时，美国生产的石油有 90% 是通过洛克菲勒的炼油厂加工的。他借此赚取的财富即使在今天来看也是相当惊人的。毕竟这相当于美国经济产出的 1.5%，以今天的价格计算，相当于 3 400 亿美元。据说，摩根辞世后，洛克菲勒获悉这位银行家"仅仅"留下了 8 000 万美元的遗产时惊呼："要知道，凭这点钱甚至还算不上一个富人！"②摩根对整个经济的

---

① 这还有一层意思：暗杀某人以灭口。——译者注
② 摩根辞世时，洛克菲勒的净资产已达到了 9 亿美元（约合现在的 156 亿美元）。——译者注

影响远超洛克菲勒家族。摩根完成的壮举是以空前的规模来组织资本，前无古人。

摩根 1901 年对伦敦的访问吸引《麦克卢尔杂志》记者注意到摩根打造美国钢铁公司的传奇壮举。从未有过这样的公司：资本超过 10 亿美元，员工 25 万名——"100 万人依靠这家公司过活，几乎就是一个民族"。《麦克卢尔杂志》惊讶地写道。摩根设法将一个运作糟糕的钢制炊具制造商打造成一个弗兰肯斯坦式的庞然大物。[①] 在一项秘密协议中，摩根最终说服卡内基以 4.8 亿美元的代价离开他的钢铁公司。美国钢铁公司本应对当时钢铁行业的主要强国——英国和德国——发起攻击，目标不仅是要统治钢铁业务，而且是要统治整个基础设施市场。那是美国的奠基时代——对桥梁、轮船、铁路和钢梁的需求似乎无穷无尽。美国钢铁公司是摩根的神来之作。尽管经历过那么多次破产危机，时至今日该公司的工厂内仍旧钢水沸腾。

摩根利用其金主身份来积极影响公司。同时代作家路易斯·布兰代斯（Louis Brandeis）在《别人的钱：投资银行家的贪婪真相》中尖刻地写道："一旦银行家在董事会中占有一席之地，他就会顽强地坚持下去，而且其影响力通常会占主导地位，因为他控制着新资金的供应。"布兰代斯是美国最高法院法官，是反卡特尔和反垄断的勇猛斗士，也是摩根的天敌。摩根和一小撮纽约银行家随

---

① 《弗兰肯斯坦》是英国作家玛丽·雪莱 1818 年创作的长篇小说，被认为是世界第一部真正意义上的科幻小说。小说主角弗兰肯斯坦是个热衷于探索生命起源的生物学家，他怀着犯罪心理频繁出没于太平间，尝试用不同尸体的各个部分拼凑出一个庞然大物。当这个怪物终于获得生命睁开眼睛时，弗兰肯斯坦被吓得落荒而逃，怪物却紧追不舍向弗兰肯斯坦索要女伴、温暖和友情，又引发一系列悬疑命案。——译者注

后控制了当时美国的所有主要公司。摩根公司的代表在 47 家大公司中担任 72 项董事职务。摩根在回答一个调查委员会就其垄断行为的质询时毫不客气地反驳说，他从未反对"一丁点儿的竞争"。这句话成了一句流行语。一幅漫画中的摩根长着蒜头鼻，雪茄很大，肚子更大；在他旁边是一个满满的玻璃瓶，像汽油桶或石油桶一样高，有油罐那么大，上面贴着"垄断威士忌"的标签，旁边是一个很小的苏打水瓶，标着"竞争"字样——几乎不会稀释旁边的"垄断威士忌"。事实上，摩根不认为竞争很激烈。例如，摩根公司的代表在通用电气及其竞争对手西屋电气的董事会中各占一席之地。在铁路行业也有类似的交叉持股。从银行家的角度来看，左口袋与右口袋竞争没有多大意义。

管理层崛起

摩根影响力的一个衍生作用是使纽约成为资本之都。大工业家之所以搬到哈德逊，是因为他们想与金融家保持密切的联系。这是他们的黄金时代，他们模仿贵族建造了宫殿。如果沿着第五大道漫步，这样的建筑今天仍然可以找到。铁路世家继承人乔治·范德比尔特二世（George Vanderbilt Ⅱ）在建造乡村庄园"比特摩尔"——这处豪宅拥有 250 间客房、中央供暖系统、游泳池和保龄球馆——之前，参考了卢瓦尔河畔的城堡。[①] 社交明星斯图维森特·费希（Stuyvesant Fish）夫人为她的狗举办了一

---

① 范德比尔特二世修建的比特摩尔庄园是一座法国文艺复兴式建筑，建筑面积达 16 300 平方米，是美国最负盛名的十大私人庄园之一，被视为镀金时代的象征之一。——译者注

场奢华的派对，这只狗当时戴着价值 15 000 美元的钻石项圈，那相当于当时绝大多数美国人年收入中位数的 10 倍以上。工人们纷纷起来抗议，仅在 19 世纪 80 年代就发生了上千次罢工。伤亡惨重的冲突一次次上演。芝加哥发生的一起袭击事件造成 1 名警察死亡、4 名工人被绞死。高潮是普尔曼皇家汽车公司的罢工。这家公司以其豪华卧铺车厢而闻名，车厢内配备软垫家具、图书室，豪华设施应有尽有，方便寡头们在国内舒适地旅行；该公司还是最大的铁路公司之一。在 1894 年经济衰退期间，该公司降低了工人的工资并提高了工人宿舍的租金。26 个州的 24 万名工人罢工。公司高管争取到了政府军的支持，镇压了抗议活动。许多罢工者被捕并被列入黑名单，他们之后基本找不到工作。

50 年后，美国的工人运动才重新起步。反抗不只是在工人们龟缩在公寓里的城市中升级。在北达科他州，针对纽约的"掠夺性投机者"爆发了公开抗议；当地人说，纽约的"掠夺性投机者"摧毁了那里的农民。为了避免受华尔街影响，北达科他州终于在 1919 年成立了一家州立银行，该银行至今仍然存在（并且被活动人士反复提及作为榜样）。尽管工人运动遭到镇压，但在不断增加的政治压力下，华盛顿终于开始监管卡特尔和托拉斯，并提起诉讼。

然而，动荡最终是由雇主引发，而不是工人。商业领袖逐渐摆脱了银行家的控制。在美国，证券很快不再仅为富豪及其关系网保留，这一事实为公司高管提供了帮助。广大公众购买的第一批证券是战争债券——政府债券。为了资助第一次世界大战，美国财政部不仅向诸如银行或大型私人投资者之类的既有投资者出售战争债券，还将"自由公债"（liberty bonds）出售给小投资者。[①] 查理·卓别林（Charlie Chaplin），以及美国童子军等组织的广告海报宣传主要诉诸爱国主义，引起了人们对新债券品种的关注。该策略十分奏效。在投资自由公债的 2 300 万美国人中，许多人是首次持有证券。美国人将对此类投资的信心转移到了大型美国公司身上，例如通用电气、AT&T 和福特、通用汽车和克莱斯勒。

摩根及其金融家伙伴被新晋管理层所取代。虽然董事会成员面孔依旧（今天，他们大多数仍是白人男性），但其影响力要归功于他们属于执掌企业的精英分子，而不是他们接近资本的机会。这就是美国和欧洲最初分道扬镳的地方。在旧大陆，分散持股从未得到广泛的发展，而在交易所上市融资的公司仍占少数。（德国只有不到 500 家交易所上市公司，甚至少于孟加拉国。）时至今日，多数欧洲公司仍在从银行获得资金。

如何成为摩根转世

摩根黄金时代的金融资本主义正在重生，只不过规模变得巨大。现在由资产管理人代替银行家来掌控金融体系。密歇根大学的杰拉尔德·戴维斯（Gerald Davis）在 2012 年发表的一篇论文中称其为"金融资本主义 2.0"，该论文题为《贝莱德如何成为新 J. P. 摩根》。无论是"占领华尔街"运动的抗议者还是茶党成员，他们都很肯定的是：工薪阶层当前所遭受的社会不平等和经

---

① 政府发行的完全由认购者自由认购的公债，在第一次世界大战期间英美政府均有发行。——译者注

济不安全处境，都要归因于企业巨头。戴维斯说，事实恰恰相反。大公司的权力被打破了。金融资本家的统治再次降临。这就是为什么工作保障和社会福利网在降级。

人们如果以大公司为瞄准目标，那就将无法更好地自圆其说。J. P. 摩根曾帮助推动起步的大上市公司成为 20 世纪 50—60 年代经济繁荣的基础。它们是中产阶级不断成长的基础。20 世纪 70 年代，1/10 的美国人为 25 家美国大公司工作。这些公司为"典型美国人"，也即美国典型消费者，创造了数百万个就业机会。这类人很快拥有通用电气生产的冰箱、AT&T 的通信服务、通用汽车或克莱斯勒生产的汽车（车上装有固特异牌的轮胎并在标准石油公司或得克萨斯石油公司的加油站加油）；还购买通用食品（后来的卡夫）生产的食品，涂抹宝洁生产的化妆品。"美国生活方式"意味着：在自己的土地上盖个小房子、有一辆汽车、两个孩子，以及能为孩子们支付大学教育所需的费用。那些在重量级公司当雇员的人也从公司自己的健康保险计划和养老金计划中受益。在这一点上，时至今日，美国与欧洲都呈现别样面貌——在欧洲，社会福利费用绝大部分要由社会承担。但是，美国雇主的慷慨大方是经过精心算计的——他们想通过社会福利来巩固自己的权力。但是，随后出现了全球化，最重要的是中国的开放。

第二次世界大战后美国主要公司的成功使美国人坚信，他们不仅可以轻松地控制国内市场，而且可以毫无顾忌地在全球范围内保持领先地位。美国贸易代表推动中国市场为其利益而开放。转折点出现在 1972 年，当时，尼克松总统——一个公开反对共产党的人，访问了中国。这一转折点是如此重要，美国作曲家约翰·亚当斯（John Adams）甚至写了一部歌剧加以致意。（扮演尼克松的歌剧演员在第一幕中唱出这样的咏叹调："当我在北京的一片空地上与周恩来总理握手时，全世界都侧耳倾听。"）中国对此表现出了兴趣。结果与美国商界领袖的想象大相径庭：中国人利用开放向美国提供大量廉价的竞争产品。突然间，美国蓝领工人和白领雇员的社会福利成为国际市场份额角力的代价高昂的牺牲品。例如，在 2009 年破产之前，通用汽车是美国最大的私人健康保险供应商——多达 100 万名通用汽车工人、通用汽车退休人员及其家人的福利都依赖这家汽车制造公司。这使通用汽车制造每辆汽车多花 1 400 美元。①

　　因此，公司开始寻找甩掉责任的方法。在一个恰当时点上，里根凭着他的"牛仔市场经济信条"当选总统。国家通过设立个人储蓄计划来帮助企业，这些计划按 20 世纪 80 年代初颁布的税法被称为 401(k)计划。401(k)计划与多年来作为主导模式的企业基金的重大差别在于：养老金不再由雇主担保。根据新模式，雇主只为个人储蓄计划支付企业缴款或提供补助款项，而在危机时期，雇主甚至可以停止缴费。风险从雇主身上转移到雇员身上。401(k)计划使"典型美国人"乔和简②或多或少地成为股票市场的非自愿参与者。这些新股东与华尔街职业人士或波士顿婆

---

　　① 通用汽车 2009 年上演了一起"金蝉脱壳式"的破产案，破产的一个主要目的就是摆脱高昂的工人工资与社会福利开支。与破产前相比，"新通用"减少了 480 亿美元的债务和医疗开支，并削减 40％盈利能力较差的经销商。"新通用"的另一项优势是拥有更低的劳动力成本。此前，通用汽车工人的工资远远高于国际同行水平，而"新通用"将和汽车工人工会签订新合同，工人工资降至与日本丰田等竞争对手工人可比的工资水平。——译者注

　　② 乔和简常用于表示普通美国人。——译者注

罗门的富有继承人截然不同。通常，他们将养老储蓄投资于投资基金——最好是像富达、太平洋投资管理、先锋领航集团或后来的贝莱德这样的大型知名公司。那是资产管理者兴起的滥觞。在20世纪50年代，美国大约有100只基金，约有100万股东；如今则有超过10 000只基金。1989年，即推出401(k)计划近10年后，美国私人投资基金已管理超过1万亿美元；2019年约为9万亿美元，几乎比德国GDP高出2倍。于是，大量资金集中到基金经理手中。

"十二人的问题"，哈佛大学教授约翰·科茨（John Coates）在他的同名论文中这样论述了这个问题，并在2018年引发轰动。随着指数基金、私募股权和全球化的发展如火如荼，大多数公司的控制权——包括那些最大的公司，其中一些比整个国家更富有、更强大——将被置于十几个人的手中。2008年，贝莱德、先锋领航集团和排名第三的道富（也是美国指数基金供应商）已经平均持有美国所有主要工业公司、零售连锁店、银行和保险公司13%左右的股份，正如《彭博商业周刊》给出的数据。十年后，这一比例达到了22%——几乎全美所有大公司的1/4的股权都掌控在三位投资者手中！在DAX指数中，三家北美基金公司合计拥有近17%的股份。根据科茨的说法，这只是一个开始。即使指数基金的热度退潮，它们迟早也会拥有大部分大型上市公司。一个例子是，2020年5月，三巨头拥有苹果公司约17%的股份。苹果公司是世界上最有价值的公司之一，而2009年这一比例只有9%。即使是对于指数基金先驱博格尔而言，这种主导地位最终也变得让人毛骨悚然。在去世前不久的2019年1月，他在为《华尔街日报》撰写的一篇文章中警告说，有朝一日三巨头可能会统治整个股市。他补充说，这种集中不符合国家利益。

三巨头的目标也很明确：更多的利润！

股东价值：1968 年的另一场革命①

同时，管理者对利润最大化和无休止的成本削减的关注，以及对竞争优势和市场份额的关注，已变得如此广泛和内在化，以至于它们看起来就是资本主义的原生组分一样。不过，这是 40 多年前开始的股东价值革命的结果。那是一场至少和 1968 年的革命一样从根本上改变商业、经济和社会的运动。20 世纪 70 年代初，当学生们带着抗议海报穿梭于哈佛校园时，他们学习工商管理的同学，同时也是资本革命的信徒，则在故纸堆中进行案例研究。

金融资本主义的先知、后来成为诺贝尔奖得主的米尔顿·弗里德曼（Milton Friedman），曾在芝加哥大学任教。他解释说，公司只有一项社会责任，即利用其资源增加利润。弗里德曼以此回应 1968 年的运动，该运动也要求通用电气等公司在环境保护和社会责任领域做出更多承诺。此类要求导致弗里德曼在 1970 年被《纽约时报》撰文攻击，称这是"纯粹的社会主义"。弗里德曼触动了投资者的神经。当时，美国企业界正处于风雨飘摇中。日本的崛起使美国生产商首次在国内市场上面临强大的竞争对手。石油冲击及通货膨胀导致生活成本激增，当时仍然强大的工

---

① 1968 年是欧美各国的革命之年，当年 5 月爆发了法国五月革命；4 月 4 日，美国黑人民权运动领导人马丁·路德·金在田纳西州孟菲斯市一间汽车旅馆二楼的阳台上被枪杀。——译者注

会要求提高工资作为补偿。这些公司以一波并购作为回应。所以，臃肿的企业集团纷纷涌现，但是它们承诺的利润在很大程度上未能实现。股东们对此心怀不满。在弗里德曼理论的推动下，受股东的委托，一群变革者和优化者开始工作。

到咨询顾问登场的时候了。通过严格的分析，这些咨询顾问追查低效率的原因和提出可能的降本措施。波士顿咨询、麦肯锡以及在玩具反斗城案例上遭遇惨败的贝恩资本是其中的西点军校。许多年轻的、雄心勃勃的商学院毕业生在这里开始了职业生涯。他们为公司找到市场，或确定与竞争对手相比较的定位，或明确在哪里可以找到最大的增长机会。这首先意味着艰苦的工作：从员工、供应商、客户处收集信息，在发票和订单堆中进行筛选，然后将看似无穷无尽的数据输入当时仍很粗糙的计算程序中。（这为随后的数字化奠定了基础。）咨询顾问经常转投他们所服务的公司，从而使股东价值观念在20世纪80—90年代得以发扬光大。如果说米尔肯的垃圾债券为私募股权收购提供了资金，那么弗里德曼就提供了持续推动该行业发展至今的理念。咨询顾问摇身一变成了公司猎人。因为虽然咨询顾问收取了大量的费用，但如果成功了，大部分利润只会流向所有者或股东。

贝恩资本和波士顿咨询的数据分析师带着他们的袖珍计算器活跃在从采购到生产再到销售的各领域，以使流程更精简、更高效。私募股权理念是华尔街的资产负债表的缩表方法与咨询行业的成本削减方法的结合。它体现了股东价值理念在各个领域的无远弗届的应用。私募股权的唯一目标是让所有者获利——无论是创造就业机会，还是毁掉就业机会，都只是附带效应。其做法产生了深远的影响，远远超出私募股权公司实际接管被收购公司的范围。竞争对手的管理者复制了这些方法。股东以授予股票的形式向他们承诺高额的达标奖金。所有者和管理者的利益应该完全一致：管理者不应是即使公司亏损也能拿到工资的雇员——股东价值的论点现在也适用于高管。在新技术的推动下，工厂车间以及行政管理层被"瘦身"。股东价值的胜利也不仅限于美国。将工作外包给低工资国家很快也成为德国的普遍做法，背后的信念远比智能成本收益分析或快速聚焦解决问题之类的观念深入人心。正是股东价值理念，决定了公司的最主要和近乎唯一的目的是为各自的所有者或股东带来不断增长的利润。这是资本的急务。

持久价值何在

此外，如果这些资本在寻求最大利润的过程中变得越来越不稳定，那么企业下设的机构也会如此。摩根大通的美国钢铁公司和铁路公司需要将大量资金投入冶炼厂或铁路，以建立持久的组织。如今，企业下设的处理专利、物流和合同等问题的机构已经变得很少。这些机构都可以很快剥离。

杰拉尔德·戴维斯举了一个令人印象深刻的例子。Flip 摄像机是 2007 年优兔流行时的"必备小工具"。这使个人可以快速轻松地拍摄视频，在计算机上进行编辑并将其发送给亲朋好友。这款摄像机相对便宜，售价约 100 美元。Flipcam 至少在短时间内成了"Tesa"（德莎，一种胶带）或"Kleenex"（舒洁，一种纸巾）之类的流行词。但是，出售摄像机的这家公司不必建造哪怕一个工厂车间，更不用说雇用工人了。相反，由亚洲分包商生产

Flip 摄像机。戴维斯在案例研究中指出，2009 年，这家摄像机供应商占领了相关市场 20％的份额，但只有 100 名员工。[①]

同年，这家公司的创始人以 5.9 亿美元的价格将公司出售给互联网基础设施巨头思科。两年后，思科停止相关产品的销售，Flip 摄像机停产了，发生了什么事？智能手机中改进的摄像头功能取代了 Flip 摄像机——不再需要其他设备了。从崛起到结束，用了不到四年的时间。戴维斯总结说："它与柯达这样的公司的破产不同。柯达在申请破产之前是主要雇主和慈善捐赠者，有着 120 多年的历史，而 Flipcam 倒闭后几乎没有留下任何痕迹。"

为了解释金融资本主义 2.0 中的公司会发生什么，戴维斯在研究中借鉴了物理学术语。公司的职能受到外包离心力的影响。在"摩根化"结束后，负责将股权分配给广大股东的基础离心力现在扭转了。在过去的几十年中，股票越来越集中在基金经理的手中。他们自己并不是所有者——所有者是基金投资者或委托他们的养老基金的成员，他们仅仅是中间人。然而，却是他们指导着所投资的资本。他们这样做有一个目标：在相对较短的时间内实现利润最大化。这是因为，他们自身承受着巨大的竞争压力。基金发行人只有在所运营的基金和所投资的股票跑赢各自的市场和竞争对手时，才能赚到钱，才能维系现有投资者并吸引新的投资者。J. P. 摩根在购买股票时通常都遵循这样一项策略，即要成为相关行业的垄断者。与之形成对比的是，基金公司的持股并无这样的主攻方向。基金经理的目的是选择最赚钱的公司或策

---

① 2007 年，旧金山几名创业者推出 Flip 摄像机。在公司创立的头两年，一共售出了 200 万台小型便携式摄像机。2009 年，创始人将公司以 5.9 亿美元的价格出售给思科。2011 年，思科宣布将关闭 Flip 摄像机部门。——译者注

略。就主动管理型基金而言，要由基金经理通过积极管理来选择最有利可图的公司或策略。就被动管理型基金而言，如贝莱德的安硕 ETF 等，人们无法确定基金买入或卖出哪些公司的股票，因为指数基金的大部分投资集中于安硕 ETF（超过 80％ 的份额由贝莱德持有），所以对公司的投资遵循事先指定的股票指数。这意味着，如果客户想买入更多的 DAX 指数 ETF，贝莱德将不得不在 DAX 指数成分股公司上投资更多。如果贝莱德抛掉所跟踪指数中的股票，那么旗下 ETF 将再次抽回其资本。

这使公司的资本变得更加不稳定。显然波动性增大了。30 年前，机构投资者持有证券约 5 年；如今，正常的持有期限为 5～9 个月。现在，1～2 年被专业投资者视为"长期"。对于公司管理者来说，这也太短了，无法在公司中成功实施根本性变革。公司必须适应，必须善待投资者，并在期望的时段内为他们提供所期望的业绩。

欧洲人，尤其是德国人，倾向于相信金融市场的支配力，即金融资本主义 2.0，不过这主要是一种美国现象。毕竟，证券交易所在德国的经济活动中并不发挥核心作用。德国的中型公司仍旧主要通过银行贷款而不是通过债券来筹集资金。正如德国政客喜欢解释的那样，新的影子银行——资产管理公司的兴起，都是"盎格鲁-撒克逊人"的问题。那是一个错误。从金融市场的角度来看，德国长期以来一直是一块殖民地。决策者位于伦敦和纽约。这样看来，德国仅是舞台，而不是做出决策的地方。

如何掌控德国公司

如果有一个地方可以代表德国版的工业资本主义，那就是埃森市布瑞德尼区的山丘别墅。阿尔弗雷德·克虏伯（Alfred Krupp）于1870年开始建造这座别墅——与其说它是别墅，不如说它是城堡。在那之前，他一直住在工厂里，因为他是工厂主的儿子，这是当时的习惯。

第一代克虏伯在生产工具和压铸模具等方面远未臻完美，但阿尔弗雷德凭借为扩张中的铁路事业制造火车轮箍取得了突破。随着成功的到来，以及对社会阶层晋升的渴望，阿尔弗雷德一家人想要逃离钢厂——这是他事业繁荣的基础——附近的烟雾和粉尘。经过三年多的建设，阿尔弗雷德一家人终于住进城堡。当时，俾斯麦已经担任了两年的德意志帝国宰相。这座拥有269个房间的建筑，被28公顷的绿色公园环绕，可以将周围风景尽收眼底，成为鲁尔男爵的住所和代表处。阿尔弗雷德的继任者在宏伟的建筑中添筑了网球场、马术设施和保龄球馆。有时有500多名雇工照顾这一家子的起居。想象一下唐顿庄园，它是流行的英

181

国系列小说中虚构的乡间别墅,其大小都难以与山丘别墅相比拟。克虏伯钢厂在全球范围内家喻户晓,即使并非总与正能量相联系。武器成为克虏伯家族的最大生意。①

1967 年 7 月 30 日,克虏伯家族最后一位继承人阿尔弗里德·克虏伯·冯·博伦和哈尔巴赫(Alfried Krupp von Bohlen und Halbach)去世时②,"出于慈善目的"将一切财产都留给了克虏伯基金会。克虏伯基金会成为克虏伯钢铁公司的主要股东。阿尔弗里德的密友贝托尔德·贝茨(Berthold Beitz)接任了基金会和钢铁公司的主席。这种局面一直持续到 1997 年克虏伯钢铁公司在工人的抗议浪潮中与前竞争对手蒂森合并。贝茨经常被亲切地称为德意志股份公司的族长,或者因克虏伯钢铁公司的徽标而被称为"指环王",他是"莱茵兰资本主义"时代的最后一位幸存者,"莱茵兰资本主义"的特点是讲求人关系和相互参股。

建筑工人建造山丘别墅的那个时代,也是为德国公司打下基础的时代,大型上市公司应运而生。第一次世界大战之前是德国经济的鼎盛时期。保罗·温多夫(Paul Windolf)在 2013 年一项研究中分析指出,当时的 250 家大公司之间存在 2 286 种联系。

---

① 克虏伯家族曾是德意志军国主义的柱石。克虏伯家族生产的大炮曾使俾斯麦在 19 世纪中叶先后战胜了奥地利和法国,这就是著名的克虏伯大炮。1851 年,公司的合金铸钢技术和不锈钢铸的重炮问世,一举震惊欧洲工业界,阿尔弗雷德·克虏伯本人则获得了"加农炮之王"的称号。——译者注
② 1902 年,"加农炮之王"阿尔弗雷德·克虏伯的富二代独子弗里德里希·阿尔弗雷德·克虏伯(Friedrich Alfred Krupp)去世后,留下年仅 16 岁的女儿贝莎·克虏伯(Bertha Krupp)继承家族企业。德皇威廉二世出于国家利益考虑指定外交官古斯塔夫·冯·博伦和哈尔巴赫(Gustav von Bohlen und Halbach)与贝莎联姻,并准许古斯塔夫使用克虏伯的姓氏并改名为古斯塔夫·克虏伯·冯·博伦和哈尔巴赫(Gustav Krupp von Bohlen und Halbach)。古斯塔夫和贝莎的孩子们的姓氏也都变成了克虏伯·冯·博伦和哈尔巴赫(Krupp von Bohlen und Halbach)。——译者注

因此，先生们——直到今天，相关机构中几乎都只有男性——一年只见几次面。根据温多夫的说法，因为他们作为董事同时代表了各家公司的利益，所以，监事会和管理委员会①的集团就像一个一体化的控制团伙。

网络中的核心角色是银行，如德累斯顿银行，尤其是德意志银行。J. P. 摩根在访问法兰克福时会很容易地认出他的系统。②例如，卡尔·科隆（Carl Klönne）在 19 世纪末 20 世纪初是德意志银行的董事会成员，同时他还是西门子、安联保险、吕特格集团、盖尔森基兴煤矿公司和其他 17 家公司的董事会成员。

德意志联邦共和国成立初期，德意志银行老板赫尔曼·约瑟夫·阿布斯（Hermann Josef Abs）接任了"第一元老"（Primus inter Pares）③职务。在任职期间，阿布斯在 30 家公司董事会任职，其中许多是领导职务。他很高兴地告诉人们他对这些更好的绅士俱乐部的看法。他说过这样一句名言："狗屋是给狗的，董事会是给猫的。"④除法兰克福银行家外，慕尼黑保险、安联保险和慕尼黑再保险均在第二次世界大战后的德国经济中名列前茅。

它们在该国最重要的工业集团中大量参股。直到前几年，它们还在确定各大公司监事会和执行委员会的成员。德意志银行不仅直接通过自己的投资行使权利，它还代表储户进行投票，这些储户将自己股份的表决权授予该银行。这家法兰克福银行经常同

---

① 德国公司的经理层。——译者注
② 意为 J. P. 摩根也是此道高手。——译者注
③ Primus inter Pares 原意为罗马元老院的首席元老。——译者注
④ 有人因此指责说这句话的阿布斯"盛名之外，草包一个"。——译者注

时也是主银行①，在贷款上有决定权。德国最大的汽车公司戴姆勒的监事会主席职务几乎是每位德意志银行老板的世袭祖产。时任德国总理的施罗德在老板们的陪伴下感到宾至如归，半开玩笑地称自己为"德意志公司"的首席执行官。但是，如果没有这家法兰克福银行的同意，即使有德国政府的批准，德国经济也无法取得任何成就。这是非正式的掌控：人们彼此熟识，定期会面。在德国联邦工业联合会（BDI）②和德国科学基金联合会的会议上，或在颇受欢迎的温泉疗养胜地举办的巴登—巴登企业对话中，德国公司的高层们一如既往地会面以增进"学习和了解"，正如《经理人杂志》曾报道的那样。夏天，"德意志公司"的高层们在拜罗伊特的瓦格纳音乐节上欢聚一堂，或在萨尔茨堡音乐节上看完话剧《耶德曼》③就住进赫希金匠酒店。

　　一直到 20 世纪 90 年代，这个"男人帮"统治着德国经济，并使其与国外隔绝。该网络保护了管理者免受金融市场的影响。相互关联以及最重要的银行在公司管理中的强力参与，确保了资本比在美国式资本主义下"更有耐心"和"更友好"。工会研究人员马丁·霍普纳（Martin Höpner）在 2007 年的博士后论文中说，德国是"美国市场资本主义的反向模式"，在这里，没有基金经理参加股东大会，股东要求增加利润、增加股息分配或采取

---

　　① 在主银行制度下，公司以一家银行作为自己的主要贷款行并接受其主导的综合金融服务，主银行通常持有公司的股份并深入参与公司的管理。除德国外，日本也曾流行主银行制度。——译者注

　　② BDI 代表德国约 40 个行业协会，是德国工业界最为重要的组织之一。——译者注

　　③ 奥地利作家雨果·冯·霍夫曼斯塔尔（Hugo von Hofmannsthal）1911 年创作的一部道德剧。讲述为富不仁的富商耶德曼（其名字 Jedermann 在德语中是"每个人"的意思）探求救赎之路的故事。——译者注

更严格的紧缩措施。敌意收购更是闻所未闻。经济史学家认为，只有在这样的环境中，雇员代表才能被纳入监事会。对于美国人来说，员工参与则是一件扞格不入之事。

但是，"左手洗右手"的机制在许多情况下会让两只手都变脏。菲利普·霍尔兹曼公司爆发丑闻，在公司成立150周年后仅几天，这家当时德国最大的建筑公司不得不承认隐瞒数十亿美元损失的事实。尽管施罗德政府提出了一揽子救助计划，该公司还是在2002年申请破产。针对董事会和监事会的指控，包括虚假账目和股票交易，都通过和解解决。再有一个例子就是破产的建筑巨头尤尔根·施耐德，其伪帝国给各家银行造成了50亿德国马克的损失，并使大批手工业企业破产。[按时任德意志银行首席执行官的希尔马·科珀（Hilmar Kopper）臭名昭著的话，这些都"微不足道"。]

然后，在1999年，英国移动电话公司沃达丰对曼内斯曼公司发起攻击，后者是一家DAX指数中的重量级公司，它的起源可以追溯到1886年马克斯·曼内斯曼（Max Mannesmann）和赖因哈·曼内斯曼（Reinhard Mannesmann）兄弟生产的第一批无缝钢管。经过一个月的收购战，这家德国集团认输了。2000年2月，该公司监事会最终批准了收购。"来自杜塞尔多夫的协议也标志着莱茵兰资本主义的终结。借助基于共识和共同决定的制度，德国公司之前成功地防御了来自国外的攻击。"《明镜》周刊当时如此写道。这是外国公司首次成功对一家重要的德国传统公司进行敌意收购。"德意志公司"的堡垒已经摇摇欲坠了一段时间。全球化发挥了作用：为了生存，德国公司必须变得更加国际化。它们不仅开始向国外销售，而且越来越多地开始在国外生产。例如，在西门子的员工中，有一半的人很快出国赴任。但最重要的是，作为"德意志公司"权力中心的德意志银行正在发生变化。该银行甩手退出了。在首席执行官约瑟夫·阿克曼（Josef Ackermann）任内，阿克曼因担任曼内斯曼监事会主席不得不在沃达丰发起的收购战中两次出庭，这家法兰克福银行在世纪交替后逐步出售了其工业持股。阿克曼与曼内斯曼执行委员会和监事会的其他成员在收购前不久收到大额补偿费，其合法性受到怀疑，其中包括监事会前主席克劳斯·埃塞尔（Klaus Esser）和克劳斯·茨维克尔（Klaus Zwickel），后者是德国金属工业工会的前首席执行官。在一审判决中，被告被判有罪；而在上诉中，这起针对数百万美元奖金的诉讼被撤回。这是战后最蔚为壮观的经济审判。难怪后来德意志银行的座右铭变得更为激进："回归核心业务即金融业。"例如，在戴姆勒公司，直到 2004 年，德意志银行还持有约 12% 的股份；到 2006 年底，它仅持股 4.4%；2009年，德意志银行的持股份额降到 2.5%。

德国工业资本主义日薄西山

政治最终加速了"德意志公司"的垮台。银行和工业集团交叉持股的模式在 20 世纪 90 年代遭到各方越来越多的批评。不仅持有自由市场立场的自民党（FDP）将其视为抑制增长的问题，而且社民党（SPD）和绿党还将其视为管理者的卡特尔。红绿联盟政府在自称"德意志公司"荣誉首席执行官的施罗德的领导下，于 2001 年取消了资本利得税，从而使出售持有的投资更具吸引力。在两次世界大战中幸存下来的权力网络开始土崩瓦解。

来自科隆的马克斯·普朗克社会科学研究所的洛萨·克雷姆佩尔
（Lothar Krempel）使用德国垄断委员会①的数据对此进行了研究。
在 20 世纪 90 年代中期，最大的 100 家公司之间有 62 条资本链。
网络的核心仍然是金融服务提供商，即德意志银行、安联保险、
慕尼黑再保险和德累斯顿银行。在 2006 年，只有 39 条这样的资
本链。德意志银行的管理人员在 1996 年仍然在 32 个公司的监事
会中担任职务，10 年后只有 4 个。山丘别墅的时代结束了。

蒂森克虏伯的董事长贝托尔德·贝茨将近 100 岁的高龄时仍
到办公室上班，于 2013 年 7 月 30 日去世——正值他的朋友阿尔
弗雷德·克虏伯逝世 46 周年。贝茨去世仅几个月，克虏伯基金
会就丧失了具有否决权的关键少数股权。蒂森克虏伯多年来一直
亏损，它在美国和巴西的工厂损失了数十亿美元，并且一直被对
冲基金盯着要求其追加资本。克虏伯基金会无法跟进增资。贝茨
领导的克虏伯基金会拥有 25％的股份，此前在公司中一直说了
算，数十年来一直在阻止敌意收购和分割。先前在蒂森克虏伯公
司监事会有三个席位，现在该基金会只有两个席位。当该基金会
持有的股份减少时，其他主要股东增加了持股：瑞典对冲基金
Cevian Capital，美国基金公司富兰克林互惠和贝莱德。这是新
"德意志公司"的关系网。

不仅仅是 DAX 指数中的重量级公司逐渐向其祖先所有者②道

---

① 垄断委员会是德国一家独立的咨询机构，负责在竞争政策、竞争法和监
管领域向德国联邦政府和立法机构提供建议。根据德国的法律规定，该委员会的
任务包括每两年准备一份报告，对德国企业集中度状况和反垄断法规的适用情况
等给出评估。——译者注

② 祖先所有者指家族、基金会或其他出于战略利益持有股份的公司。——译
者注

别。在过去几年中，这些固定股东也大大加快了离开中型公司的步伐——这些中型公司是德国经济的传统基础。在一项研究中，咨询公司 Cometis und Ipreo 研究了小型 DAX 指数（SDAX）所代表的公司所有权结构。结果发现，在 SDAX 指数（包括彪马、海德堡印刷机械公司和汽车租赁公司 Sixt 作为成分股）中，主要股东在 2014 年底的持股比例为 41％。仅在 12 个月前，这一比例还是 47％。在中型 DAX 指数（MDAX）的情况下——持股比例只有 50％的公司包括阿克塞尔·施普林格出版社、连锁眼镜商 Fielmann 和欧司朗。同样，对于 MDAX 指数，这一比例在一年之内再次下降了 4 个百分点。DAX 指数成分股公司的大多数新股东来自北美、英国和斯堪的纳维亚半岛（来自北欧的挪威国家养老基金，是德国最大的机构投资者之一），在十大中小企业投资者中只有德意志银行（资产管理部门 DWS）和安联全球投资公司两家德国金融公司。在研究时，贝莱德已向 MDAX 指数成分股公司投资了约 12 亿欧元，几乎是一年前的 2 倍，这些投资还仅与贝莱德的基金经理主动管理的基金有关。总体而言，投资额可能会更高，因为 MDAX 指数市值的 14％由指数基金（即被动投资者）持有。贝莱德的被动投资还管理着巨额资金。这意味着这家纽约公司是德国中型公司（至少是交易所上市公司）的领先投资者。

DAX 家族的新主人带来了他们自己的习俗和传统。这令老"德意志公司"的成员感到一些不愉快和吃惊。例如，当德意志银行老板约瑟夫·阿克曼希望在 2012 年从董事会无缝升任监事会主席（这是过去的惯例）以巩固自己的职业生涯时，外国股东拒绝了。阿克曼放弃了——据称是因为他在担任董事会成员的剩余时间内仍在忙于应对金融危机，并且无法为新职位做准备。贝莱德对此保持沉默，因为它基本上不对个别公司发表评论。但是，有内部人士报告说，作为德意志银行主要股东之一的贝莱德阻止阿克曼出任监事会主席。这家法兰克福银行多次因为老板而卑躬屈膝，但最终徒劳无功。贝莱德公司的负责人给了他一个明确的答案："不行！"阿克曼显然妨碍了来自纽约的人事安排。

芬克公开晋升了他心目中的最佳候选人安舒·贾恩（Anshu Jain）。

贾恩被认为有伦敦金融城背景（这使他在德国失分不少）。但这位来自印度斋浦尔的人士是从华尔街起步的。他熟悉华尔街的文化，是华尔街大亨私密庆祝活动的座上宾。（这类活动往往打着慈善活动的旗号闭门举行。外国银行家都被谢绝参加。）芬克在 2011 年 6 月对《纽约时报》表示："贾恩做得很棒。他将成为德意志银行非常出色的首席执行官。"然而，阿克曼中意的首席执行官继任者是德国联邦银行①的前老板阿克塞尔·韦伯（Axel Weber）。2012 年 6 月 1 日，贾恩被任命为德意志银行首席执行官〔同时被任命的还有联席首席执行官尤尔根·菲茨岑（Jürgen Fitschen），二人本应向德国人展示一张熟悉的"他们的"银行的面孔，却因德意志银行老大的职位起了纷争〕。

长期担任汉莎航空首席执行官的沃尔夫冈·麦亚胡伯（Wolfgang Mayrhuber）也面临着股东反对的威胁，他在 2013 年的年度股东大会召开之前就已将自己视为汉莎航空监事会主席。但是，美国投资者根本不喜欢管理者和董事长（掌舵人）之间的

① 即德国的中央银行。——译者注

快速切换。他们威胁要在股东大会上投票反对这个奥地利人。麦亚胡伯虽然当选，但是在最后一刻以令人尴尬的微弱优势获胜。过去，这种事情在"男人帮"中是不会发生的。在老"德意志公司"中，一顿美食或一个私下电话就能解决冲突。或者正如在一家大型研究所工作过很长时间的一位前银行家所说的："'德意志公司'曾提供多方庇护，如今每家公司都要面临四季更迭。"①

监事会的职位已经变得不再那么让人舒服。"在盎格鲁-撒克逊地区，投资者使他们的代表进入监事会，这些代表应在监事会照管他们的利益。这是美国的公司治理模式。当然，他们希望在德国也这样做。"专门为监事会提供咨询的律师彼得·德恩（Peter Dehnen）说。根据德国的法律和公司治理实践，这是不被允许的——监事会是公司"内部机构"之一，因此监事会独立并平等地维护公司及其所有相关方（包括员工）的利益。近年来，德恩看到了焦虑不安的公司控制人的强烈需求，因此他为后者建立了自己的利益团体：德国监事会协会，其成员超过 100 名。他们每年开一次会，就"团队能力""战略能力""人员能力"等主题进行交流。在先前的一次会议中，人们在"未来论坛"确立了"监事会的理念"，甚至由脱口秀偶像萨宾娜·克里斯提杨森（Sabine Christiansen）担任主持人。无论如何，这是比在赫希金匠酒店点菜更劳心费力的议程。

为了让德国老板们处理好与其新美国所有者的关系，一个全新行当诞生了。在杜塞尔多夫有一群咨询顾问定期召开会议，研读卢锡安·别布丘克（Lucian Bebchuk）最新著作的正确解释。

---

① 在"德意志公司"的庇护下，曾经每家公司都仿佛停驻在春天里，而如今却要面临寒来暑往，意指日子没以前好过了。——译者注

别布丘克是哈佛大学教授，被认为是公司治理领域的管理大师、正确的公司领航人。"一切在美国已经出现的做法，迟早会在德国出现。"上述圈子的发起人之一布克哈德·法斯巴赫（Burkhard Fassbach）这样解释参加者的动机。没有人愿意让自己手足无措。

法斯巴赫专门研究监事会责任问题，该领域直到不久前在德国尚不存在。与此同时，股东与监事会之间或管理层与监事会之间的法律纠纷已成为日常生活的一部分。

投资者关系（IR）是金融资本主义 2.0 带来的成果之一。这项职能通常附属于董事会。该职能随着来自大股东的资金增加而产生。公司将投资者关系作为一种股东管理方式，实质就是让大股东高兴。在老"德意志公司"的主要股东挥手作别后，DAX 指数成分股公司超过 80％ 的股票得以自由流通，因此其股票可以在资本市场上自由买卖。结果是：一只基金持有百分之几的股份就足以产生影响。（考虑前面的橡皮鸭制造商的例子。）某 DAX 指数成分公司的 IR 经理说："如果我们将前十大股东列出来，可以看到拥有 1％ 股份的投资者就已经是大股东了。"IR 管理面临的困难之一是，不再容易知道谁是大股东而谁已经不是。一旦比例超过特定阈值，就产生了按证券交易法向 BaFin 报告表决权的义务。[①]（贝莱德在向 BaFin 报告表决权时就出现了问题。）为了准确起见，IR 经理定期请专家来查明实际的所有权结构。然后，这些"侦探"遍访投资银行和投资者，并打电话给已从其

---

　　① 根据德国的证券交易法，收购方首次持有德国上市公司代表 3％ 或更多表决权的股份时，需要告知该上市公司及 BaFin，披露的门槛按 3％、5％、10％、15％ 等依次递增。——译者注

客户处获得表决权的托管银行。除了最重要的股东名单，IR 经理还对谁在买卖公司股票及其原因感兴趣。整个行业是否已变得不受投资者待见，以至于基金经理因此抛售了股份？或仅是对公司本身不满？股权服务专家应该找出这样的问题。因为 IR 经理应确保股价不会剧烈波动——理想情况下股价应稳步上升，不过这需要一定的投入和技能。虽然德国公司已经在没有保护的情况下暴露于全球资本市场的动荡之中，但不应该让投资者对此措手不及。当不利数字充斥新闻报道时，为时已晚。然后，久经验证的华尔街格言再次适用："先卖出，然后再问为什么！"因此，IR 经理必须认真为主要股东做好迎接令人不快的消息的准备。但是，不允许这些股东先于其他股东获知具体数字——这将构成内幕交易。要小心点，优秀的股东驯兽师必须通过暗示来管理整个过程。

新的"德意志公司"的一项日常活动是开会，IR 工作人员及董事会成员与公司所有者会面。这些会议通常由银行组织，大多是在一家法兰克福酒店中召开。不过，任何打算与贝莱德的代表们边吃小吃边聊天的人都会失望：这位大投资者宁可在同一家酒店租下套房，然后要求各家德国公司的董事会成员一一前来开会。公司高层，特别是首席财务官们，时不时地进行路演，并拜访公司的主要外国股东。然后，他们前往伦敦或纽约。在这种情况下，安排出行事务的是银行，买单的也是银行。银行家们希望这些开销在长期内通过收费和佣金得到补偿，并希望这能换取来自公司及其投资者的未来订单。为此，银行家安排了全方位的无忧旅行套票：确保董事会任命重要的投资者，并安排适当的住宿和适当的交通工具（应该是奔驰 S 级或相当的车型）。

　　但是，英国监管机构现在反对这种安排，它希望就谁向谁付款以及为什么付款提高透明度。新的服务提供商已经开始填补这个紧迫的缺口——一些前银行家建立了自己的业务，为投资者提供路演旅行服务。然而，内部人士担心，这将使小型公司更难以接触到投资者或结识新投资者。将来人们可能负担不起成本高昂的旅行。到目前为止，投资者通过银行佣金间接支付了小型公司的费用。预计大型公司会定期亮相。DAX 指数中的一家公司的IR 工作人员表示，贝莱德希望每年两次在伦敦、纽约和爱丁堡会见各家公司的首席执行官或至少是首席财务官，以听取报告。（苏格兰首府是管理贝莱德欧洲业务的分析师和基金经理的所在地。）这些谈话是作为第一期研究的一部分进行的。路演和投资者关系会议如何发展还有待观察。到目前为止，尽管英国脱欧，伦敦似乎仍是欧洲的联络点，尤其是对盎格鲁—撒克逊投资者而言。但新的欧盟《金融工具市场指令》（MiFID），尤其是新冠肺炎疫情大流行的长期后果，可能会改变许多做法。

　　基本原则还维持着。现代股份公司至少在形式上保持着民主。在德国，股东大会确定监事会，而监事会又确定董事会。在年度股东大会上——大多数公司是在春季召开——股东们就管理层的提议和股东的要求进行投票。对于 IR 工作人员来说，最重要的任务是以一种顺利的方式准备股东大会的召开，这符合董事会的利益。从投资者关系和管理层的角度来看，理想情况下，股东应不进行过多讨论就通过董事会的提议。为了武装自己，IR部门准备了数百个潜在问题的答案。大型公司还聘请外部顾问来帮助优化议程。在初步讨论中，IR 工作人员试图引导股东们的情绪。他们试图把讨论从小股东联合会的话题上移开，因为这些小股东可能会提出恼人的问题。但是，最大的危险并非来自抱怨者和麻烦制造者。"想象一下年度股东大会没多少股东参会的局面。"这是公司不愿看到的恐怖场景。与德国联邦议院选举类似，问题之一是许多股东态度冷漠、不愿投票。"股东出席年度股东大会对我们公司来说是一个大问题，持有 6％～7％股份的股东会很快成为具有阻碍性的少数派。当持有 30％股份的股东出现在年度股东大会上时，我们就已相当满意了。"德国一家金融集团长期任职的 IR 经理说。即使是入选 DAX 指数的大型公司，近年来的股东投票率也往往低于 50％。达到这一水平已经值得庆祝了！

股东投票率低会带来问题：如果只有代表一小部分投票权的股东现身投票，就会削弱管理层。或者，更糟糕的是，占比更小的特立独行者的投票足以形成一个具有阻碍性的少数派，并使董事会提出的计划流产，或导致监事候选人迟迟通不过或者干脆被拒绝，最坏的情况是导致增资失败。这种尴尬局面会登上媒体头条，使公司动荡，无论如何股价都会跌落。因此，IR 工作人员试图阻止这一切。

在 2019 年 5 月召开的德意志银行的年度股东大会上，只有代表 34％股权的股东出席了会议，尽管这次会议事关这家曾经的全球最大银行的不确定未来。最终，首席执行官克里斯蒂安·泽温（Christian Sewing）和监事会主席保罗·阿赫莱特纳（Paul Achleitner）组成的二人领导组合涉险过关，不过 75％和 71％的支持率与德国公司老板习惯的得票率相去甚远。如果没有国外投资者的怜悯，他们的得票率可能更低。德国公共广播联盟（ARD）在股票频道的网页上表示："最终，显然是该银行的主要股东贝莱德、卡塔尔投资局和瑟伯罗斯资本管理公司投票给了该银行的现任最高管理层，显然是因为缺乏替代候选人。"然而，在新冠肺炎疫情危机中，股东队伍显然在缩小。在 2020 年 5 月的虚拟股东大会上，上述二人组合获得了监事会 93％ 的支持率和董事会近 99％ 的支持率。

在"特遣队"的掌控下

一个由 45 人组成的特别工作组行使贝莱德帝国的股东权利。小组成员确保全球范围的管理人员考虑贝莱德的利益。他们在 6 个不同国家和 3 个世界地区的 7 间办公室工作。总部是设在旧金山的办事处。其中，一位 40 多岁的红发女人——米歇尔·埃德金斯（Michelle Edkins），提着线绳，掌控着被投资的公司。这名新西兰本地人于 2010 年接任该职位，现在正试图确保贝莱德在公司治理方面采取更清晰的方针。在 21 世纪初的安然和世通丑闻之后，"公司治理"成为流行语。在该丑闻中，员工们失去了数千个工作岗位，而投资者损失了数千亿美元。能源公司安然连续 6 年被商业杂志《财富》评选为"美国最具创新力公司"，但事实证明，利润仅存在于纸面上，只是一种套着衍生品外壳的游戏。世通首席执行官伯尼·埃伯斯（Bernie Ebbers）用经典的方式进行会计造假，他自己购买了一处面积 3 倍于纽约市的牧场，其中有 2.2 万头牛。投资者和监管者发誓，这种厚颜无耻的骗局将再也不会发生，应该对公司进行更好的监管。现在，监管投资组合中成千上万的公司是埃德金斯部门的主要职责。

她和股东 Soko 甚至为自己的使命开发了独特的行话。如果一名监事会成员在不同公司承担过多的职责，那显然工作"过饱和"（overboarding）。根据贝莱德团队的看法，这人太忙了，无法照顾到每家公司。另一个术语是"交火"（engagement）①。在贝莱德，这意味着要派出一名分析师去调查有关公司，至少公司老板会接到调查电话。每年，贝莱德帝国中的大约 1 500 家公司会迎来埃德金斯团队的造访或至少被多次致电，2019 年度报告给出的数字是 1 458 家。"refreshment"对于疲惫不堪的监事会成员来说并不意味着"茶歇"② 时间，而是在"交火"没有达到预期效果时要采取的措施。然后，公司就可能根据贝莱德的意见采取人员变动措施，至少这就是《纽约时报》在 2013 年关于埃德金斯团队的一篇令人屏气凝神的报道中所描述的。"我们的经验表明，管理层对私下谈心反响良好。"埃德金斯满意地向行业杂志《养老金与投资》解释道。这不足为奇——哪家公司的董事不对其最大股东之一持开放态度？通常，贝莱德不仅是最大股东，而且是同时持有债券和提供贷款的主要债权人。

但是，与贝莱德的其他部门一样，这个部门在幕后运作。"无人能从报纸上争斗的两派中受益。"芬克在《2012 年公司治理年度报告》的前言部分解释了他对自由裁量权的偏爱，这份报告总结了贝莱德作为大股东的活动。关于贝莱德作为股东的哲学的两页直言不讳地提道："我们不会公开谈论我们对公司的态度，因为没必要用头条新闻来保护股东利益。"这意味着贝莱德仍在幕后对管理层提出要求和希望。在"交火"中与公司老板们讨论的确切内容及其影响只有各方自己知道。

---

① engagement 兼具"参与"和"交火"的含义。——译者注
② refreshment 兼具"焕发精神"和"茶歇"的含义。——译者注

下面是贝莱德的愿望被公开的一个罕见情形。2014 年 5 月，美国制药巨头辉瑞试图收购其位于英国和瑞典市场的竞争对手阿斯利康。最重要的是，辉瑞希望通过合并获得税收优惠。这家美国公司计划成立一家特殊控股公司，并将总部迁至伦敦。这本可以为公司节省数亿美元。但收购失败了，因为阿斯利康表示拒绝。辉瑞退出，因为在英国买家必须等待几个月才能再次发起要约。阿斯利康的大股东贝莱德要求阿斯利康董事会在法定等待期结束后与辉瑞重新谈判。至少一位内部人士在《纽约时报》的博客区 Dealbook 上就是这么说的。

与其等待贝莱德代表来电或拜访，不如提前获知他们的意愿：如果人们想与这一黑色巨人建立良好关系，最好定期向贝莱德报告情况。芬克在 2012 年给贝莱德持有股份的公司的 600 名董事会成员的一封信中说，他的公司希望进行"对话"。但是，如果管理层拒绝回应贝莱德的想法，事情可能会变得令大家不舒服。贝莱德与公司打交道的"十点计划"表示："如果我们得出结论认为直接发表意见没有取得任何成果，我们将投票反对管理层。"董事会宝座面临最大股东之一的反对票就会摇摇欲坠……

信息单行道

埃德金斯团队的伦敦分部负责德国公司的事务。但是，德国公司必须与别人分享它们受到的关注。最初，那里有 5 名员工，贝莱德在其年报中自豪地宣布 2018 年又额外雇用了 5 名员工。他们负责管理贝莱德在欧洲、中东和非洲的业务。由该地区的相关股票市场指数可知，有 600 多家上市公司在该地区上市。作为一种比较，其他通过代理股东行权来赚钱的服务提供商，例如英国的爱马仕股权服务公司，具有更高的支持率。"我们的一名员工关注10～20家公司。要想以有意义的方式关注一家公司，这是个合适的数量。"该公司主管汉斯-克里斯托夫·希尔特（Hans‐Christoph Hirt）说道。

随着所持股份的增加，责任也会增加。"当我们在一家较大的公司中持有3％的股份时，对话是密集的。"毕竟，贝莱德的公司治理团队会从券商、分析师甚至基金经理那里获得支持，而后者将股票纳入了投资组合。对于一些德国公司来说，券商、分析师和基金经理是对话伙伴。例如，DAX指数中的一家化工公司的投资者关系经理从未与埃德金斯团队有过任何联系，但他与化工行业的分析师有联系。如何决定管辖权的标准对有关公司而言是一个谜。一位投资者关系经理抱怨他从不了解在贝莱德自己究竟要对谁负责。另一位投资者关系经理表示，他不清楚哪个部门在年度大会中行使贝莱德的表决权。

公司代表们不想公开谈论他们与贝莱德的关系。聊聊私生活对他们来说可能会更容易些。贝莱德通常是最大的股东之一，谁愿意惹恼最重要的股东？只有在保证绝对匿名的条件下，来自不同规模和不同行业的DAX指数成分股公司的投资者关系经理才会进行秘密讨论。没有一个受访者是新来的：他们已经从事这项工作多年，有时甚至数十年。他们都同意一件事：贝莱德将提供信息视为一种义务。贝莱德的代表希望所持股公司在重要问题上与他们联系。但是，信息仅单向流动。股东无须告知所持股公司是否出售股票以及原因，也不必解释为什么要增加持股。公司通常需要6～8周的时间来获悉其主要股东发生的变化。一家医疗保健公司的投资者关系经理恼火地说："我们必须绝对透明，但是股东不必告诉我们任何事情。"没有一次得到持股变动的通知，就像被动投资或主动投资行使投票权时那样。之所以会有所不同，是因为被动投票与指数的成分股信息相关，因此仅在指数发生改变时才被拒绝。"要获取此种信息，我们必须支付额外的服务费用！"一家金融集团的代表抱怨道。①

不过，所有接受调查的德国公司代表和投资专业人士都同意，与其他大型投资者不同，贝莱德至少努力履行最重要的股东义务，例如及时登记年度股东大会的投票和在年度股东大会上投票。当谈到贝莱德代表时，"专业""充分了解（消息灵通）"是经常使用的词。没有人抱怨关系紧张，一切都"很正常"，正如DAX指数中的一家化学公司的投资者关系经理所说的。

芬克的公司治理团队非常重视良好公司治理的形式要求，例如在允许执行董事会成员转任监事会成员之前遵守"冷却期"规定，或者要求更多的女性进入董事会。但这同样表示，这家很多德国企业集团股票的最大所有者之一的付出通常不超过最低承诺水平。不过，贝莱德公司治理团队的 2013 年报告说的却是："我们与我们投资组合中的公司建立关系，以建立对绩效、战略和降低风险的相互理解。"这本小册子以《从长远来看》为题。

在 2014 年秋季发布的季度报告中，伦敦分部描述了一些（通常是匿名的）运营示例。有一次，他们与"瑞士大型消费品制造商谈及负责任的营销"。这可能是指对雀巢及其婴儿食品营销策略的批评，然而，这种批评已经提了几十年。贝莱德审核员得出的

---

① 国外的很多指数服务提供商就提供指数信息收费。——译者注

结论是，该公司现已满足世界卫生组织的要求。报告总结说："我们将继续监测进展情况。"另一个案例涉及向俄罗斯一家银行的管理者支付薪酬。贝莱德希望将来银行老板的薪酬以绩效为基础。统计数据清楚地表明，贝莱德的主要关注点是美国：据贝莱德称，2013 年，埃德金斯团队的所有"交火"中有 658 次在美国发生，在欧洲（除英国外）、中东和非洲共有 231 次，在英国、亚洲（除属于中东的亚洲区域外）分别为 211 次、332 次；2012 年，在美国发生 692 次"交火"，在澳大利亚和新西兰为 283 次，在英国为 186 次，在欧洲（除英国外）、中东和非洲（除埃及外）为 134 次，在日本为 116 次，在亚洲其他地区为 35 次。根据《2013 年公司治理年度报告》，贝莱德在超过 14 000 场股东大会上进行了投票，其中 2 405 场是在欧洲公司进行的。这种关系与前一年相似。尽管被多次询问，贝莱德还是不愿意就埃德金斯团队的公司治理实践进行讨论，尤其是在德国。但是，公关团队要求提供书面调查表。答案是在几周后给出的，并且在大多数情况下整段复制了公司治理报告的内容。显然，德国公司的最大股东不愿意公开回答如何与其投资组合中的公司打交道的特定问题。

　　大量的小册子和信息充斥的网站无法掩盖一个问题：新的大资本家只能真正照顾自己拥有的被计数（有资金投入）的公司。正确履行股东角色就意味着付出努力。大型基金公司必须付出或将要付出的努力不是针对单个公司，而是针对其投资组合中的数百家公司。这些公司涉及数十个国家，各国有自己的规定。所涉及的官方机构，例如表决权的正确登记，耗费了人力和金钱。对此，基金公司只能以收费的形式将部分成本转嫁给客户。资产管理公司处在激烈的竞争中，贝莱德本身就是一家上市公司，其股东希望看到利润增加和价格上涨。毫不奇怪，大型基金公司会采取有针对性的方法来与投资组合中的公司进行互动，并将自己的付出限定在最低程度。芬克呼吁与投资组合中的公司的管理层持续进行对话，这也可以理解为贝莱德未能对每位管理者进行问询。

　　贝莱德可能是需要解决这一问题的基金公司中最大的一家，但远非仅有的一家。大基金公司的代表必须出现在它感兴趣的所有公司的股东大会上。不仅如此，其还应该了解议程上的所有项目，诸如公司管理层的薪酬、股利分配额或即将增加的资本金等要点，并向要投票的人形成意见。作为股东，应该事先了解有关管理委员会或监事会职位的候选人，当然，还要评估公司的业绩。所有这些不是针对一家公司，而是针对不同国家的数百甚至数千家公司。华尔街上足智多谋的人提出了提供一项服务的想法，该服务可以减轻负担繁重的基金经理的工作。这就是"代理顾问"工作，就像神秘的"表决权顾问"一样。位于纽约的机构股东服务公司（ISS）仍然是公司治理服务领域的最大供应商。ISS以超过750万张选票接替了实际股东的工作，根据ISS的声明，其代表了超过4万亿股的表决权。（在这个市场上，排名第二的是加拿大养老基金的子公司格拉斯-刘易斯。）代理顾问分析各次股东大会的议程，并代表养老基金、对冲基金甚至贝莱德这样的共同基金评估董事会和监事会职位的候选人。然后，代理顾问向客户提议应如何就各自的意见进行投票。基准是公司治理准则，例如避免在监事会中设立多个办公室，或者设置从执行董事会进入监事会的"冷却期"。但是，客户也有特定的要求——例如环境保护或社会标准，代理顾问会在分析中考虑这些标准。但是，即使是代理顾问也无法在没有帮助的情况下完成这项工作。例如，ISS 的软件系统在公司治理领域广受赞誉，它可以筛查股东大会的议程并自动创建建议。（根据 ISS，这些建议仍由分析人员人工检查。）这些股东不必遵循建议，但大多数都会接受建议。它们为什么还要向 ISS 或格拉斯-刘易斯支付数百万美元的费用？同时，它们的工作使代理顾问具有影响力。在德国同样如此。例如，2015 年 4 月，《法兰克福汇报》宣称自己是 DAX 指数中的"秘密力量"。在德意志银行年度股东大会召开之前，ISS 建议其客户投票反对对联席首席执行官安舒·贾恩和尤尔根·菲茨岑的解职，格拉斯-刘易斯建议投弃权票。代理顾问给出的原因之一是，该行因涉嫌参与伦敦同业拆借利率（Libor）操纵丑闻而被罚款 25 亿美元。管理委员会的解聘通常是例行公事，这次出现了历史性的不信任投票，此类议案以往的批准率为 90% 或更高。在令人难忘的年度股东大会上，贾恩和菲茨岑两人的得票率都低于 60%。几周后，这两名董事会成员辞职。代理顾问展示的力量显然产生了效果。①

芬克的公司显然不太喜欢代理顾问的这种新力量，它实际上已经变成一种独立的权力。芬克警告投资经理对"自己"投资组合中的公司不要盲目地遵循 ISS 的建议。芬克在 2011 年对贝莱德持有股份的美国大型公司管理者说道："我们独立于代理顾问得出结论。""我们根据自己的准则进行投票，这反映了我们作为

---

① "董事会的解散"经常出现在德国上市公司年度股东大会的议程上。必须解雇某些董事会成员，否则将无法进行新的选举。如文中所说，此类议案只是名义上的。但是，投票代理公司（代理顾问）借机将此变成了不信任投票。——译者注

客户经济利益的受托人和管理人的职责。""这意味着，我们，贝莱德，才是真正的主人，ISS和格拉斯-刘易斯只是服务提供商。最后，最重要的是我们的决定。"但是，贝莱德显然离不开代理顾问的协助：报告和内部信息表明，贝莱德仍然是代理顾问的客户之一。①

有个笑话是这样说的：最后，用替代品来取代替代品。ISS和贝莱德的力量最终都源于真正所有者（即投资者）的缺席。这是个问题。

没有资本家的资本主义

投资者在市场经济体系中扮演着基本角色：他们决定哪些公司可以扩张，哪些公司必须关闭。为了自己的利益，他们希望将钱投给具有最佳未来前景的公司。股东在可利用的投资机会之间进行选择，从而确保可利用资本的最佳分配。这也意味着他们不断监控公司，并检查它们是否真的善用资金。作为承诺的回报，股东获得合法权利——他们有权获得一部分利润并确定管理层。这是理想的版本。但我们离理想版本越来越远。在金融资本主义2.0中，所有者与公司的联系变得越来越遥远。中介是代表实际投资者行事的专业管理人员。这种现象有一个名字："所有权与

---

① ISS和格拉斯-刘易斯均是领先的独立国际委托投票咨询公司，世界各地众多主要机构投资者、共同基金和信托机构依赖于它们的投票分析和推荐意见。——译者注

控制权相分离"。这听起来像是来自马格利特①的回响，他在画有一支烟斗的画作下方写着"这不是一支烟斗"。

但是，金融超现实主义早已成为人们日常生活的一部分。《纽约客》报道，一个由企业界发起的经济研究机构——世界大型企业联合会 2013 年 11 月发布的一份报告称，投资链的延长会导致系统和投资者的中间成本增加，而决策的控制权却越来越多地从承担风险并获得潜在经济利益的人手中被拿走。例如，养老基金将管理其部分资金的合同分配给贝莱德这样的资产管理公司。然后，"贝莱德们"将资金分配给各基金经理所管理的基金（包括对冲基金），该基金反过来购买被动投资型 ETF，以便在市场上进行投机。参与的每一个中介都力图获得报酬，而它们的行为方式却并不总是符合实际所有者的利益。

特拉华州最高法院大法官里奥·斯特林（Leo Strine）认为，这种越来越普遍的"所有权与控制权相分离"现象导致了严重的动荡。一直到 2019 年，斯特林多年来在特拉华州衡平法院担任法官。他的声音之所以有影响力，是因为该法院对全球公司法具有重大影响。（大多数大型美国上市公司设在特拉华州，该州是美国的内部避税天堂。）斯特林在 2007 年的一次备受瞩目的演讲中警告说，这种分离创造了一种新的代理权，其"对个人投资者以及对国家繁荣都是一种风险"。资产管理公司日益占主导地位的问题不在于它们将所持股公司引向特定的方向。至少这不是最大的问题。日益严重的问题是，它们并不真正在意投资组合中大

---

① 马格利特是比利时超现实主义画家，对其画作《你看见的不是烟斗》的诠释众多，比较基础的一种解释为：画作上的烟斗与下方的否定性描述（"这不是一支烟斗"），构成了图像与文字之间的某种冲突和张力。——译者注

多数公司的命运。

一个奇闻说明了这一点：2015 年 3 月，贝莱德几乎对澳大利亚 Monadelphous 集团发起了收购。而这是由于失误：贝莱德通过旗下基金持有了这家土木工程集团 20％ 以上的股份。但是，根据澳大利亚证券交易所的规定，持股比例超过 20％ 的投资者必须对整个公司发出收购要约。贝莱德道歉并指责指数服务商的计算不正确，因为后者错误地计算了贝莱德旗下基金所基于的指数，从而使贝莱德购买了太多股票并超过了限额。贝莱德向英国《金融时报》表示："我们的内部控制部门意识到出了问题，我们向监管机构报告了问题并实施了相应的控制。"

德意志银行是所有权与控制权相分离后果的一个更具争议的例子。多年来，这家大银行丑闻层出不穷——次贷投资、Libor 操纵、洗钱，诸如此类令人不愉快的指控经常摆在银行当局面前，以至于调查人员对德意志银行法兰克福塔楼的突击搜查几乎成了例行公事。该银行不得不支付越来越多的罚款，达数十亿美元之巨。但是，大型投资者多年来一直对此反应冷淡。贝莱德多年来一直凭借 3％ 的持股稳居德意志银行单一最大股东的位置（数据截至 2020 年 1 月），眼睁睁看着德国最后一家全球性银行的股价跌破 10 欧元，并眼睁睁地看着倒霉的董事会试图用越来越多的紧缩政策来扭转局势。2019 年，该银行亏损近 60 亿欧元，这是第五年连续亏损了。自 2018 年 4 月以来一直担任首席执行官的克里斯蒂安·西因（Christian Sewing）希望再裁员 18 000 人，占员工总数的近 20％。德意志银行正再一次将其不良票据和贷款塞进一家"坏银行"里。

巩固投资者与公司之间的联系，这对整个系统非常重要。近年来，各国主管部门和国际组织提出了公司治理规则和自愿承诺的目录。其中，有英国的公司治理准则。联合国则制定了"负责任投资原则"，其中也考虑到社会和环境问题。日本制定了良好公司治理的七项原则，德国也制定了公司治理准则。当然，所有这些都是善意和有益的举措。但是，经合组织研究了这样一个问题：为什么尽管做出了所有这些努力，主要所有者的承诺还是有这么多不足之处？令人震惊的结论是：尽管对某些投资者（例如对冲基金或私募股权基金）来说积极参与是业务模型的必要组成部分，但对另一些投资者而言，积极参与却仅代表额外的成本。该研究称："在第一种情况下，不需要监管；在第二种情况下，规则最多不过是一份待勾选的检查清单。"换句话说，基本问题仍然存在，只会有更多的官僚主义。

然后是利益冲突。例如，有时基金经理回避与投资组合中公司的管理委员会打交道，因为他还希望获得授权来管理该公司的养老金。

位于伦敦的"面向所有者的投资公司治理"组织的合伙人西蒙·王（Simon Wong）2011 年在哈佛法学院公司治理论坛上发表评论："这使一些投资机构不愿提出过于激进的要求。"王描述了他作为咨询顾问的经验，认为有时公司方面握有将合同授予其他人的隐藏威胁就足够了。（"面向所有者的投资公司治理"组织是米歇尔·埃德金斯的前雇主，王后来成为贝莱德公司治理部门的负责人。）

贝莱德保证公司两个业务领域的隔离被明确地遵守，这是芬克在 2014 年 7 月亲口向《财富》杂志宣称的。他承认，接到公司老板以及熟人和朋友的电话，要求贝莱德按他们的意思投票，这使得他左右为难。芬克在《财富》杂志上抱怨道："真把我气死了。"

像《统治世界的影子人》或《DAX的秘密绅士》这样的新闻头条暗示公司被远程操控了，不过这么说却忽略了问题的真正核心。与这些担忧相反，"新德意志公司"的问题不在于贝莱德或外国大股东买下这些公司后会怎样向管理层发号施令。除了激进的对冲基金（其投资策略包括上述方法），基金公司根本不具备进行此类微观管理的能力。对于德国公司而言，贝莱德就像纽约的房地产大亨一样，努力让自己的海外资产尽可能稳定地赢利。公司高管的角色类似管家：管家定期将租金转给业主，并让建筑物保持良好状态。只要管家可靠，业主就无须干预。这种放任的态度可能让管家感到愉快。但是到了某个时点，房屋不再适合纳入投资组合，或者房屋需要进行复杂而耗时的装修，那么业主就会简单地一卖了之。在最坏的情况下，业主会甩给拆房公司，也就是负责公司重组的对冲基金。

ETF"实在很糟糕"

贝莱德等大型基金公司广泛持有多元化股票投资的结果是，一个行业的公司通常属于同一所有者群体。（例如，在投资于一个行业指数时，根据定义，对ETF发行人来说甚至必须这么做。）

例如，互为竞争对手的美国连锁药店巨头CVS和沃尔格林的前三大所有者是相同的，都是贝莱德、先锋领航集团和道富银行（截至2020年5月）。"这种共同所有权结构如何影响竞争行为？"

牛津大学教授、金融经济学家马丁·施马尔茨（Martin Schmalz）问道。那么，CVS现在是否会避免与沃尔格林进行以获取市场份额为目的的价格战——因为这么做最终会损害共同所有者的利益，至少是无所助益？人们还可以问：金融资本主义2.0中是否存在与 J. P. 摩根时代相同的垄断效应？

无论如何，哈佛教授艾纳尔·艾尔豪格（Einer Elhauge）称指数基金是竞争的最大威胁。"其影响力远远大于其持股量，因为它们比个人股东更频繁地参与股东投票。"

这不像是说拉里·芬克、先锋领航集团老板莫蒂默·巴克利（Mortimer Buckley）和道富银行老板罗纳德·奥汉利（Ronald O'Hanley）聚在密室里一起享用麦卡伦威士忌和古巴高希霸雪茄并谈生意那么简单。整件事情交织得更精密。

施马尔茨与同事何塞·阿扎尔（José Azar）和伊莎贝尔·特库（Isabel Tecu）一起研究了这种新型寡头（2014年9月）。他们研究了美国航空公司及某些航线上的机票价格和乘客人数。他们的出发点是2009年贝莱德对安硕的收购。这一收购使得服务于特定航线的航空公司的所有者更为集中——这些航空公司本应相互竞争。结论是：如果某航线上的相互竞争的航空公司属于相同的所有者，与属于不同所有者的情况相比，机票价格会高出5％左右，而乘客数量会减少6％左右。乘客人数的减少意味着，显然不是需求增加导致价格上涨，而是价格上涨导致需求下降。施马尔茨认为，竞争者数量有限的领域特别适用以下规则："共同所有人与股东价值最大化的理念相结合，意味着公司有动机减少投资组合中的资产数量并提高价格，随之而来的则是造成福利损失。"用学术语言表达更简洁：股东可以从所有者的集中中受益，而消费者则需付出更大的代价。更通俗的说法就是：虽然股东从所有者集中中受益，但消费者支付的费用更多。施马尔茨认为，与公司管理层对话的基金公司代表极有可能甚至不知道他自己的行为对竞争造成了扭曲。例如，如果基金公司代表——他也很了解竞争情况——建议董事会争取更高的利润而不是争取更多的市场份额，就足以扭曲竞争了。

阿扎尔进行的另一项研究表明，即使是在银行业，当大型指数基金成为信贷机构背后的共同所有者时，竞争也会变得更加温和。这导致客户支付的费用更高，储蓄利率更低。

特别是对航空公司的研究在专业领域引起了轰动。贝莱德委托学者们进行的研究得出的结论是，三位学者高估了通胀效应，因为他们没有考虑到航空公司在"9·11"事件之后暂时资不抵债。这很重要：处于破产程序中的公司从相关指数中退出，导致基金公司出售该公司股票。也就是说，根本无法观察到大型指数投资者对所研究的航空公司行为的潜在影响。阿扎尔在面对《商业周刊》记者对贝莱德的批评时反驳说，他们可能过于关注不利时期的影响。他说他坚持自己的研究结论。

贝莱德在许多行业互为竞争对手的公司中都持有股份，人们想了解潜在的问题到底有多严重。贝莱德对此很紧张，领导层担心的是：学者们的理论会引起竞争监管机构的注意。

2019 年 11 月，制药巨头百时美施贵宝和赛尔基因打算合并。美国联邦贸易委员会（FTC）① 委员罗希特·乔普拉（Rohit Chopra）投票反对这桩价值 740 亿美元的合并。在其他事项外，

————————

① 美国的主要反垄断机构之一。——译者注

他以这起合并会导致许多投资者同时持有并购方和所并购对象的股份为反对理由。诚然，作为一个共和党占多数的委员会中的一名民主党分子，乔普拉无法坚持自己的立场。① 但他的同事似乎更认真地对待他的担忧。2020 年 1 月，彭博社报道称，在评估合并时，联邦贸易委员会还询问了公司与主要基金公司的沟通和互动情况。欧洲人走得更远。当陶氏化学和杜邦这两家化工巨头在 2017 年寻求欧盟批准其合并请求时，交叉持股影响了当局的决策过程。欧盟最终提出的条件是，杜邦必须出售部分农药部门，否则反卡特尔当局不会批准这桩"大象的婚礼"。

贝莱德强调：涉及所有权与垄断或寡头垄断关系问题的"小众科学研究"其结果"并没有提供确凿的证据，证明共同所有权结构和价格存在联系，更不用说存在可信的作用机制了。"为了安全起见贝莱德还补充说明，根据初步研究的主张，有人呼吁采取行动，然而，由于围绕该理论仍然存在许多辩论和质疑，因此采取拟议的措施还为时过早。

一方面，贝莱德缺乏单独控制每家公司的资源（除非有动机和特定利益）。另一方面，公司治理大纲确保所有公司都必须遵守相同的指导方针和标准。《通往奴役的沉默之路：为何被动型投资实在很糟糕》——纽约的一家精品投资公司桑福德·C. 伯恩斯坦的分析师 2016 年以此为题撰文，为主动型基金经理进行辩护。他们的辩护遭到 ETF 拥护者的驳斥，毕竟桑福德·C. 伯恩斯坦的分析师为主动型投资者提供咨询服务，因此算不上完全公正。但他们的资本主义宣言仍然在华尔街引起了一些骚动。他们的论点是：被动型基金经理

---

① 传统上，美国民主党在理念上更倾向于反垄断，共和党更推崇自由竞争。——译者注

并没有将资本引导到最富有生产力、创造最多就业机会和普遍提高生活水平的地方，而是根据预先确定的关键指标——指数来分配资金。

马克思主义者至少有一个想要实现的愿景。贝莱德追求的愿景又是什么呢？这一愿景对许多人来说是一件好事吗？是一个崇高的目标吗？

绿色是生意

一群西装笔挺的人坐在伦敦金融城的节日餐桌旁，用银盘子进餐。但这不是金融家的会议。他们是"反抗灭绝"组织的成员——激进的环保主义者。他们在贝莱德办公室的入口处摆好姿势吸引公众注意。上的菜品是一张张真正意义上的钞票。他们手举着一张海报，上面写着："当最后一棵树死了，最后一条鱼被钓走了，最后一条河遭投毒了，你会发现钱是不能吃的。"

活动人士将资产管理公司作为他们抗议的目标，因为根据他们的计算，贝莱德是煤炭、天然气和石油行业的最大投资者，拥有超过 3 000 亿美元的投资。其他环保人士也指责基金经理向污染环境、砍伐森林和排放温室气体的公司投入数十亿美元。一项名为"贝莱德的大问题"的倡议称，由于投资了数十亿美元，贝莱德是"气候混乱的最大推动者"。该倡议得到了国际地球之友和塞拉俱乐部等环保组织的支持，后者是美国最大的环保组织。美国前副总统、环保活动家阿尔·戈尔（Al Gore）2019 年 12 月在马德里举行的联合国气候变化大会上的发言针对这家资产管理公司：像芬克的贝莱德这样的大型投资者将不得不考虑是否继续为人类文明的破坏活动提供资金。

事实上，芬克提起了笔。他在 2020 年 1 月写道："气候风险也是一种投资风险。"然后，他宣布了一些具体的事情："我们将剥离具有重大可持续性风险的投资，例如煤炭生产商的证券。"芬克的声明引起巨大的轰动。波茨坦气候影响研究所研究员乔纳森·东格斯（Jonathan Donges）怀疑芬克的声明可能会改变全世界的投资文化。他说"随着贝莱德这样宣布，金融体系肯定已经接近气候背景下一个可能的临界点"。芬克，气候的救星！不过，报告在很大程度上有所遗漏。贝莱德的公告仅涉及贝莱德旗下的主动型基金。指数基金不可能退出。而且贝莱德只想退出煤炭销售额超过 25％ 的公司。彭博社随后计算指出，在这些限制下，贝莱德投资像嘉能可这样的公司不会存在问题。尽管这家大宗商品巨头是最大的煤炭供应商之一——贝莱德旗下的基金持有其约 6％ 的股份，是其主要股东之一（截至 2020 年 1 月）——但该公司的贸易收入占比要大得多，其对气候危害最大的化石燃料的销售额仅占 10％。

在给公司老板的信中，芬克为他的团队重新进行了定位，不是出于绿色良心，而是出于商业利益证明了这一点：主要是他的客户——大型养老基金、保险公司和基金会——要求贝莱德更多地关注可持续性问题。例如，日本国家养老基金在 2019 年撤回了对贝莱德的部分投资，因为它希望将投资策略建立在环境标准和社会方面。与此同时，绿色投资越来越受欢迎，尤其是在年轻投资者中。2019 年，流入所谓的 ESG ①指数基金的资金增长了 5

---

① ESG 指环境、社会和公司治理。——译者注

倍，达到 200 亿美元。贝莱德还希望将其在全球范围内提供的可持续性基金数量增加一倍，达到 150 只。

但考虑到客户的环境和气候利益，未来的投资究竟应该是什么样子的？耶鲁大学经济学教授菲奥娜·斯科特·莫顿（Fiona Scott Morton）发现，不仅在实践中这样做很困难，而且存在民主方面的问题。"当然，我们很高兴如此强大的投资者现在想要敦促公司做出更多的气候保护努力。但是，如果这是一个有争议的目标，例如增加面部识别和人工智能的使用或限制新闻自由，又该怎么办？"贝莱德的首席投资人芬克不具有民主合法性，他不代表整个社会，而只代表拥有金融资产的阶层——她这样告诉《时代周刊》。从斯科特·莫顿的角度来看，像贝莱德这样的大型投资者不应该利用它们的影响力来推动政治行动，但反过来，政治应该为公司和投资者设定框架。特别是因为基于目前的法律状态，如果基金公司未达到其气候保护目标，任何人都无法追究芬克或贝莱德的责任。

数据系统利器

    华尔街和韦纳奇相距 4 425 千米，几乎横跨整个美洲大陆，但绝对是另外一个世界。哥伦比亚河流经美国西北小镇韦纳奇，向南穿过加拿大的森林。喀斯喀特山脉的锯齿状山脊蜿蜒上升到韦纳奇上方，沿太平洋延伸，足有超过三个小时的车程。春季，山峰仍戴着雪冠，而海拔较低的山坡开始果树花团锦簇。有 3 万居民的韦纳奇自豪地宣称自己的家乡是"世界苹果之都"。这里有一个苹果游客中心、一条苹果远足径，以及 4 月里为期 11 天的苹果花节。如果人们沿着向东的狭窄街道行驶，将经过带有整洁花园的小房子。围栏上挂着一幅标语，上面写着"蜂蜜待售"。这条路经过牧场、苹果园和一个小型飞机场，通向两座不算太高的米色新建筑。两座建筑周边围绕着两米高的栅栏，黑色的钢制门关着。停车场里可能只有 6 辆汽车，属于监控区。停车时间过长的外国车辆会在几分钟后招来一名身穿制服的保安，要求车辆离开大楼。没有公司徽标，也没有公司名称，谁也不知道内部正在发生什么。

就是在这里——之前的一块麦田上，阿拉丁在成千上万的处理器中存储、选择、计算、判断无数个数字和公式。一周 7 天运行，24 小时不休。阿拉丁是贝莱德制造出的"电子妖精"。就像童话中封印在瓶子里的幽灵一样，阿拉丁使神话般的成功成为可能。阿拉丁将贝莱德熔铸成一个整体，是其权力不断膨胀所赖以的基石。

贝莱德毫不掩饰阿拉丁的存在和重要意义。与严格保密相反，公关部门甚至制作了关于超级电子大脑的广告片，其中可以看到具有不同血统和肤色、充满活力的年轻人——显然都是贝莱德的员工。他们悠闲地坐在纽约的出租车上，或站在伦敦的大本钟和典型的红色双层巴士前，或在旧金山的金门大桥或香港的天际线前迎风整理仪容。他们严肃地告诉我们阿拉丁的日常工作是什么样的：创建超过 180 万份报告，观察欧洲的利率走势——就像监控美国中西部的干旱一样——然后查询亚洲的白银价格。它同时记录纽约证券交易所 40 亿股股票如何换手，并清算贝莱德的 25 000 笔交易——当心！——系统还阻止了 3 000 次投资灾难场景。

这是阿拉丁的真正任务：确定所有这些信息和事件对 20 000 个投资组合的影响。阿拉丁不知疲倦地监控这些组合的安全性。阿拉丁能够保护投资组合免受令人不愉快的意外的影响。最重要的是，避免意外损失。阿拉丁正以这种方式守卫着价值 20 万亿美元的投资——这也是贝莱德自豪地提供的信息。通过阿拉丁的计算机处理系统，资金伴随着中国、巴西和法国的经济表现一起流动。这里的信息是世界上其他任何政府或机构都无法处置的信息总和。

　　如果上述广告片的创作者打算给观众留下深刻的印象，那么他成功了——尽管不一定是在积极意义上。当阿拉丁通过贝莱德的员工与我们交谈时，这则广告变得令人毛骨悚然——实际上使阿拉丁成为贝莱德的化身。然后，它说出这样的句子："我是阿拉丁，找到数字后面的数字。""我是阿拉丁，我知道我所知道的。无所不知，随时可知。"阿拉丁的人类发言人向我们做出如下保证：阿拉丁比任何算法都更智能，比任何处理器都更强大。拉里·芬克说，简言之，阿拉丁是一种新型情报（智能）。他也在广告片中露面了。在广告语中，贝莱德将阿拉丁称为集体天才，它是一个才华横溢、雌雄同体的阴阳神，一半是人类，一半是机器。

　　20多年来，已有数百人参与阿拉丁项目。现在，阿拉丁由数千名分析师、技术人员和程序员与数千台计算机组成，每天运行数十亿次计算。这是一项能让美国宇航局（NASA）艳羡的设施。阿拉丁需要全部计算能力来每天、每小时、每分钟，有时甚至每秒计算数十亿美元投资组合中的股票、债券、外汇或信用证券的价值。同时，阿拉丁研究当环境发生变化时（例如，由于经济形势或销售数字，汇率下跌或油价上涨），投资组合价值可能会如何变化。这听起来似乎容易得多，做起来可不是，因为投资公司和投资者所使用的证券结构很复杂。其中大多数是包含数千种不同投资产品如证券、房地产、基金份额的池子。这使得找出投资的实际价值和危险所在变得极为复杂。

　　阿拉丁的客户具有这样的优势：只需按一下按钮即可洞悉其遍布全球的头寸和风险，在华尔街数十亿美元的博弈中获得决定性优势。客户可以及时买卖，攫取利润或规避损失。"这是一种适用于机构投资者的投资组合的核磁共振断层扫描仪。""瓶中幽灵"的守护人罗伯·戈德斯坦对参观者说。

与机器合体

罗伯·戈德斯坦在公司内部常被目为"神童"。他 40 岁出头，身材高大，浑身散发出热情。他不久之前才停止玩电子游戏，把他 20 世纪 80 年代的第一台 Commodore 64 计算机①珍藏于车库。他的大金表和金丝框眼镜非常抢眼。戈德斯坦是贝莱德的先驱者之一。他的几乎全部成年生活都是和芬克一起度过的。1994 年，他大学毕业两周后即加入贝莱德。那时，贝莱德还只是华尔街的一家从车库起家的公司。今天，他是贝莱德解决方案公司的首席运营官兼全球负责人——这是他的正式头衔。更重要的，戈德斯坦是阿拉丁的监护人。

"阿拉丁"这一源于《一千零一夜》的名字，其背后的解释相对比较枯燥。阿拉丁（Aladdin）是术语"资产、负债和债务及衍生品投资网络"（asset，liability，and debt，derivative investment network）的缩写词。据说一位早期客户喜欢该系统童话般的名字。

阿拉丁的发端平淡无奇。这个全球超级大脑起源于曾经位于贝莱德第一办公室茶水间的一台电脑。首批在该设备上运行的程序是联合创始人、麻省理工学院顶级毕业生贝尼特·戈卢布和查尔斯·哈拉克开发的，他们都是贝莱德的早期员工。据说，有一次，两人想打印东西，但整个办公室没有打印用纸，只有一叠绿

---

① Commodore 64 是康懋达（与苹果公司同时期的个人电脑公司）于 1982 年 1 月推出的 8 位家用电脑，当时极为畅销。——译者注

色纸张。最初的应急之举成为一种传统，直至今天阿拉丁的打印输出在内部仍被称为"绿色包装"。

如果你愿意，可以把阿拉丁看作拉里·芬克对风险控制的偏执产物，它用 2 500 万行计算机代码写就。这与脸书管理数十亿用户个人信息所需的代码行数差不多。微软的视窗软件被技术人员看作最复杂的程序之一，它有大约 4 500 万行代码。

早期的贝莱德人意识到，自拓荒时代起，拉里·芬克曾协助催生的信用证券变得越来越复杂，风险档①越来越多。除抵押贷款外，其他贷款现在也被打包——例如汽车贷款或学生贷款。华尔街银行家越来越多地使用金融工程技术，这使得这些证券的买家越来越难发现潜在的盈亏有多大。最初，贝莱德将系统分析用于自己的交易。但是，想要通过该系统分析信用组合的客户越来越多。如前所述，突破来自通用电气。阿拉丁的监护人戈德斯坦是如下团队中的一员，该团队为通用电气剥离了臭名昭著的基德·皮博迪公司的投资组合。用于此目的的数据存储在一张软盘中，镶在框中的软盘仍然挂在戈德斯坦的办公室里，如摇滚明星爱挂自己的金唱片，又如城堡主人爱挂祖先的照片。

阿拉丁这样的事物此前还从未存在过。为了更好地了解这一超级大脑中发生的事情，请想象一下，如果阿拉丁不是在金融市场中监控数千亿笔交易和数据，而是监控我们混乱的日常生活，那会是什么样子。我们可以这样想象其功能：阿拉丁在早上负责预警功能，它利用过去的历史经验来确定我们淋浴、穿衣、做早餐和整理挎包所需的时间，并将所需的时间与地铁时间表进行比

---

① 抵押贷款可以分为风险不同的档次，适合具有不同风险偏好的投资需要。——译者注

较。它还将时间表与在过去几个月甚至几年收集的我们实际到达和离开地铁站的时间进行比较。它检查当前的天气数据，并建议如果降雨的可能性很大，带上雨伞和雨靴。最后，它计算出我们是否仍能以正常步速到达地铁站，以及如果无法在短时间内找到儿子最喜欢的毛衣，或不得不回去拿忘带的手机，会发生什么情况。因此，阿拉丁可以警告人们是否存在上学或上班迟到的风险。阿拉丁不仅能为一个家庭进行这些计算，而且能为一个学校中的所有家庭甚至整个学区进行这些计算。其他风险则更为复杂：出租车在运营途中因非法超车而失控，最终驶入人行道，这是一种罕见但并非不可能的风险，结果可能致命。在金融界，抵押贷款比比皆是，这是一种风险，但金融业许多人认为这种风险在 2007 年之前不大可能发生——这远比出租车撞倒人的可能性要小。但是，阿拉丁还是应该能够及时识别出如此罕见但具有破坏性的风险，以便贝莱德及其客户能够避免这种风险。

阿拉丁不仅仅是一个计算机程序或一个数据库。隐藏在苹果园中的阿拉丁，是未来将属于机器的一个预兆。

大厅里一片漆黑，只有各处的智能手机显示屏小方块在不时闪烁。这很像是经典的好莱坞科幻恐怖电影《异形》的背景。在舞台上的陈列柜中，可以识别出模糊的假肢和人体模型的头部，也有助于产生可怕的效果。"艺术"，主持人向坐在塑料折叠椅上的400～500 名观众致以问候后解释。这是名为《机器崛起》的演讲活动现场，也可以称为《等待库兹韦尔》。阿兰·S（Alan S）是观众之一，像大多数游客一样只为此人而来。他甚至从旧金山乘夜班飞机赶赴在纽约召开的雷·库兹韦尔（Ray Kurzweil）会议。阿兰说："库兹韦尔是技术专家中的哲学家。"他的 T 恤上印着"奇点网"字样。奇点是人工智能超越人类的时刻。物理学家、数学家约翰·冯·诺伊曼（John von Neumann）是"曼哈顿计划"的参与者之一，也是原子弹的共同发明者。他在20世纪50年代首次使用该术语。科幻小说家弗诺·文奇（Vernor Vinge）让这个概念尽人皆知。库兹韦尔是当今传播奇点的伟大先知之一。这位七旬老人被他的追随者视为天才，自学成才，拥有19个荣誉博士学位，并成功创立了6家公司。《时代》周刊将他列为封面人物，足以使其跻身教皇方济各（Papst Franziskus）和米哈伊尔·戈尔巴乔夫（Michail Gorbatschow）等名人行列。最能形容他的职业是未来学家，库兹韦尔称到2045年人工超级智能将准备好超越其人类创造者。其著作《奇点临近》的副标题为"2045年，当计算机智能超越人类"，这并非在预测发生可能性，而是在预测发生时间。

库兹韦尔确信人类将会与机器整合为一体。在一个阴沉的冬日，库兹韦尔的追随者在曼哈顿不起眼的郊区地带的一家时髦夜总会聚会，但他们的偶像仅在活动进入高潮时才露面。在此之前，由其他未来学家与满怀好感的听众分享他们的预测。其中就有金西·伦普金（Jincey Lumpkin），她是《赫芬顿邮报》性学专栏作家。伦普金也是库兹韦尔的坚定信徒和律师。她指出，到2047年机器人将拥有类似于人类的智能，它们将成为我们的性伴侣。这位律师认为，重要的是要及早提出相关的道德和法律问题，例如机器人的意志程度以及是否可以强奸机器人。她在演讲之后播放了一部关于未来太空人的短片，其中主角唯一的伴侣是一个机器人。这个机器人对机器人色情情有独钟。结局不妙，它最终自己做了了断。

终于，时机到了：主持人宣布当天的明星上场，乐队奏乐随之开始。一个矮个子秃头老头走上舞台,他身着深色西服,脚蹬一双舒适的鞋子,老花镜吊在脖子上的链带上晃来晃去。库兹韦尔每天吞咽 100 粒药片,这本来可以延长他的寿命,但他看上去比新闻照片显示的要老。(几年前,他每天要吃 150 粒药片,如今活性成分有所改善,库兹韦尔在 2015 年向英国《金融时报》记者吐露心扉时说,他早餐吃水果、黑巧克力、鲭鱼和粥。)

库兹韦尔是一位老练的演讲者。当兴奋的低语还在人头攒动的大厅中回荡时,他用遥控器点击了屏幕上的第一个图形。他讲述自己的理论,即大脑可以理解为模式的层次结构。利用这种理论,可以模拟大脑功能。这将是人类进化的下一步。迄今为止的技术进步支持了他的论点。库兹韦尔谈到了云计算、谷歌无人驾驶汽车、干细胞、IBM 的超级计算机沃森、争取互联网自由,以及智能手机。他忍不住指出,在多年前——即使不是几十年前——他已经或多或少地预测到今日的成就。但是,那时他被看成疯子。

库兹韦尔不再经常露面。谷歌联合创始人拉里·佩奇(Larry Page)请他担任人工智能的首席开发者。库兹韦尔将在人工智能的帮助下开发一种新型搜索引擎。2014 年夏天,在硅谷的一次科技公司会议上,库兹韦尔以惯常的乐观指出,在不远的将来他将创造出一位人工智能助手,它不会按照谷歌的惯例用链接和交叉引用来答复查询请求,但可以给出一个措辞优雅、齐备的答案。"它将能够像人一样和他说话。"他这样告诉记者。库兹韦尔不仅想教计算机如何在文本中查找单词,而且想让它像人一样理解文本。最接近这个目标的是超级计算机"沃森"——IBM 最年轻的超级大脑。沃森在 2011 年美国智力竞赛电视节目《危险边缘》中成功击败了人类对手。但沃森的人工智能仍然基于分析更多的数据并发现模式的能力。库兹韦尔想让机器掌握单词的深层含义。当沃森读到"约翰把他的红色沃尔沃卖给玛丽"这句话时,它不明白这是所有权的转让。库兹韦尔所设想的机器应该能够理解这种关系。

库兹韦尔认为他昭告世人的机器崛起的积极意义是无限的。他希望能活足够长的时间,以便能将自己的生物大脑上传到计算机上并获得永生。尤其是在硅谷,每天都有成千上万的工程师、软件开发人员、数学家、物理学家和控制论专家借助越来越智能和更快的机器开展工作。

但是,并非所有的未来学家都对网络时代充满信心。著名物理学家史蒂芬·霍金(Stephen Hawking)尤其警惕计算机超级大脑。霍金在相对论和黑洞物理学方面的贡献在科学上并非没有争议。他在英国剑桥大学担任卢卡斯数学讲席教授超过 30 年。在《时间简史》一书中,他描绘了没有造物主的无尽宇宙的图景。霍金传递的信息是科学战胜宗教。他是太空殖民的坚定支持者——在他看来,人类甚至应当使用基因工程手段。(殖民者最好不要与外星人接触。霍金坚信太空中还有其他生物,但是后者充满敌意……)这位物理学家自 20 岁起就患有肌萎缩侧索硬化症(ALS),这是一种罕见的运动神经系统退行性疾病,使他只能坐在轮椅上。在他失去了说话能力之后,他一直借助一个计算机程序与人进行交流,该程序是他通过眼球运动加以控制的。他对人工智能的怀疑尤其引人注目。霍金在 2014 年接受英国广播公司(BBC)采访时出人意料地发出警告说,人工智能的全面发展将预示着人类的灭亡。"人们一旦开发出能够持续自行发展的人工智能,它就会越来越快地自行发展。"

　　人们可以忽视霍金，把他看作从学术象牙塔中指点技术产业的科学家。但是，互联网先驱之一杰伦·拉尼尔（Jaron Lanier）与其不同。他开发了第一款虚拟现实应用程序——他独自创建了这种表达方式——没有它，当今的视频游戏将不复存在。拉尼尔留着许多长长的辫子，一副嬉皮士外表，而且已成为科技行业的卡珊德拉。① 在他的书中，他呼吁抵制对计算机的美化。但是，他所设想的未来恐怖场景与霍金的截然不同。他不担心自我发展的机器的暴政，而是害怕人类通过机器实施暴政。在他看来，在我们的日常生活中到处可以发现这种统治的迹象。这些机器的所有者——谷歌、脸书、苹果、微软等科技巨头——以牺牲工人和中产阶级为代价而自肥。人工智能传奇只能掩盖人们对这些科技巨头的真正贡献，从而剥夺他们的价值。拉尼尔认为，硅谷巨头用于其目的的数据和信息不是由机器提供的，而是由用户也就是人类提供的。人们无须支付大笔费用就可以创建大数据。拉尼尔告诉美国科技记者库尔特·安德森（Kurt Andersen）说，人工智能不存在。"这只是现代版的金权政治。"② 但是，像拉尼尔和霍金这样的批评家以及像佩奇和库兹韦尔这样的乐观主义者都有一个共同点：他们都坚信，人们想象中的这种机器迟早是能造出来的。问题不再是它们能否造出来，而是由谁来控制它们。

---

　　① 卡珊德拉是希腊神话中的特洛伊公主、阿波罗神庙祭司。阿波罗赐其预言能力，她又因抗拒阿波罗的调戏被阿波罗施以诅咒，预言不被世人相信。故她终身眼看痛苦一次次发生，却不能改变未来发生的事。——译者注
　　② 金权政治，是寡头政治的一种形式，指由拥有巨大财富的豪门巨富所统治或控制的社会。——译者注

电子化统治市场

2013 年 4 月 23 日，纽约当地时间下午 1：07，美联社华盛顿办事处在全球网络上发布了以下推文："最新消息：白宫发生两次爆炸，贝拉克·奥巴马受伤。"股票市场在几毫秒内出现价格暴跌。

没有人能对新闻做出如此迅速的反应。做出反应的是专门在互联网信息流中搜索能够推动金融市场的关键词的机器。"奥巴马"、"白宫"与"爆炸"一起出现，在搜索引擎上引发了警报。其他负责股票等证券交易的计算机也收到了该消息，并迅速发出了卖出指令。然而，这一次要找出是谁发布了市场警报可能要令人失望了：美联社所谓的推文实际上来自叙利亚电子军，而它们是支持巴沙尔·阿萨德政权的黑客恐怖分子。数字恐怖分子入侵了美联社的推特账号并抛出这个恶作剧。几分钟后，美联社宣布这是假消息。然而，美联社之后的辟谣对股票市场来说为时已晚：股价下跌已导致超过 2 000 亿美元的市值蒸发。虽然人类交易员，例如纽约证券交易所的交易员，对该消息持怀疑态度——但他们的反应时间比计算机同行慢得多。该事件表明谁在股票市场上占主导地位——机器或机器人（Bots）①，后者是华尔街对机器的昵称。

目前，由计算机完成 80％的股票交易和外汇交易，以及接近 50％的债券交易。（如前所述，贝莱德是电子化债券交易的最大

---

① Bot 是英语单词 robot（机器人）的缩写。——译者注

推动者之一。）众所周知的或者更确切地说是臭名昭著的高频交易员（high frequency trader，HFT），凭借巨大的计算能力和巧妙的软件，能在金融市场上极速冲浪，收割利润。

近年来，大型银行也进行了电子化升级。人类交易员无法跟上机器人的节奏。华尔街一位资深专家说："传统的交易大厅、挤满交易员的健身房、郊区别墅、宝马香车，这一切将很快化作过眼云烟。"机器人不会要求发奖金。高频交易员利用的是最先进的技术，一家大型国际银行的 IT 经理这样说，由于职业原因他不希望公开自己的名字。电子化升级所涉及的不仅仅是交易。长期以来，一些计算机就在为另一些计算机编写消息，后者"读取"这些消息，然后做出投资决策。这与美联社推特账号被入侵时计算机做出的反应一样。计算机程序分析的数据量，直到不久前还是不可想象的，更不用说明智地分析数据了。这些过程越来越多地在没有人工干预的情况下进行。就在几年前，华尔街还是一个凭借经验和关系的地方——今天，正确的算法更重要，而联系是电子化的。"机器已经占领了华尔街。人工智能、数学模型和超级计算机已经取代了人类的智能、人类的思考和人类的执行。"天普大学福克斯商学院的讲师汤姆·C. W. 林（Tom C. W. Lin）得出这样的结论，2014 年 3 月他在一篇论文《赛伯格金融》中这样阐述道。赛伯格（cyborg）①，一半是人，一半是机

---

① cyborg 这个词是控制论（cybernetic）与生命体（organism）的混写。赛伯格是能够"自我调节的人机系统"（self - regulating man - machine system），它既拥有机械装置运作精确、寿命长久的特点，也具备人类的特质，比如感觉、情感以及思维。1960 年，在美国空军航空航天医学院进行合作研究的两位学者——弗雷德·E. 克林斯（Manfred E. Clynes）与内森·S. 克兰（Nathan S. Klin），第一次提出赛伯格这个概念。——译者注

器。贝莱德在广告片中也这样描述阿拉丁：一种智能，部分是人类，部分是技术。

自动化进程在不断加速，并且正在越来越多的领域中取代人类的位置。自金融危机以来，银行和其他金融机构削减了数十万个工作岗位。如果是像汽车这样的行业，如此规模的裁员将引发抗议，并引发公众对自动化导致失业的担忧。然而，人们对金融业的裁员幸灾乐祸。由于公众并未原谅引爆金融危机的银行家，因此，除了受影响的人以外，金融体系的数字化革命并未引发多少关注。但这是错误的——因为金融体系的数字化对我们所有人都有巨大的影响。

赛伯格金融起源于40多年前。年轻科学家——尤其是物理学家、数学家、计算机科学家、化学家——发现研究工作岗位变得很稀缺。苏联和美国之间的技术竞争以人造卫星和最终登月为高潮。但是之后越南战争吞噬了美国的资金，政府的研究项目也被削减了。对于麻省理工学院或加利福尼亚大学刚毕业的很多大学生来说，华尔街成为一种替代选择。他们不再去打造未来的火星殖民地计划或去寻找新能源，而是很快开始研究投资（收益）模型和对冲策略，并收获颇丰（多倍收益）。后来，当苏联最终分崩离析时，一大批训练有素的科学家蜂拥而至。最初，交易员嘲笑新人是"火箭科学家"（rocket scientists），他们不认为这些"导弹发明家"会背离其直觉和经验。但这在过去十年中发生了根本性变化。在交易室中，俄罗斯裔程序员取代了爱尔兰裔或意大利裔经纪人，成为典型的华尔街人士。之前，当道琼斯工业平均指数（像 IBM、埃克森美孚这样的美国重量级公司构成的股票指数）创新高时，交易员会冲到曼哈顿南端哈利酒吧庆祝并由当天的赢家请客。不过，这样的日子一去不复返了。如今，哈利酒吧已改造为一家高档餐厅，这里下午供应马提尼酒，而汉堡包使用日本神户牛肉为食材，没有一个老顾客。他们的继任者不去酒吧，而是喜欢与其他程序员见面——例如，参加编程马拉松（Hackathon，即黑客日），这是一种针对软件开发人员的头脑风暴，一般花费一天或一周时间打造一个软件项目，其间仅有外卖比萨饼供应。

市场和模型的信徒：宽客

宽客的崛起势不可挡。这个名字也表明他们理解市场的方法：定量分析。是谁起了这个名字还不完全清楚，但可以肯定的是，自宽客进入华尔街以来，他们几乎负责所有的金融创新。凭借公式、数据和高性能计算机，他们增加了交易量，提升了金融市场的速度和影响力。没有"火箭科学家"，像信用衍生品之类的金融工具几乎不可能问世。最终，宽客对迅速影响整个经济和社会的灾难的发生也难辞其咎。宽客非常了解自己的影响力。然而，他们对金融体系不负任何责任。规模达 1 800 亿美元的对冲基金 AQR（最著名的量化基金之一）的风险管理负责人（直至2017 年）亚伦·布朗（Aaron Brown）说："我的工作是找到对投资者或雇主有利的最佳技术解决方案，或者当涉及自己的金钱时——符合自己最大的利益。"布朗发表在行业期刊《风险专家》上的文章也提及了此点。但是，他知道，当许多量化指标遵循这一格言时，这将彻底改变整个金融体系，并创造赢家和输家。布朗坦白地说："我不知道这是否会导致全球灾难。"他只有"稍微神秘的信念"，即：知识胜于无知，进步胜于停滞，而好的技术发展带来了好的结果。他的结论是：金融部门的创新是不可阻挡的，不应根据不同的标准对发明进行评估。布朗在文章中抱怨说，喜爱 iPod 但讨厌 CDO 不公平，CDO 在金融危机期间出尽风头，即使是金融外行人也耳熟能详。同样，对伟哥上市欢欣鼓舞，但对 ETF 上市却咬牙切齿，这也不公平。赞美防抱死制动系统（ABS）却妖魔化高频交易，也是一样的思维混乱。

如果说有人促成了宽客的崛起，那就是爱德华·奥克利·索普（Edward Oakley Thorp）。小时候，索普就因恶作剧而闻名。有一次，他把油漆倒进一个公共游泳池，导致人们必须将水完全放掉。后来，他的想法变得更加有用——证明了他在数学上的天赋。他成为物理学博士，并在波士顿的技术堡垒——麻省理工学院担任教授。不过，事实证明，索普尽管已成为学者，依然热衷于恶作剧。他对赌博特别感兴趣。20 世纪 60 年代初期，他和一位同事开发了第一台便携式计算机。在一台计算机仍占据整个楼层的那个年代，这本身就是一个巨大的成功。但是，索普自有其目的。他想使用便携式计算机来预先计算轮盘赌中球的轨迹。索普用弹珠和轮盘进行了相应的实验，以便从中得出一个公式。根据计划，在赌场中，索普会向计算机提供有关比赛进程的数据——球停在哪个数字上，多久一次落在黑色、红色上，等等。由此，计算机将得出对接下来比赛获胜的预测。然后，他将计算结果通过无线电传输到赌桌旁同伙耳中的无线接收器中，后者再相应下注。毫不奇怪，两名研究人员带着电子设备被赶出赌场。索普在 21 点游戏上比较成功。由于在所在大学的 IBM 704 大型计算机上进行了复杂的计算，索普开发出了一种计算点数的模型。他相信，尤其是在比赛快要结束时，他能以较大可能性预测出荷官的牌。为了检验他的方法，他跑到赌博天堂拉斯维加斯和里诺一试身手。他从一位形迹可疑的职业赌博玩家那里得到 10 000 美元的赌注投资，此人从报纸上读到了有关这位赌博教授的文章。索普在那本关于 Tripp 的书中称其为 X 先生。索普后来说，如果知道 X 形迹可疑，自己就绝不会收下他的赌资。同样，这次索普和同伴又被赶出了赌场，因为他们赢的次数太多，而经理们也怀疑这套系统。索普留了胡须，但他发现赌场经营者早已就"胡须玩家"彼此发出警告。不过，索普的实验还是取得了成功。在一个周末，索普通过他的方法赚到了 11 000 美元。（在那个时候，这是一大笔钱财。）更具决定性的是，他证明了之前不可预测的结果——借助 Fortune 编程语言——现在可以计算出来。1966 年，这位时年 30 多岁的数学家在书中总结了自己的想法：如何击败经纪商或如何笑傲赌场。该作品立即成为畅销书，售出 70 万册，导致赌场被迫改变自己的 21 点游戏规则。

后来，索普又有了一个想法，这个想法不仅会改变拉斯维加斯，而且会改变整个世界。他认为，在世界上最大的赌场——华尔街，也可以借助计算机程序赚取利润。正如人们所知的赌场规则，即赌场从长远来看总是会赢，在华尔街，人们认为没有投资者可以永久击败市场。但是，索普发现，即使是在华尔街，人们也可以通过有关历史价格走势和其他因素的信息来预测未来价格。不久，这位数学家又效仿此前出版了一本书，其中介绍了他的"股票市场的科学系统"。他并未止步于理论：他凭借对冲基金发了大财。根据他的声明，他使用这些方法使自己的投资在近 30 年中获得了 20％的年化回报率。索普向人们展示了，在演讲厅外经常被当成书呆子拒之门外的科学家，在现实的高端金融世界中可以取得何种成就。许多人以他为榜样。

宽客对 2008 年灾难的发生难辞其咎。没有他们创造的公式，不可能基于汽车贷款、信用卡债务和抵押贷款开发出潮水般的新证券。如果不是宽客发明了信用衍生品的话，人们也就不可能押注它们违约，或基于此创建新的证券。宽客不仅帮助构建了新一代金融工具，还开发了用于测试这些新发明的风险的计算机程序。但是，新金融工具和测试所依据的思维模型是基于后来被证明有缺陷和存在不足的假设。与数学或物理学（这是宽客的传统养成地）相反，金融市场的参与者并非总是理性行事，当然也并非一贯非理性。这成为模型和仿真的梦魇，它们在很大程度上基于过去得出关于未来的结论。它们忽视了过去从未发生过的极端事件的可能性，而这些很少发生的事件更具破坏性。资深投机者亨利·考夫曼（Henry Kauffman）——他先是在 20 世纪 50 年代进入中央银行工作，然后在所罗门兄弟任职 26 年——发出了这样的沉思：在危机期间，两种人会毁灭自己，"那些一无所知者和那些无所不知者"。

听到蒙特卡洛（Monte Carlo）时，人们可能会想到地中海沿岸的一处赌博圣地。但是，对于金融业内部人士而言，蒙特卡洛具有特殊的含义。它意味着可用于构建未来场景的计算机仿真。这有点像掷骰子 1 000 次，并根据概率对结果进行排序。蒙特卡洛的最初构想是核物理学家恩利克·费米（Enrico Fermi）在 20 世纪 30 年代提出的。20 世纪 40 年代，斯坦尼斯拉夫·乌兰（Stanislaw Ulam）和约翰·冯·诺伊曼（就是提出"奇点"概念的那个人）两人在洛斯阿拉莫斯秘密实验室研究原子弹时萌发了这个构想。蒙特卡洛这个名字来自冯·诺伊曼，因为他的叔叔曾去那里的赌场赌博。宽客将技术从物理学领域带至华尔街，很快它就在华尔街风靡一时。因此，至少在理论上可以对人们没有经验的新的、人为构建的证券（例如 CDO）或新的信用衍生工具（例如 CDS）进行估值。没有蒙特卡洛，几乎不可能找到产品的价格。没有估值，也就没有市场参与者会购买它们。

评级机构过去是、现在仍是这种数学掷骰子游戏的热衷用户。在抵押贷款证券热潮期间，它们使用蒙特卡洛模型等方法来评定证券的信用等级，例如将某抵押贷款证券评为 AAA 级。若没有评级，养老基金和主权财富基金将拒绝投资这些证券。但是，蒙特卡洛模型的缺点在抵押贷款证券中尤为明显。在模型中，似乎不太可能考虑到全美范围内房地产市场的快速低迷。主要投资者巴菲特是最新金融创新的评论家，他总结了此类产品的问题及背后的思路："你给我一把手枪，配有一个有数千个甚至数百万个弹槽的弹匣，其中只有一个弹槽装上了子弹。然后要我把枪顶到太阳穴上，扣动扳机一次。不管你给我多少钱，我都拒绝玩这种游戏。当事情进展顺利时，我看不到任何真正的优势；但是，当事情出错时，我却看到了明显的劣势。"但是，在金融领域有许多人愿意接受这样的游戏。

蒙特卡洛模型遭遇的失败绝不会导致该方法消失。宽客认为，错误不是模型本身导致的，而是向模型输入的数据导致的。"垃圾进，垃圾出"（garbage in, garbage out）——如果人们投入的是垃圾，产出的也将是垃圾。

于是，蒙特卡洛模型被继续使用。其中就有阿拉丁。

尽管他们的模型已经多次遭遇蔚为壮观的惨败，但宽客并未被"放逐"。史蒂文·施里夫（Steven Shreve）[①] 谈到对"火箭科学家"的批评时说："因此，当桥梁倒塌时，人们并不会取缔整个土木工程师协会。"施里夫是卡内基梅隆大学的数学教授，也是在那里攻读博士学位的某些宽客的导师。施里夫甚至承认，在抵押贷款证券热潮期间，在华尔街工作的他的博士毕业生急切地与他取得联系，因为他们意识到，复杂的金融产品早已突破了模型的能力边界。但是，在大多数银行的案例中，施里夫都为自己的同事辩护，毕竟，是银行经理和老板而不是宽客负责决策。他们将宽客的警告抛诸脑后，以赚取尽可能多的利润。施里夫认为，2008 年的经济衰退是暂时性的，因为即使是在不可阻挡的上升过程中也会出现黯淡的变奏阶段。像他的许多宽客同事一样，他坚信宽客将在金融行业中越来越占主导地位。他在博客中回应批评者说："即使许多人愿意，我们也不会回到那个简单的时代。"无论如何，银行和投资机构都持相同的意见。它们想吸引更多的宽客加入它们的行列。有关开发赛伯格的课程由美国的精英大学提供。除了施里夫的课程外，纽约大学和斯坦福大学也提供相应的课程。在英国、中国和德国也开设类似课程。

预测销量和预测利率有何共同点？

亚马逊作为一家尽人皆知的在线百货店，诸如书籍、咖啡机、滑雪服和打印机墨盒等商品应有尽有。但是，该零售商还拥有另一项业务，该业务有望比核心业务增长得更快。自 2006 年

---

① 此人著有《金融随机分析》等著作。——译者注

成立以来，亚马逊云科技（AWS）这个名称无甚新意的公司在近十年间销售额已增长至 80 亿美元。（亚马逊在 2015 年第一季度首次报告了 AWS 的销售额——对这一数据，创始人杰夫·贝索斯此前一直秘而不宣）。到 2019 年，这一数字已达到 350 亿美元。AWS 是为企业客户提供和管理计算机功能的一种外部 IT 部门。在技术行业中，云计算是一个晦涩的名词。对于技术社区而言，云不仅仅是服务，它还蕴含着其他潜力。在云计算出现之前，企业客户被迫构建和维护自己的计算机系统和软件；另外，需要支付相应的硬件和人员费用。企业客户虽然也可以委托另一家专业公司做这些事情，但这通常意味着复杂的合同、长期承诺和高额费用。难以获得 IT 能力是不少初创公司的主要创业障碍，而云技术改变了这一点。一夜之间，计算能力就可以快速、灵活地使用。而且云技术还很便宜。倡导云计算的人士希望创新，因为云计算减少了代价高昂的错误决策的风险。如果项目失败了，至少不会剩下没有用武之地的服务器或必须履行的长期服务合同。

云技术的使用现在非常普遍，以至于较小的公司可以通过信用卡来支付。在硅谷，风险资本家有时会发放 AWS 礼券作为创业公司给创始人的精致礼物。对于像流媒体提供商网飞这样的互联网公司来说，云是业务模型的一部分。但是，像卡夫食品这样的传统企业也属于云用户的行列。像迈阿密市政当局这样的行政机构无须增加公共设施就能创造公民服务。甚至美国中情局也是亚马逊 IT 云的客户。

亚马逊的厨房搅拌机的销量预测和贝莱德的利率预测的共同点是：两家公司都发现，向外部客户提供内部能力和机会可以带来利润。就像亚马逊向硅谷的初创公司提供服务器一样，贝莱德也为大型投资者提供投资组合评估、压力测试以及最后但并非最不重要的帮助，即帮助它们访问世界上其他任何人都无法接触到的大量数据。

贝莱德的技术权威贝尼特·戈卢布 1984 年于麻省理工学院获得应用经济学与金融学博士学位。当他到华尔街找工作时，一开始运气不佳，一连数月遭到投资银行的拒绝。在他受雇于一家小银行之前，没人知道以他的教育背景他能做什么。在那里有一个交易员开始为抵押贷款估值模型开发程序，但是没有做完就离开了。戈卢布接手了这项工作，正如他后来向麻省理工学院的学子们谈到的，他在三个月内每周工作 80 个小时，为当时的新抵押贷款证券开发出了最早的模型之一，即由他的未来同事和联合创始人拉里·芬克引入的那些 CMO。"当被问到您实际上在做什么时，我现在可以说正在建立 CMO 模型，并且是由一位来自麻省理工学院的博士构建的。"那时正是证券化变得越发流行和复杂的时候。戈卢布突然变得炙手可热。芬克的雇主第一波士顿雇用了他。戈卢布在那儿新设立了一个部门，称为"金融工程部"。戈卢布基于的理由是：他们实际上就跟工厂的工程师一样，他们使用的软件与在工业上越来越多地应用于自动化生产的 CAD/CAM 系统也没有太大不同。通过这些程序，戈卢布的团队根据投资者的设想设计合适的抵押贷款证券。在短短三年内，这些金融修补匠完成了价值 250 亿美元的贷款的证券化。最重要的是，戈卢布在第一波士顿遇到了志同道合的人：芬克、卡皮托和诺维克。此时，成立他们自己公司的想法诞生了。

贝莱德成立后不久，戈卢布和贝莱德其他元老就意识到，他们为自己的目标构建的分析工具和模型可以扩展到新的业务领域。阿拉丁于 2000 年正式开始整体对外报价。从那时起，越来越多的客户使用该系统。同咨询业务一样，贝莱德的这个系统也对缓解金融危机发挥了作用。在 2008 年大跌发生之前，对于大型机构投资者而言，最优先考虑的事项是获得最大回报。危机突然使风险管理成为热门话题。没有人想再次输掉底裤。此外，监管部门突然提出问题并要求获得前所未有的数据。但是，只有极少数大型资产管理机构拥有足够的人员和专门知识，能够以现成工具来满足这些要求。贝莱德提出的使用阿拉丁分析工具和数据库的建议对客户来说就像是祈祷来的神圣答案。250 多家机构投资者成为贝莱德的客户，其中包括全球最大的投资者，如养老基金、基金会、保险公司、主权财富基金和 50 家中央银行（根据国际清算银行的数据，全球共有 177 家中央银行）。根据《金融时报》2020 年 2 月的报道，主要竞争对手先锋领航集团和道富银行现在正在使用该平台。很少有公司具有如此高的市场渗透率，人们只有从搜索引擎领域的谷歌或社交媒体领域的脸书身上，才能看到类似的统治力。

　　正如我们依赖大型科技公司那样，苹果公司、微软和谷歌的母公司字母表也使用阿拉丁的功能。至少，《金融时报》是这样报道的。贝莱德正在帮助世界上最有价值的那些公司进行内部财务管理。这产生出极度复杂的交叉联系，比巴西电视剧《女奴》中围绕主角的联系还要复杂，这部电视剧中关于美丽奴隶伊佐拉的阴谋和秘密在 20 世纪 70 年代曾让半个世界的人屏住呼吸。贝莱德联合创始人苏珊·瓦格纳也是苹果公司董事会成员。这个董事会职位本该是个例外，因为贝莱德和所有其他大型资产管理公司一样，避免直接使自己的代表进入相关公司董事会。（否则，关于内部人的监管规则将适用，贝莱德旗下的基金将不再能够自由买卖相关公司的股票。）瓦格纳于 2012 年退出了贝莱德的业务，但仍然在苹果公司董事会中占有一席之地。"瓦格纳是金融业的先驱，我们很高兴她加入董事会。"苹果公司首席执行官蒂姆·库克（Tim Cook）2014 年夏天在提名瓦格纳时这样说。瓦格纳并不是这家华尔街巨头与硅谷巨头之间的唯一联系：贝莱德旗下的一众基金是苹果公司的最大股东之一。瓦格纳还是瑞士再保险公司的监事会成员，这家公司是世界上最大的再保险公司之一。瑞士再保险公司也是阿拉丁的客户，其前副总裁马西斯·卡比亚拉韦塔（Mathis Cabiallavetta）是贝莱德董事会成员。同时，贝莱德是这家保险公司最大的单一股东之一。《金融时报》的结论是，阿拉丁是金融业许多主要参与者的"神经中枢系统"。

贝莱德位于韦纳奇的数据中心由数千台高性能服务器组成。各台服务器像抽屉一样堆叠在一起，高度相当可观。几年前，企业要想扩充容量，会一台台地购买服务器。如今，像微软这样的企业通过卡车集装箱采购设备。服务器机柜排成一排，精心标记的各种颜色的电缆从那里引到线束，线束与健美运动员的上臂一样粗。大厅大部分是昏暗的——光线会带来不必要的额外热量——并且空无一人。人们只能听到机器的蜂鸣声。一家大型互联网公司的数据中心经理说："如果我们的一名技术人员在其中一个单元进行修补，没人能够很快找到他。"如果停电，则机车大小的柴油发电机会开始工作。贝莱德有三台此类应急柴油发电机，每台 2.5 兆瓦，合起来足以为一个小镇供电。

贝莱德将其他地方的"电子超级大脑"都迁至偏远的美国西

北地区，这与早先吸引万阿波部落印第安人前来此地的原因是一样的——哥伦比亚河。数世纪以来，"水栖者"部落在芦苇丛旁的河岸上定居，他们靠捕鲑鱼为生。但是，欧洲农民攫取了越来越多的土地。最终，工程师来到此处建造了大坝。这些大坝切断了每年从太平洋洄游的鲑鱼的产卵路径。今天，万阿波部落后裔居住在电力公司为他们建造的简陋房屋中。现在，有大约 400 家电力供应商运营着大坝。自 20 世纪 50 年代以来，它们一直在哥伦比亚河及其支流上修筑大坝。但是如今，抢夺印第安人生计的是新兴产业的基础设施——数据中心，它们在哥伦比亚盆地大量涌现。

雅虎、微软和戴尔分别在距韦纳奇 20 分钟车程的农场小镇昆西运营着自己的有足球场大小的数据中心。德国电信子公司 T‐Mobile 在贝莱德数据中心附近的大楼中设有服务器银行。大坝的涡轮发电机生产的电力便宜得令人难以置信。在韦纳奇及其周边社区，每千瓦时的电力成本仅为 2～3 美分——而一般的美国公司每千瓦时平均要支付 7 美分以上。较低的温度进一步降低了成本，因为阿拉丁每秒数十亿次的计算确实会使计算机和电缆发热。

韦纳奇和昆西等处的数据中心显示了数字世界中经常被忽视的真实一面。（贝莱德现在在北美还有另外两个数据中心。）数据处理行业现在有最大和增长最快的电力需求。根据数据中心服务商 vXchnge 的计算，仅在美国，数据处理器就消耗了 900 亿千瓦时的电力，这超过纽约 800 万居民所需的电力两倍以上。到 2025 年，大数据行业将贡献温室气体排放量的 3％ 以上——正如航空公司声称的那样。到 2040 年，这一比例将达到 14％，如果那些能源饕餮胃口不变的话。这是由美国专业杂志《计算机世界》报道的。但是，在环保主义者看来，贝莱德的数据设施是"超高效率"和绿色的典范。效率低下并导致大量能耗的是企业的中小型数据设施。

数据依赖与黑客攻击

阿拉丁的规模每天、每小时、每分钟、每秒钟都在增长，因为它不断收到新数据。最后但并非最不重要的一点是，像谷歌和其他科技公司一样，这些数据都是由用户自愿提供的。在这种情况下，数据提供者就是那些大型投资者。阿拉丁知道地球上的资本流向何处，也知道资本来自何处。甚至有关普通消费者的信息也有通往阿拉丁的路径。买了新公寓？付车费为时已晚？有钱投资共同基金吗？在某个时候，所有这些细节都进入遥远的、位于韦纳奇的"电子超级大脑"。与谷歌不同，数据是匿名形式的。但这并不重要。"贝莱德的分析模型能够筛选出极为详细的信息，例如住在 IBM 办公楼附近的人通常更早地还清抵押贷款。"这一现象的原因是，IBM 的管理层经常被调到其他地方，因此他们出售房屋并在贷款到期之前偿还贷款。对于阿拉丁的客户而言，这样的洞察力物有所值：这意味着居住在 IBM 办公楼附近的房主的抵押贷款风险更大。过早偿还贷款对抵押贷款证券的投资者不利，因为基于这些抵押贷款捆绑包精细计算的收益不再适用。投资者可以利用这个信息做什么？例如，可以想象他们不想在证券化过程中从这些地区获得抵押贷款。但是，银行更愿意将此类抵押贷款转售给投资者，避免自持此类抵押贷款，因为此类抵押贷款的代价可能更高。反过来，这意味着对于想在 IBM 办公楼附近购买房屋并申请抵押贷款的购房者而言，获得贷款将变得更为困难和成本高昂。

如果亚马逊订购系统中的服务器出现拥挤，将意味着销售损失，并可能导致向客户延迟交货。如果 AWS 停电，则可能对数百家企业构成高危事故。贝莱德与之类似。系统中的错误不再局限于公司本身，而是会蔓延到整个客户网络；而对于阿拉丁的情形，错误可能还会扩展到金融体系。贝莱德不是这种系统的唯一供应商，但没有人拥有阿拉丁的全球影响力。

分析系统诱使客户过于依赖机器。正如计算机输出的结果往往被人们接受，而不会有人去质证。或者就像投资者依赖信用评级机构做出的 AAA 级评定来投资岌岌可危的抵押贷款证券一样——信用评级机构已经用其量化模型确定了信用等级。谁会去怀疑"火箭发明家"呢？故事的其余部分大家都已知晓。

值得注意的是，贝莱德敦促自己的客户保持谨慎。"这取决于风险模型的使用方式，"罗伯特·戈德斯坦在 2014 年 7 月向英国《金融时报》表示，"这些模型不会告诉客户买卖或持有某种资产——它们只提供工具来说明资产的状况。"说白了，贝莱德对客户使用阿拉丁提供的结果得出何种结论不负责。老板拉里·芬克说得更明确："如果你相信模型是正确的，那你就错了。"2013 年 12 月，他对《经济学人》如是说。

这并不妨碍贝莱德提供模型和程序。贝莱德解决方案公司是阿拉丁旗下的一个部门，2014 年收入约为 1.7 亿美元。但是，分析系统工作越智能、越流畅，客户盲目信任它带来的风险就越大。贝莱德对其客户的行为不承担任何责任，但这并不会降低对阿拉丁等系统的过度信任所带来的风险。戈德斯坦和芬克敦促客户对模型持怀疑态度——听起来像是药品的使用说明书。只是，与制药行业不同的是，对此类产品没有安全规定。

这并非网络金融体系带来的唯一威胁。

征服者的胜利宣言是通过即时通信工具传开的。"纳斯达克是我们的了。"亚历山大·加里宁（Aleksandr Kalinin）这样发消息给同伙。加里宁是 2007 年 5 月在纳斯达克网站上发现漏洞的黑客之一。纳斯达克本身就是科技证券交易所，在这里上市了 3 200 多家公司——包括许多美国大型科技公司。通过为客户设置密码提醒功能，加里宁通过所谓的"后门"获得了进入纳斯达克内部电子系统的权限，并很快获得了与纳斯达克系统管理员相同的权限。"我们可以访问服务器，并且可以随心所欲地在服务器上运行。"他通过即时通信工具告诉同伙。显然，所看到的东西给他留下了深刻的印象："数据库非常庞大，我认为它们是股票交易记录。"该团伙被摧毁了。美国执法人员指控加里宁截至 2010 年 10 月多次通过电子后门非法入侵纳斯达克。不过，当局认为直接处理交易的计算机未受到操纵的影响，而纳斯达克仅受到有限的损害。加里宁的同伙之一是阿尔伯特·冈萨雷斯（Albert Gonzalez，绰号"汤纳粹"），后者被认为是最成功的黑客之一。冈萨雷斯曾是联邦调查局（FBI）的线人，20 岁时就已经开始大规模窃取信用卡账户信息，据称他将所得款项浪费在价值75 000 美元的生日聚会上。根据当局的说法，冈萨雷斯目前因过去的罪行而被判处 20 年徒刑，他是这起迄今为止最大的金融数据盗窃案的同谋者之一。其他策划者，包括四名俄罗斯人和一名乌克兰人，除了纳斯达克的系统外，他们还破解了包括花旗银行和欧洲超市运营商家乐福在内的十几家大公司的服务器。他们窃取了 1.6 亿张信用卡的账户信息。犯罪团伙组织有序，以及案件经久未能破获，给专家们留下了深刻的印象。除其他事项，他们将从德国、巴拿马和巴哈马的隐形平台捕获的数据，存储于位于俄罗斯的运营基地。

网络攻击现已变成华尔街日常的一部分，而且变得越来越危险。

网络攻击不仅涉及信用卡数据被盗或私人客户账户泄露，还威胁到全球资本市场的核心。2013 年夏季，世界交易所联合会和国际证券事务监察委员会组织发布的一项研究报告称，超过一半的受访交易所表示它们遭到了黑客的攻击。根据这项研究，网络犯罪在金融市场面临的威胁中位居第一，它越来越依赖于信息技术。在同年 10 月发布的一项研究中，金融机构咨询小组 Aite 报告称，平均每天有多达 150 000 个犯罪软件代码发布。该研究的作者写道："风险的扩散速度快于银行和公司抵御风险的速度。"美国证券存托与清算公司（DTCC）也发出了警报。该公司是金融基础设施的重要组成部分。它实际上是华尔街上的集散地——这里是在股票交易完成后实际进行"金钱交易"的地方。银行、证券交易所、经纪人和大型投资基金都与 DTCC 相关。如果有人想让全球金融市场坠入险境，可以从这里开始。DTCC 在 2014 年 8 月发布的报告中也指出，网络风险是"全球市场及其基础设施最大的系统性风险威胁"，大于再次出现信用紧缩的风险。

令证券交易所、银行和当局惊恐不已的是，攻击的性质已经改变。例如，日益频繁的攻击，即受影响公司的网站和互联网访问将因目标超载〔即所谓的分布式拒绝服务攻击（distributed denial of service attack)〕而速度降低。根据 DTCC 专家的说法，不久以前此类攻击还来自台式机和家用计算机。今天，专业服务器正在用于网络犯罪——在某些情况下，有成千上万台功能强大的计算机参与攻击。在 2012 年之前，黑客的计算机每秒最多向他们所瞄准的机构网站发送 1G～2G 比特的数据。如今，公司会经历每秒 150G 比特的考验——大约是普通金融机构网站容量的 15 倍。

攻击者不知不觉入侵系统并从内部操纵系统的情况变得更加复杂。这种所谓的"高级持续威胁"——在网络术语中称为 APT——更喜欢在社交网络上监视目标，并利用目标的联系人名单向关键职位的员工发送操纵软件，后者常伪装成电子邮件附件。

2014 年夏天，对摩根大通的攻击显示了黑客的专业水平。在摩根大通的计算机科学家发现有关信息之前，未知者可以访问美国这家最大银行的最内层电子基础设施，并窃取了千兆字节的信息，包括有关客户的信息。犯罪分子的手段如此先进，以至于专家们怀疑他们可能与俄罗斯政府以及普京有联系。俄罗斯政府否认了这种说法。

黑客并不总是关心金钱。监管者、证券交易所和金融机构非常关注通过渗透和操纵实现政治目标的趋势。如前面提到的叙利亚电子军的攻击，它入侵美联社的推特账号并发布虚假的推特信息，称奥巴马总统在白宫袭击中受伤，并迅速引发了股市暴跌。叙利亚电子军持续活跃，包括《纽约时报》和美国海军招募网站等在内都曾被网络恐怖分子入侵。公司和有关当局越来越担心伊朗、朝鲜等美国敌对国对整个系统的攻击。朝鲜涉嫌破解索尼影城服务器，并宣传具有爆炸性的内部信息，如管理层和好莱坞明星的薪酬。据信，这一行动是在索尼上映影片《采访》之后的一个报复行为，在这部喜剧中两名美国人——由明星赛斯·罗根（Seth Rogen）和詹姆斯·弗兰科（James Franco）饰演——计划暗杀朝鲜领导人金正恩。尽管似乎有许多迹象表明朝鲜参与其中，但可能永远不会有确凿的证据。世界证券交易所协会的研究表明："网络攻击要比物理攻击隐蔽得多。此外，追踪网络攻击要困难得多。"

显然，黑客已经发现了网络金融世界，并将无情地利用其弱点。在发现网络间谍已经渗透了数十家公司之后，联邦调查局局长詹姆斯·科米（James Comey）于2014年5月接受美国广播公司新闻节目《ABC新闻》采访时说："美国公司有两种类型：被黑客入侵的公司和不知道被黑客入侵的公司。"破解像阿拉丁这样的系统对于黑客来说应该很诱人——有了这样的数据，他们就可以在市场上获得决定性的信息优势。更令人恐惧的是，敌对国可能一瞬间获得这些数据。

贝莱德不想评论如何保护阿拉丁免受黑客攻击，以及黑客是否已经针对贝莱德进行了攻击。

透过贝莱德的"眼镜"看世界

阿拉丁带来的另一种危险更难以把握，因此也同样令人担忧。这种风险与金融市场上的价格和走势如何发展有关。最终，市场只有在参与者对未来有不同意见的情况下才起作用。假设我们进行如下的股票交易：卖方认为价格不会上涨甚至还会下跌；

相反，买家看到了价格上涨的潜力。（当然，并不总是这样简单，还有许多其他动机，例如，卖方迫切需要现金或买方想要重新安排投资组合。）至于债券交易，交易对手对未来利率发展或更根本地讲是对经济的未来发展的看法会发生分歧。原材料和外汇同样如此。交易和价格表达了不同的观点——观点的加总最终控制了市场。崩盘无非是一个个牛群的本能，这种本能将过多的参与者引向同一方向。

令人担忧的是，有这么多全球资本领导者都在透过贝莱德的"眼镜"看世界。

如果大部分市场参与者使用阿拉丁来解释数据，那么他们也将采纳分析和模型所基于的假设。《经济学人》担心地说道："买者、卖者和监管者可能从相同的假设出发，因为他们都征询阿拉丁的意见。"通常商业精英（以及那些自诩为精英的人）对金融市场上的技术和创新都极为乐观。但在 2013 年 12 月，该杂志甚至为该主题定了不祥的标题《巨石与市场》。自 2008 年以来，即使是非业内人士，不需要太多想象力也可以想象到，如果太多的市场参与者持有灾难性的错误假设，会出现什么场景。关于担心阿拉丁正在带领市场参与者透过贝莱德的"眼镜"看市场的恐惧，贝莱德又怎么说呢？这是否会引发牛群本能？贝莱德不想对此发表评论。

华尔街上的权力变迁

在购物之旅中从纽约第五大道误入圣彼得罗酒店的游客会感到疑惑。乍一看，他们以为来到了一家俗气、略带灰尘的意大利邻里酒吧：随处摆放着大大小小的花瓶、雕像；天花板上吊着闪闪发光的水晶球，这与带有海洋图案的乡村风格瓷砖不大搭。它看起来像马丁·斯科塞斯（Martin Scorsese）诗史性黑帮电影《好家伙》中的背景，《纽约杂志》一度这样调侃。但是，一旦有一位身着白制服的侍应生彬彬有礼地将游客带到一张摆放得整整齐齐的桌子，他们就会发现自己错了。不仅是因为价格惊人，还因为邻桌食客都穿着量身定制的西装。

圣彼得罗酒店不是普通的卖意大利水饺和提拉米苏的小餐馆（虽然这里的这两种食物都很棒）。布鲁诺兄弟公司经营的这家酒店，最初发源于萨勒诺，是华尔街大亨们的非正式俱乐部。在窗户边，约翰·迈克（John Mack）与外国客人聊天。这位摩根士丹利的前老板，现在是咨询顾问兼 KKR 的幕后控盘人，曾因采取激进的裁员措施，令员工感到极度惊恐而被称为"刀子迈克"。

老顾客乔·佩雷拉（Joe Perella）出现在邻桌，他是猎头口中的传奇银行家：他在20世纪80年代发起的收购攻击曾把美国公司的老板们和工人们都吓得不轻。今天，这个灰胡子男人只吃蔬菜，他已转变为素食者。在一众菜品（如香草盐焗海鲈鱼这道43美元的特色菜，或是48美元的菊苣小牛背）的氤氲气氛中，人们建立了友谊，埋葬了仇恨。华尔街大亨们完成了利益交换。他们摩肩接踵。当银行老板们集体在这里露面时，它就具有新闻发布会的功效。这就是为什么像查理·加斯帕里诺（Charlie Gasparino）这样的记者——他为福克斯商业网收集最新的金融和政治新闻——喜欢逛酒吧，等待下一次大型聚会。几年前，芬克可能坐在一张桌子旁，却不被人注意。那时他还不是占据"主席专用座"的小精英圈的一员——这是橱窗前令人垂涎的座位。如今，不仅芬克在圣彼得罗酒店的董事会中有固定席位，而且该酒店的管理者布鲁诺兄弟也知道芬克偏爱新鲜豌豆。

但是，芬克与圣彼得罗酒店其他顾客不同。他首先必须创建自己的帝国，而不是先被推上一家传统机构的主席宝座。芬克已变得如此强大，以至于成为银行老板圈子里的重要玩家。

华尔街的圣杯：我们的退休金

芬克凭借自身的聪慧、雄心壮志和一点点运气，稳步攀上行业巅峰，并在圣彼得罗酒店留有常客位置。但是，如果没有资产管理行业势不可挡的崛起，芬克的崛起几乎不可想象。虽然权力转移始于金融危机之前，但金融危机后其速度加快。咨询公司普华永道2014年发布的报告预测了该行业的未来情景，作者描述了这

一情景："很长一段时间以来，资产管理公司被其堂兄弟——银行
和保险公司的阴影所遮蔽，但到 2020 年，它们肯定会大放异彩。"
研报作者显然颇具文学素养，标题《美丽新世界》在某种程度上
具有双重含义：不清楚是指莎士比亚剧作《暴风雨》中具有讽刺
意味的那句引语，还是暗示阿道司·赫胥黎（Aldous Huxleys）小
说中描述的 2540 年的那个借助化学品保持稳定且处于无性状态下
的世界性国度。在金融危机之前，银行是创新者，是金融市场发
展的主要推动力。银行家提出想法、指引方向，政客们都听他们
的。但是，危机使得人们对银行的信任扫地，随后的全球监管浪
潮剥夺了银行的霸主地位。

　　但是，新法律也适用于资产管理公司。对全球资金的争夺导
致越来越激烈的竞争。规模和产品覆盖范围对争取投资者的业务
而言至关重要，只有这样，不断增长的成本才得以广泛分摊。同
时，全球扩张使该行业的营销和销售费用飙升。竞争压力增大
了。在全球范围内争夺客户和利润的竞争中无法获取足够的资本
来保障生存的公司，未来将不得不以拾取巨头餐桌上的面包渣为
生，或干脆放弃这一行。截至 2018 年底，全球最大的 10 家资产
管理公司控制着全球 34％的资金，前五家公司的市场份额为
23％。美国显然占主导地位：头部公司中有 8 家来自美国，只有
安联保险和东方汇理来自欧洲。

　　到目前为止，芬克的贝莱德已经取得了巨大的领先优势。但
是，任何人如果想未来继续在销售竞争中立于不败之地，则必须
首先在新兴市场取得成功。据华盛顿智库布鲁金斯学会估计，截
至 2016 年底，已有 32 亿人属于中产阶级。此后，每年新增 1.4
亿新成员，比人类历史上的任何时期都多。（不过，这是在新冠

肺炎疫情大流行之前。）中产阶级的这一最大占比不会出现在欧洲，而是出现在亚洲。到目前为止，亚洲（不包括日本）的资产管理行业仅管理了较少的 7 万亿美元的资金，而这一数字在拉丁美洲只有不到 2 万亿美元——相比之下，在美国为 35 万亿美元，在欧洲为 20 万亿美元。[①] 不过，对于芬克及其竞争对手更重要的是，新兴国家的增长率远远高于工业化国家。2007—2017 年，来自亚洲国家（不包括日本）的资金流入平均每年增长 12%。在拉丁美洲，这一数字也是 12%。在欧洲和北美，同期的增长率仅为 4%。自 2018 年以来，资产管理公司不得不记录资金净流出。它们所管理的资金在美国下降了 5%，在欧洲下降了 3%，但在亚洲仅仅降低了 2%，而在拉丁美洲继续增长 8%。[②] 和以前的汽车制造商和时装公司一样，金融家们也瞄准了中国。在过去十年中，中国波澜壮阔的经济增长打造了一个新兴的城市居民阶层，他们越来越多地将钱用于退休养老或子女教育。但是在中国，外国供应商的准入受到一定的限制。

贝莱德无论如何都想成为领跑者。早在 2011 年，芬克就在与分析师和股东的一次电话会议上敦促道，他的公司在中国的发展"比我们预想的要慢"。据英国《金融时报》报道，经过一番等待后，直到 2012 年这家黑色巨头才获得直接投资中国股市的许可。贝莱德 2018 年的年度报告指出，中国是未来最大的增长机会之一。未来五年，亚洲将占全球投资者资金增长 50% 的新增资金用于资产管理行业，主要由中国推动。贝莱德的目标是在中国创造一家最大的全球资产管理公司。在中国，芬克也指望招

---

①②资料来源：波士顿咨询，2019 年。

到合适的关键人物——比如 2013 年招募到的王学明（Wang Hsueh‑Ming）。纽约哥伦比亚大学的这位毕业生曾在高盛工作，在那里她取得了令人羡慕的合伙人的地位。凭借与中国金融界的良好关系，她帮助高盛达成两笔重要的大型交易：电信公司中国电信和石油公司中国石油的 IPO。据英国《金融时报》报道，她与高盛当时的首席执行官汉克·保尔森（Hank Paulson）合作密切。自 2019 年以来，托尼·唐（Tony Tang）一直经营贝莱德在中国的业务。"凭借其在中国深厚而广泛的监管和行业经验，唐先生一直参与与国际监管机构的合作以及旨在开放中国金融市场的工作。"该公司的新闻稿称。芬克的愿望还没有实现，生意很难做。2020 年初，贝莱德向中国有关部门提交了一份申请，请求批准其在中国发行投资基金。

利用旗下基金，贝莱德长期以来一直活跃于中国。美国的投资银行——参见上面高盛的例子——近年来帮助中国对国有企业进行改革，并将它们推到西方的交易所上市。当然，这要支付数亿美元的费用。"华尔街的年轻人打扮沉闷的老旧国企，让它们尽可能看上去与西方公司相似。"卡尔·沃尔特（Carl Walter）和弗雷泽·豪伊（Fraser Howie）在《红色资本》一书中这样描述。但必须有人买下这些证券。与公司债一样，黑色巨人已经准备好出手。例如，2020 年 5 月，近 40% 的安硕新兴市场 ETF 投资于中国股票。美国监管机构如 SEC 的主席杰伊·克莱顿（Jay Clayton）等警告称，中国公司提供的数据很难由美国监管机构核实。克莱顿发出警告是在瑞幸咖啡事件之后。2020 年 4 月，星巴克在中国的这个竞争对手，被迫承认首席执行官和其他员工有资产负债表欺诈行为，超过 3 亿美元的销售额被证明是子虚乌有。不到 5 天，教育服务提供商好未来教育报告说，它意外发现员工虚构交易以增加销售额。好未来教育在新闻稿中称，此事已移交给当地警方。截至 2020 年 4 月 30 日，瑞幸咖啡仍在安硕新兴市场 ETF 的投资范围内，截至 2020 年 5 月 29 日也是如此。"当口红褪去时，面目可憎。"在线网站 RealClearPolitics 这样调侃贝莱德进入中国市场的行为以及那些美化书籍，其中贝莱德宣传了它的专业性。事实上，这家资产管理公司的一个网站宣称，为了抓住"中国机遇"，人们需要"值得信赖的合作伙伴，它不仅是中国专家，而且可以利用自己的知识、专长和判断力构建投资组合以提供中国市场上表现最佳的投资标的"。

中国在一个方面领先于西方：金融与技术的融合。当电商巨头阿里巴巴向客户提供货币市场基金以供其投资时，前 8 个月大量资金流入该基金，使之迅速膨胀为全球最大的货币市场基金之一。原来最大的货币市场基金被余额宝所超越。到 2018 年，余额宝筹集到的资金超过 2 600 亿美元。由于该机构在与银行日益激烈的竞争中是一根刺般的存在，银行开始限制这一新金融巨头的活动。

硅谷对参与金融的兴趣也越来越大，例如，谷歌投资于在线信用平台。苹果公司在 2014 年秋天推出了一种数字信用卡——苹果支付（Apple Pay）。合作伙伴中还有高盛，它可能在按照如下格言行事：如果你不能打败他们，那就加入他们。用户可以用手机支付账单。新的金融巨头将表现为全球性、数字化，最重要的是体量巨大，并且几乎无处不在。贝莱德在这方面走在最前沿，这家资产管理公司已经与微软建立了合作伙伴关系。正如其在 2020 年 4 月的新闻稿中所说，阿拉丁系统将连接云端，或者

更确切地说，连接到这家软件巨头的云系统 Azure，以使进一步
实现规模经济成为可能。（与此同时，微软的首席财务官使用阿
拉丁系统进行公司的内部财务管理，如前文所述。）

　　由于德国人对私人投资仍持怀疑和不情愿的态度，基金经理
的崛起没有在德国出现。该行业需要在全球范围内投资数万亿美
元。因此，德国公司和房地产成为全球中产阶级的新投资对象。
不仅 ETF 投入大笔资金，而且对冲基金的兴趣也越来越浓厚。
其中包括投资基金 Cevian Capital，它曾在短时间内获得建筑集团
比尔芬格伯格的控股权，令其首席执行官和监事会主席卷铺盖走
人。这家瑞典基金公司早在 2015 年初就已进入蒂森克虏伯的董
事会。当艾略特管理公司加入时，蒂森克虏伯已完全沦为外国基
金公司手中的傀儡，这些基金公司要求拆分这一德国工业偶像。
这只由保罗·辛格尔（Paul Singer）创立的声誉可疑的对冲基金
是激进投资者最无情的代表之一。在阿根廷政府债券纠纷中，辛
格尔的团队甚至试图没收阿根廷人的训练用帆船。2020 年初，
在来自对冲基金的常年压力下，蒂森克虏伯放弃并出售了电梯部
门。与此同时，艾略特管理公司还收购了拜耳和软件巨头思爱
普。劳动者可以做好被裁员的准备了。"这些都是有改进潜力的
情况，问题在于公司可以做些什么来为股东创造更多价值。"艾
略特管理公司的投资组合经理弗兰克·图伊尔（Franck Tuil）坦
率地表示。但是，发展将不限于上市公司。收购猎手发现了德国
中型公司。仅在 2019 年，就有 866 家德国公司被收购，其中
46％涉及私募股权公司。如果这些公司落入外国人手中，那主要
是落入美国人手中。这是管理咨询公司普华永道一项研究的
结果。

贝莱德现在也扩展到私募股权领域。2019 年 8 月，贝莱德的一家私募股权公司以高达 8.75 亿美元的价格收购了正宗品牌集团——该公司旗下有玖熙和橘滋等时尚品牌，并拥有穆罕默德·阿里和玛丽莲·梦露等品牌的许可。黑色巨人进入市场甚至让冷酷无情的公司猎手感到震惊。"贝莱德让股票基金收取的费用变成过眼云烟。现在，它在私募股权领域也会做同样的事情吗？"一位行业代表在《金融时报》上紧张地发问道。

前述《美丽新世界》报告的作者看到了超级资产管理公司的一个真正的问题：人们对其日益增长的不信任。报告称该行业未来必须赢得更广泛的社会信任。这是为了防止监管机构反思金融危机时出台限制措施，也是为了防止民众呼吁出台相应的限制措施。有人声称，如果不这么做，金融巨头可能会与大型银行一样繁盛（并导致危机）。作者提出了大量的游说和公关活动作为手段，并建议建立"与决策者和媒体的密切接触"。在产业层面和企业层面"与政策制定者的关系"都应该保持不变。基金经理应作为一种解决方案，而不是问题的一部分而存在。对于大型基金经理，尤其是贝莱德的基金经理来说，要想业务继续增长，就必须将更多的资金引入他们所管理的基金。接近决策者提供了其他潜在可能性。

莱温斯基救了养老金制度

华尔街一直在努力将流入国家和州养老金计划的资金转移到其金库中。这一大胆设想被认为是金融业的圣杯。如果有人能够做到这一点，那就是拉里·芬克。贝莱德已经是英国第三大养老金管理公司，并以一种老到的方式雇用了英国前财政大臣乔治·奥斯本（George Osborne）。

在贝莱德崛起的最初几十年中，芬克一直深藏不露。他很少公开露面。即使取得了成功，他和他的公司也远离关注，接受的采访很少。2013年，情况突然发生了变化。此后，芬克出现在几乎所有频道：早间电视，华盛顿、马德里、伦敦和柏林的电视频道。他为《华尔街日报》撰写评论文章，并在丽兹酒店接受西班牙《国家报》的采访。他与汉堡《明镜》周刊杂志的编辑交谈，解释说德国人太害怕投资了。他出现在学生、银行家、投资者、政客面前。有时他甚至一天会在两个不同的场合演讲。这是因为，芬克有一个信息要传达：我们的养老金体系迫切需要改革。在美国，芬克甚至宣布养老金体系出现了紧急情况——一场全国性的危机！这位贝莱德老板也已经准备好了解决方案：私人机构提供养老金投资服务；不再是自愿参加，而是由国家强制参加。

他最喜欢引用的例子是澳大利亚。自2014年1月以来，澳大利亚政府的养老金制度改革已强制人们向一只储蓄基金缴费。芬克想走得更远。对于美国，他主张将国家养老金即"社会保障"的一半缴款（工资或薪金的12.5％）导入私人养老基金中，因为社会保障仅仅作为保险存在本身是"蹩脚的投资"。根据芬克的看法，有这么多人仍然希望坚持使用公共社会保障系统，仅仅是由于他们的心理扭曲在作祟。有研究表明，人们对损失的恐惧比对潜在收益的评价更高。他认为，这种恐惧必须克服。这位亿万富翁喜欢说自己100％投资于股票。关于芬克的报道仅限于如下主题（如果有的话）：金融危机对许多普通美国人的储蓄造成了何种影响？——由于2008年的金融危机，401(k)计划下的许多储蓄账户遭受的损失高达30％。而当芬克要求进一步放宽损失风险幅度时①，这听起来有点愤世嫉俗。

芬克也是延长工作年限的鼓吹者：为什么人们一生中1/3的时间没有生产力？——他在2013年8月的一次采访中这样质问。"在我看来，工作到67岁或68岁是一种福气。"这么做只意味着对许多普通工人削减了养老金，因为在这个年龄，他们已难以找到工作，拿到的养老金要相应打折扣。芬克在访谈和演讲中几乎不提这一点。芬克解释说养老金对他很重要，因为他已经接近退休年龄——芬克出生于1952年——同时也因为贝莱德在全球养老金提供中起着如此重要的作用。但是，也可以反过来这样看：对于贝莱德的未来增长而言，储蓄资金的流入起着决定性的作用，从公共领域转移到私人领域的越多，行业领导者获得增量份额的机会就越大。

芬克是私有化的最有力鼓吹者之一。不过在美国，攻击公共养老金制度已有很长的历史——贝莱德在某种程度上扮演了吹鼓手的角色。其背后是意识形态斗争，即自由主义经济秩序的拥护者与福利国家的拥护者之间的斗争。激进的市场经济学家希望减少国家的作用，尤其是减少公共社会保障系统的作用。特别是在美国，这种意识形态在私募基金大亨、对冲基金巨头和大型工业家中找到了越来越多的追随者。凭借自身巨大的财政资源，以及由于法官取消了对选举捐赠的限制，他们对政治的影响越来越大。在美国，此类斗争已经进行了数十年。

1980年，在里根上任前不久，新自由主义者、诺贝尔奖获得

---

① 即允许养老金在极端情况下出现更大的缩水。——译者注

者米尔顿·弗里德曼发表了一篇论文，呼吁"选择自由"。他主张
终结社会保障计划。里根对这个想法持开放态度，但尝试失败了。
国家养老金太受欢迎了。里根只是削减了社会保障。但是，弗里
德曼的想法并未被抛弃。1984 年，自由主义智库卡托研究所①的
斯图尔特·巴特勒（Stuart Butler）和彼得·日耳曼尼斯（Peter
Germanis）——其主要赞助者是科赫兄弟，他们后来以茶党赞助者
和组织者的身份著称——撰写了一份战略文件。卡托研究所的这两
位先驱者建议使用"列宁主义战略"，并使用一种针对社会保障的
游击战术。正如列宁想动员工人使资本主义最终崩溃一样，他们
也希望银行、保险公司和资产管理公司都倡导私有化。这些机构
应该逐渐说服政治家注意到公共养老金制度的弊端，同时将私人
供给作为优先考虑事项。金融业是合乎逻辑的合作伙伴。〔这就是
美国养老金专家詹姆斯·W. 拉塞尔（James W. Russell）在其《关
于美国退休金危机的社会不安全感》一书中所做的描述。〕

　　下一轮机会来自克林顿总统。克林顿将摩根士丹利前银行家
厄斯金·鲍尔斯（Erskine Bowles）任命为白宫办公厅主任。鲍尔
斯的任务是：至少部分通过股票市场为社会保障提供资金，这样
做可以减少国家社会保障支出。克林顿意图通过这项改革名垂史
册。机会似乎有利：美国股市上涨，美国经济蓬勃发展。克林顿
的卫生部长唐娜·沙拉拉（Donna Shalala）任命了一个委员会来
准备提案。委员会中就有黑石集团的联合创始人彼得·彼得森，

---

　　① 卡托研究所是一家位于美国华盛顿哥伦比亚特区的自由主义智库。该研究
所自称要通过扩展公共政策辩论的角度，并扩展参与情报、公共政策以及政府正当
角色的讨论，来"恢复小政府、个人自由、市场经济以及和平的美国传统"。——
译者注

他曾经是芬克的资助者。华尔街从来没有像在克林顿时期那样接近圣杯。历史学家史蒂文·吉伦（Steven Gillon）后来采访了所有参与方，克林顿和当时的众议院多数党——共和党领袖纽特·金里奇（Newt Gingrich）已经达成协议。吉伦在《盟约》一书中写道："总统准备违背自己政党的意愿，并要求导入共和党人建议的私人社会保障账户。"

但随后克林顿与实习生莫妮卡·莱温斯基（Monica Lewinsky）的恋情引发丑闻和弹劾。尽管总统和她最终都渡过了危机，但克林顿不再敢于推动有争议的项目。鲍尔斯自己说："莫妮卡·莱温斯基改变了一切。"时年22岁的莱温斯基挽救了美国退休者的国家养老金计划。

下一项重大进展由小布什领导。依托"所有权社会"（ownership society)① 的口号——意思是社会中每个人都是业主——他在竞选中主张将国家养老保险至少部分转为私人储蓄账户运营。但是，小布什因削减那些深受老年人欢迎的社会保障支出而耗尽自己的政治能量。老一辈的投票率较高，因此，取消社会保障在华盛顿被视为一剂政治毒药——被视为"第三轨"（third rail)②，任何人触碰"第三轨"都会遭受致命电击。

小布什的失败导致私有化的倡导者们必须改变行事方式。正面攻击数次被证明具有消极效果。现在，他们正试图绕道而行。他们发出警告，称不要让老龄化导致系统不堪重负，也告诫年轻一代最终会两手空空。这就是为什么应将公共养老金系统与私人

---

① 所谓"所有权社会"，强调个人拥有责任感、经济自由以及能够对财产行使所有权，例如股东对公司行使所有权。——译者注

② 指电动机车的输电轨。——译者注

养老基金相结合的原因。但是，普通家庭的预算有限：投入私人基金的资金越多，进入公共养老金系统的资金就越少。这导致养老金缴费减少。因此，批评者的悲观预言最终会实现：公共养老金制度将会受到重创，不再足以确保它的安全。

在奥巴马任期内，有关社会保障改革的讨论再次浮出水面。这次，改革者争论的是美国不断增加的债务。他们认为，从长远来看，不大幅削减养老金支出就无法维持社会保障。"解决债务问题"（fix the debt）是该倡议的格言，其目的是使美国免于负债累累。"解决债务问题"是由一位老熟人推动的，这人就是现已退休的亿万富翁、黑石集团联合创始人彼得·彼得森。彼得森表示关注的是改革，即削减国家养老金。作为一种手段，他试图利用华盛顿的预算危机。富豪和权势阶层的倡议显示出效果。和芬克处在同一战线的还有：杰米·戴蒙——摩根大通的首席执行官；杰弗里·伊梅尔特（Jeffrey Immelt）——通用电气首席执行官。奥巴马总统公开考虑了一种根据生活成本调整养老金的新方案——这将导致养老金支出逐步削减。该提案来自一个委员会，它与"解决债务问题"运动立场接近。在第二个任期内，奥巴马为那些没能通过雇主参与401(k)计划的工人引入了新的储蓄项目，其被称为 myRA①。myRA 储蓄项目与芬克设想的强制储蓄计划相去甚远——它们只能投资于州政府债券——但这是朝芬克建议的方向迈出的第一步。

---

① 奥巴马政府在2014年推出 myRA 项目。myRA 项目主要针对存款不多、未参与企业退休金计划的低收入劳动者。项目参与者每年可以存入最多5 500美元（50岁以上可以存入6 500美元），并在退休之后免税取出这笔资金。——译者注

私有化的推进计划绝不限于美国。1994 年，也就是克林顿与反对派签署了一项秘密的社会保障协议的那一年，世界银行发表了一项题为《避免老龄危机》的研究。该研究使私有化的想法获得了国际影响力。历史环境也很合适：隔离墙的倒塌，加上苏联的崩溃，使自由市场的拥护者成为胜利者。世界银行还表示要继续拆除东欧"破旧的"公共社会保障系统，而不愿拯救它。世界银行主张允许释放私人资本用于重建和投资社会保障系统。不过，关于私人养老基金最激进的实验之一却出现在智利。

20 世纪 80 年代初，南美国家废除了国家养老金计划，该计划原来由"即收即付"制度资助，改革后代之以私人储蓄计划。此后，工人将月收入的 10% 存至个人账户。转型代价高昂，由国家承担。之所以这样做，是因为智利当时由奥古斯托·皮诺切特（Augusto Pinochet）统治。该倡议背后的支持者是皮诺切特的部长何塞·皮塞拉（José Piñera），他受到米尔顿·弗里德曼著作的启发。20 世纪 90 年代，该区域其他国家以智利为榜样跟进，这些国家包括阿根廷、哥斯达黎加和墨西哥。《华尔街日报》写道，皮塞拉是"养老金制度改革的捕手，但不清楚他们有没有想到哈默尔恩吹笛人的暗黑传说"。①（皮塞拉现在是华盛顿卡托研

_____

① 哈默尔恩捕鼠者的传说在德国尽人皆知。传说 1284 年 6 月 26 日这一天，那里有 130 名儿童突然失踪。基于这起失踪事件衍生出下面的故事：在哈默尔恩，因鼠满为患，一位镇长贴出告示，称能赶跑老鼠者将被奖励一大笔钱并可以娶镇长的女儿为妻。后来，小镇来了一个流浪的吹笛手，穿着五颜六色的衣服。他用笛声把全镇的老鼠集中起来，然后一边吹着笛子、一边带着一大群老鼠出了镇。从此，鼠患消除了。但是，当吹笛手要求兑现诺言时，镇长却反悔了。过了一些时候，吹笛手又一次来到小镇。在小镇中心，他又一次吹起笛子。这一次，全镇的孩子都被笛声吸引出来，他们跟随吹笛手离开了小镇，进了山，从此再也没有回来。自此以后，哈默尔恩年年要纪念这件事，并自省做人要诚实守信。这个故事也是格林童话《花衣魔笛手》的原型。——译者注

究所的社会问题专家。)

智利也为小布什树起了榜样。在全球范围内，这个国家被誉为成功私有化的一个例子——至少新自由主义和自由主义理论的支持者是这么看的。养老基金累计达到了 1 620 亿美元，相当于智利 GDP 的 62%。智利中产阶级对这种制度感到满意。但批评人士认为，从国际比较来看，管理私人账户的费用很高。当第一代人在转型后退休时，账户出现了赤字。许多养老金领取者未能获得比以前的国家制度下更高的退休工资，抱怨他们的收入远远低于在旧制度下退休的前同事。许多智利人的收入如此之少，以至于低于最低工资线。国家不得不介入。对智利极端社会不平等的不满使米歇尔·巴切莱特（Michelle Bachelet）上台。这位社会主义者在第一个任期内就尝试着恢复国家养老金制度。但他失败了。于是在 2008 年，国家养老金制度得到了"团结养老金"的补充，该养老金旨在为退休人员提供基本保障。①

智利的私人养老金制度正面临着与它曾经取代的即用即付制类似的问题：年轻人受教育时间更长，人们也越来越长寿。这缩短了他们作为雇员缴费的时间。而且在智利，长期和不间断的就业机会也越来越少。为了使计算有效，缴费者必须持续不断且足额缴费。至少有一个赢家，那就是基金行业，来自整个国家的强

---

① 2008 年 3 月，智利颁布了有关"团结养老金"的改革法案。该法案对 1980 年建立的养老金制度进行了修订：对于私人养老基金"无力惠及"的边缘群体，比如自由职业者、老无所依的农民、妇女和街头商贩等贫困人口，养老金支付完全由国家财政承担。根据这一计划，对于由于缴费能力有限而无力参与私人养老金计划的低收入人群，从 2008 年 7 月开始，国家财政每年投入 20 亿美元，以保证每人每月领到 125 美元的养老金。从 2009 年 1 月起，养老金每月领取额增至 158 美元。——译者注

制性储蓄都在供养它。

智利在转向资金可持续的养老金制度方面的经验远远超出其他南美国家。全世界的改革者都应该仔细研究皮塞拉实验的得失。

德国的李斯特养老金实验

德国也进行了一项由私人提供养老金的实验。李斯特养老金计划于 2001 年推出，试图摆脱人口陷阱的梦魇。根据德国联邦统计局的预测，德国劳动人口从 2020 年开始显著减少，从 2015年 4 月到 2060 年劳动人口将在 3 400 万～3 800 万之间，具体数值取决于净移民人数（而 2013 年，20～64 岁年龄段仍然有4 900 万人）；20 岁以下的人口将从 1 500 万减少到 1 100 万；65 岁及以上的人口将继续增加。到 2060 年，65 岁及以上的人口将达到 2 300 万。然后，每三个德国人中将有一人处于退休状态。

根据德国经济研究所（DIW）的一项研究，到 2039 年，1/5的德国养老金领取者可能生活在贫困中。2001 年的养老金制度改革者审查了多项企业养老金和私人养老金解决方案。他们拒绝调低养老金水平，同时让法定的养老金缴费者增加缴费。根据计划，由此产生的缺口应由李斯特养老金和企业养老金补足。但是，以劳动及社会事务部前部长沃尔特·李斯特（Walter Riester）名字命名的李斯特养老金并未达到人们的期望。尽管现在有 1 600 万德国人变成了"李斯特"人士，但要想取得理想的效果，需要做的还有很多。通常是那些拥有其他资产（例如房地产）的人加入李斯特计划。其中，私人退休准备金是最重要的差

别。对李斯特养老金产品也有激烈的批评。金融业并未捞到什么
好名声。"老年贫困预警！几乎所有的李斯特养老金产品都未获
得通过。"德国商品测评基金会①2013 年底在旗下《金融测试》
杂志上这样写道。在测试者看来，在 42 个申请测试的养老金产
品中，只有 5 个是有效的。1/3 的合同已不再有资金缴存。

　　"李斯特养老金是一个巨大错误。"与工会有关的汉斯-伯克
勒基金会的养老金专家鲁道夫・茨维纳（Rudolf Zwiener）说。芬
克和他的朋友们可能不太喜欢茨维纳的结论：私人养老基金并不
能弥补养老金的下降。茨维纳在接受《西塞罗》杂志采访时说：
"在很长一段时间内，回报率不会那么高，尤其是最近签订的李
斯特合同，回报率将进一步下降。"这显示了欧元危机后的发展
趋势。中央银行提供的充斥市场的廉价资金最终导致债券收益率
为负。用通俗的话说，储户必须付钱才能借钱给国库或公司。养
老金产品转向股票投资可能受到限制，毕竟由国家提供的养老金
产品应该"更安全"才对。

　　然而，私人养老基金的话题并没有消失。2020 年 3 月，在新
冠肺炎疫情危机中，联邦政府委员会②以花哨的标题《更加可靠
的世代合同》向联邦政府提交了为期两年的调研结果。该委员会
的成员——主要是来自联盟党的政治家，加上一些专家——本该
为 2045 年后德国养老金体系的布局制订计划，他们应该对重要
的问题提出建议，例如，养老金标准应该多高？员工需要工作多

──────────

　　①　德国的一家产品和服务测评机构，专门针对德国市场上各类产品和服务
进行抽查检测，给消费者提供直观的针对产品质量、性能和服务的分析报告，以
便消费者更好地选择产品和服务。——译者注
　　②　德国一个与农业政策相关的社会团体，其成员来自农业、商业和消费者、
环境和动物福利以及科学领域。——译者注

长时间？年轻人必须从他们的收入中拿出多少来缴存？但委员们不想规定得这么具体。养老金贡献率目前为 18.6％，他们认为应该在 20％ ～ 24％之间。据说，一般的退休人员会收到他们以前收入的 44％ ～ 49％ 作为养老金。但究竟是多少并未确定。因为委员会建议召集"养老金顾问委员会"来精确确定关键参数。换句话说，养老金问题的解决被推迟了，要由未来的政府努力解决。就像美国的社会保障一样，这个话题被认为是政治毒药。

最好再谈一下私人补充养老金。例如，"德国退休金"项目，这是基民盟（CDU）①和绿党同意的黑森州政府的一项倡议。雇主将部分工资转入养老基金。基社盟（CSU）提出了一个"入门级工具包"，为每个 18 岁以下的孩子提供国家补贴，该补贴将流入养老基金，每年 1 200 欧元。按照这个想法，每个成年人可以节省 21 600 欧元。另外，慕尼黑经济研究所提出设立一只以挪威和加拿大为范例的公民养老基金，由国家承担缴费责任。由于德国可以在国际资本市场上以负利率借款，因此公民养老基金不会花纳税人的钱。所有提案都有一个共同点，拉里·芬克应该对此感到高兴：补充养老金的缴费，无论是来自税收、工资和薪金还是国库，都应该主要流向股票投资，而且最好流向指数基金。芬克从未如此接近圣杯，即使在美国也是如此。

为了打消德国政客对投机者和赌场式的证券交易所的传统厌恶，这家纽约公司找到了一位知情人。与之前聘请瑞士央行前行长兼金融外交官希尔德布兰德的方式类似，贝莱德现在聘请了弗里德里希·默茨（Friedrich Merz）。作为曾被看好的基民盟接班人，

---

① 基督教民主联盟（基民盟，CDU）和基督教社会联盟（基社盟，CSU）是一对姊妹政党。——译者注

默茨在与安格拉·默克尔（Angela Merkel）的权力斗争中败北。这位律师 1989 年作为欧洲议会议员开始了他的政治生涯，然后进入德国联邦议院。从 2000 年起，他成为基民盟/基社盟的议会党团主席。通过提倡"主导文化"①，他激起了德国人的热情。最重要的是，他被认为是个经济懂行人。他主张"简化"税收制度——纳税申报表应该不超过啤酒垫大小，措辞清晰明了——以及对社会福利进行限制。默茨似乎正在走向前台，但是默克尔夺走了领袖职位。默茨最初对基民盟副主席的职位感到满意，但在 2004 年他失去了这一职位。一年后，他加入了国际律师事务所孖士打。他目前仍是联邦议院议员。显然，他认为没有利益冲突。2009 年，他宣布他想暂时从政界淡出并好好休息。很快就有工作机会找上门来。保险公司安盛集团和德意志交易所抛出了橄榄枝。瑞士铁路机车制造商施泰德铁路公司和卫生纸制造商 Wepa 也在恭候大驾。它们都希望将这位通晓柏林事务的前官员延揽至其监事会。同时，他也是科隆波恩机场控制委员会的负责人。他的职务清单可以继续列下去。毕竟，这些使默茨年入百万欧元。这是他在接受《星期日图片报》采访时透露的。"现在，我每年的总收入约为 100 万欧元。"显然，默茨依然将自己视为正常收入者之一。"当我听到'上层阶级'或'上流社会'这些词时，我想到的是继承了大量财富或公司并享受生活的人，而我的情况并非如此。"然而，拉里·芬克为他提供了最具争议性的工作：2016 年，默茨成为贝莱德德国公司的监事会主席。贝莱德对其

---

① 主导文化是近年来德国政界为了促使移民融入而引入的一个概念。主导文化要求移民遵守德国的共存规则，并将这些规则描述为"自由主义的德国主旋律"。这个术语颇具争议。——译者注

期许颇高。新闻稿当时称，这位基民盟政治家应该承担"更广泛的全面顾问角色"，由此他"将帮助贝莱德促进与德国主要客户、监管机构和政府机构的关系"。换句话说，默茨成为贝莱德在德国的顶级说客。

2020年3月，默克尔的任期即将结束时，默茨辞去了在贝莱德的工作，可能是为了再次出马竞选总理。[①] 但他似乎早已将纽约老板想要传递的信息内化于心。他的建议之一是迫使德国人购买股票。他在2019年夏天为《时代》杂志在线版撰写的嘉宾评论文章中写道，在德国"必须发展基于股票进行储蓄的文化[②]，从而让人们分享市场经济的成功"。他还进一步放言说："与过去不同，我如今的观点是，立法机关应认真考虑私人的、资本市场导向的养老解决方案，无论是以何种形式。"

在曼哈顿，默茨——这位将指导德国的国家储蓄账户命运的人士——成为总理的前景本应引发很多期待。

贝莱德在法国遇到了阻力。起初，由于巧妙的人事决策，一切似乎都在正确的轨道上。贝莱德法国公司监事会的让-弗朗索瓦·希尔里（Jean - François Cirelli）此前曾担任雅克·希拉克（Jacques Chirac）的顾问。与默茨一样，他随后成了苏伊士集团（GDF - SUEZ）[③]的说客。2020年初，熟悉华尔街的前投资银行家、法国总统伊曼纽尔·马克龙（Emmanuel Macron）授予希尔里法国仪仗队军官的荣

---

① 2021年12月，德国社会民主党（社民党）总理候选人奥拉夫·朔尔茨（Olaf Scholz）当选德国联邦政府总理。同月，基民盟召开党代会投票选举新的党主席，默茨当选。——译者注

② 即让人们买股票作为储蓄。——译者注

③ 2015年，GDF - SUEZ改名为Engie，该公司为全球最大的公用事业公司之一。——译者注

誉。然而，授勋时机却引起了反对派的注意：授予这一荣誉恰逢马克龙政府改革养老金制度之际。年收入在 12 万欧元及以上的高收入者拥有投资私人养老基金的机会，而不是只能向国库缴费。芬克和马克龙之前在爱丽舍宫会面的照片流传开来。

贝莱德分析师在给客户的关于改革计划的备忘录中写道，迄今为止，该国股票投资的比例低得令人失望。（法国家庭仅将 5％ 的储蓄投资于股票。）贝莱德一再向各媒体否认是它影响了总统的养老金制度改革计划。"我们感到遗憾，我们的公司面临毫无根据的出于政治目的的指控。"它在一份声明中说。但这并没有让批评者缄默。2020 年 1 月 10 日，大约 100 名示威者现身位于巴黎古老的中央大厦的贝莱德法国总部附近，那里的人更习惯于鸡尾酒招待会或时装秀之类的场合。现身示威的还有年轻的气候活动家，他们想抗议贝莱德对道达尔等化石燃料生产商的投资。不速之客要求见希尔里，但他拒不见面。示威者拆掉了一些办公室，将其诉求喷涂在墙上，且清晰无比。示威者写道，这家商号是犯了罪的。最后，示威者中的 11 人被捕，罪名是非法入侵并造成财产损失。

英国《金融时报》在事件发生后分析，这家资产管理公司的迅速崛起让观察人士感到紧张。拉里·芬克及其追随者迄今为止如此熟练地将贝莱德保持在公众关注之外，但是如今越来越多的公众怀疑已成为对这家巨人公司的最大威胁之一。

失败的一幕

如果在曼哈顿沿着东河走向第 14 大街，你会突然看到高耸的大楼。犹如来自外来文化的堡垒，砖红色的大楼在典型纽约建筑背景的映衬下显得颇为醒目。这里是史蒂文森镇，占地32公顷，有110座建筑，以新荷兰总督彼得·史蒂文森（Peter Stuyvesant）的名字命名，他在17世纪建立了当时的新阿姆斯特丹，作为交易中心（交易奴隶还有其他商品）；在南端的曼哈顿修建了防护墙——今天的华尔街。该定居点与附近的彼得·库珀村一起以老弗里斯兰语命名，后者有曼哈顿最大的公寓综合设施。

这里曾上演过贝莱德历史上最为失败的一幕。该公司没有在其他地方犯过如此明显的错误。错误出在芬克公司尤其擅长的领域：房地产金融。

史蒂文森镇（纽约人常称它为史蒂城）是第二次世界大战后由保险公司大都会人寿建设的。那时同现在一样，纽约仍然需要大众负担得起的公寓。史蒂城最初只供白人租户使用（直至1950年，这家保险公司才在压力下允许黑人家庭迁入）——旨在为中产阶级以及教师、消防员和警察等公职人员提供一个逃离都市的替代选项。最初，许多居民是退伍军人。彼得·库珀村当时拥有更豪华的居住单元，主要供医生、律师和其他自由职业人士居住。苏珊·斯坦伯格（Steinberg）说，大都会人寿是一个不错的房东。当她1980年搬到史蒂城的公寓时，她非常兴奋。"我本以为已经生无可恋了，但现在我生活在天堂里。"物业人员及时进行维修，园丁打理着公园。斯坦伯格长期担任史蒂城－库珀村租户协会主席，在轮候公寓时她花了两年时间。后来，人们的轮候时间拉长到20多年，可见这些公寓多么受欢迎。透过斯坦伯格家（位于11楼）客厅的窗户，可以欣赏到纽约天际线和帝

国大厦的美景。尽管距摩天大楼只有几步之遥，但纽约这座城市
看上去就像是遥远的背景。该定居点居住着 25 000 人。斯坦伯
格说："这里的生活就像在一个小城里，我们有一个社区。"她说
的已经是过去的事情了，因为她熟悉了 30 年的史蒂文森社区已
不复存在。按斯坦伯格的说法，贝莱德及其房地产公司合作伙伴
作为投资人应受到指责。

　　事情是这样的：在 21 世纪初的房地产繁荣时期，史蒂城唤
醒了人们的欲望。大都会人寿决定出售这片居民区进行资产置
换。于是，这家保险业巨头以 54 亿美元的价格将史蒂城和彼
得·库珀村卖给了以贝莱德和铁狮门为首的财团，这绝对是创纪
录的价格。从许多方面来看，这笔交易都标志着 21 世纪初的房
地产淘金热达到了顶点。

　　贝莱德的许多优质客户都上了船。例如，加利福尼亚州公务
员退休基金（CalPERS）在该项目上投资了 5 亿美元，其姊妹基
金加利福尼亚州教师退休基金（CalSTRS）投资了 1 亿美元，新
加坡的主权财富基金投资了 5.75 亿美元。贝莱德的合作伙伴是
铁狮门——纽约的房地产巨头之一。罗布·斯派尔（Rob Speyer）
和父亲杰里·斯派尔（Jerry Speyer）经营着这家公司，主要开发
项目包括洛克菲勒中心、克莱斯勒大厦和法兰克福展览中心。老
斯派尔与华尔街保持着良好的关系，毕竟在 2001—2007 年他都
是纽联储的董事会成员。

　　史蒂城中的许多租户都享有"现状保护"权利——不得增加
他们的租金。结果，他们现在只要支付几百美元的租金，而在公
开市场上租金达到几千美元。租户活动人士斯坦伯格表示，该计
划意在尽快将更多公寓的租金提升至市场水平。但是，"现状保

护"已经发生效力。斯坦伯格说，铁狮门试图通过各种法律手段摆脱享有支付固定租金权利的承租人。她对以养老基金收购史蒂城的协议持否定态度。她问道："它们难道不认为达成这样一项协议会影响其成员吗？"普通收入者，养老金领取者，都依赖他们付得起租金的住房。加利福尼亚州公务员退休基金和加利福尼亚州教师退休基金两只养老基金是否只看重承诺的回报？但是，在资产管理公司的新世界中，这种考虑已无容身之处。

最终，投资者的伎俩未得逞。房客反抗并诉诸法庭。最终，房客打赢了官司。铁狮门不得不取消租金上涨的计划。2008年金融危机后的经济衰退使曼哈顿公寓租金下跌。2010年，这笔最大的房地产交易有变成最大房地产投资失败案例的危险。债权人向铁狮门和贝莱德施加压力。因此，铁狮门和贝莱德决定将史蒂城和彼得·库珀村移交给贷款人。投资者亏掉了投资。对加利福尼亚州公务员退休基金而言，这是5亿美元的损失。对养老基金来说，这是一项惨痛的损失。贝莱德遭遇尴尬：加利福尼亚州两只退休基金的投资策略在市场上受到密切关注，它们取消了对贝莱德的房地产投资组合的授权。

但是，根据《纽约时报》2010年1月的报道，除了给其精心打造的声誉造成些许瘢痕之外，贝莱德只损失了相对可控的1.12亿美元。（铁狮门也损失了1.12亿美元。）

2015年秋天，史蒂城被再次出售。这次被卖给了一位老熟人：苏世民的黑石集团。"私募股权之王"和合作伙伴亿万豪剑桥公司以53亿美元的价格获得了拍卖物。它们与这座小城达成了协议：从2020年7月开始，它们可以提高6 200套公寓的租金。该定居点将不再是曼哈顿房地产市场上人们负担得起房租的

"绿洲"。史蒂城现在被包装为"豪华住宅区"。

对于芬克来说，史蒂城是他心中的隐痛。芬克抨击社交杂志《名利场》的记者说，每个人都会犯错（这些记者竟敢调查这次对客户而言代价高昂的灾难）。芬克声称，他因此而无法入睡。最后，这位亿万富翁提到他的母亲也从加利福尼亚州公务员退休基金领取养老金。

史蒂城并不是唯一一次令人尴尬的失手。2008 年 6 月，彭博社报道贝莱德已购买雷曼兄弟的股票。贝莱德的总裁罗伯特·卡皮托说："我们对该银行及其管理团队充满信心。"雷曼兄弟的高层在团队合作、专注、危机管理、市场信任方面经验丰富。几周后，卡皮托就会后悔说过这些话，而且是甚于对投资的后悔。因为仅仅 12 周后，他赞赏过的理查德·福尔德（Richard Fuld）和他的管理团队就站到破产法官的面前受审。6 月，当卡皮托接受彭博社采访时，雷曼兄弟已经处于风雨飘摇之中。雷曼兄弟的股票在前六个月下跌了约 60%——市场参与者显然对雷曼兄弟失去了信心。为了自救，福尔德已经"从公交车上抛下了左膀右臂约瑟夫·格雷戈里（Joseph Gregory）和首席财务官艾琳·卡兰（Erin Callan）"，正如华尔街所说。他把这次危机归咎于卡兰。

正如芬克所正确指出的那样，每个人都会犯错。尽管如此，在史蒂城项目上的失败和在贝莱德发展中的重要时刻其在雷曼兄弟上的失手表明，尽管贝莱德反复强调聚焦于"偏执狂般的风险控制意识"，并故意与华尔街保持距离，但其仍无法摆脱当时的盛行思维模式以及文化。

有关贝莱德的负面报道还有"Cum-Ex"骗税案。

史上最大的银行抢劫案

2018 年 11 月，《图片报》报道了一则消息：贝莱德在慕尼黑的办公场所遭到警方搜查！该报了解到背景与"附息－除息"（Cum-Ex）骗税丑闻有关。

Cum-Ex 交易可能是有史以来最有利可图的银行抢劫行为。劫匪是银行家，受害者是纳税人。此类交易主要发生在德国，此外还有法国、意大利和至少其他 8 个欧洲国家。据估计，这一有史以来最大的税务欺诈案造成的损失高达 600 亿欧元。数百名银行家、交易员、律师和投资者参与其中。银行家和交易员以不透明的方式来回交易附息和除息股票，交易如此巧妙，以至于看上去他们似乎为股息缴纳了太多的税。多付税款会由双方向税务机关申请退税。在某些情况下，他们申请退税不只一次，而是多次。与此同时，律师出具了详尽的专家意见，以证明申请退税是合法的，这么做是为了防止万一遭到检控。德国立法者多次试图弥补漏洞。但是，从业人员总是能找到新的应对方法，如同水流过筛子。

究竟是谁发明了这种交易尚不清楚。可以肯定的是，美林伦敦分行的两名银行家在早期开展股息剥离交易的人士之列。一位是曾在牛津大学学习数学的马丁·S（Martin S），另一位是保罗·M（Paul M），后来他们转投德国联合抵押银行，凭自己的骗税技术开始独立展业。

马丁·S 于 2020 年 3 月因骗税被判处 1 年 10 个月的监禁，因与调查人员合作而被判处缓刑。据媒体报道，他的同事保罗·

M 是一个新西兰人，据称此人喜欢穿夏威夷衬衫，不过已经洗手不干，在家乡定居下来。

在回应记者的询问时，保罗·M 否认自己偏爱色彩鲜艳的衣服，也否认自己非法敛财。无论如何，这对风格迥异的合作伙伴曾与德国税务律师汉诺·伯杰（Hanno Berger）一起工作。伯杰被认为是整个剧情中深藏不露的灵魂人物，直到他的一位前雇员揭开盖子。

在接受《时代周报》采访时，这位前雇员与德国公共广播联盟（ARD）《全景》节目记者以及调查性新闻机构 Correctiv 一起揭露了这一丑闻。这位证人指出，牵涉其中的人都认为国家是敌人。这个人来自外省，钦佩他老板的世界主义观。伯杰是一位牧师的儿子，在人文教育、拉丁语和希腊语知识方面才华横溢。

他们在 Skyper 大厦的 32 楼一起工作，Skyper 大厦是法兰克福银行区的一座玻璃幕墙大楼。"如果你俯瞰街道，望一眼陶努斯安拉格①，那么你只会看到人渺小如蝼蚁。"这位证人说，他也曾在法庭上作证。"那里是世界，正常的世界，但我们不属于那个世界。"

我们在那里的顶部办公。我们看着窗外，心想"我们是最聪明的，我们是天才，你们都是蠢货"。伯杰经历了从保罗到扫罗的转变②，他曾经为国家服务。作为黑森州高等法院的银行审计师，他确保金融机构依法支付它们欠公众的款项。在 2012 年他的律师事务所遭到搜查后，伯杰去了瑞士。

---

① 法兰克福金融区一条街道的名字。——译者注

② 保罗是基督教早期使徒之一，曾名扫罗并迫害基督徒甚力，后蒙感召转变为基督徒。故从扫罗到保罗意味着改邪归正，从保罗到扫罗意味着由正入邪。——译者注

他认为自己是司法丑闻的受害者。2019 年 12 月，威斯巴登地区法院宣布了对伯杰的指控。"伯杰先生将在德国面临审判。"他的辩护律师格尔森·特吕格（Gerson Trüg）告诉德国《商报》说。他驳斥了总检察长办公室的指控，认为这是不合理的。2020 年 5 月，这起案件及所涉 Cum-Ex 骗税案仍在由德国司法机构处理。德意志银行和德国商业银行等金融集团对美国投资银行的分支机构有参股，还有老牌机构华平投资在汉堡有机构分布。

2020 年 3 月，波恩州法院判处这一位于汉萨同盟地区的机构支付 1.79 亿欧元的罚金。此后，该银行提出了上诉。

贝莱德在 Cum-Ex 交易中扮演了何种角色？

在 2018 年遭到突击搜查之后，贝莱德的新闻发言人立即告诉德新社："贝莱德正在配合调查当局对 2007 — 2011 年的 Cum-Ex 交易进行持续的不受限制的调查。"弗里德里希·默茨仅在 2016 年担任贝莱德的德国最高负责人，这是在调查人员感兴趣的时期之后。然而，在遭到搜查时，他仍然是监事会主席，并立即保证进行"全面调查"。但至少到目前为止，这还没有发生。

所以只有猜测。股票借贷起着关键作用——这是通过 Cum-Ex 交易真正赚到钱的唯一途径。这些股票——股息分配被 Cum-Ex 交易的敲诈者拿来要求退税——通常根本不在它们最初的投资组合中，而只是借来的。否则，人们将不得不用资本购买。要想同时获得丰厚的利润，你需要大量的股票。股票借贷是华尔街的另一个灰色领域。保险公司、养老基金和资产管理公司等大型投资者通常长期持有股票。但这并不会阻止它们通过其投资组合赚取额外收益。例如，对冲基金和其他投机者可以借入证券并产生相应的费用。通常这些是空头——德国称为卖空者。一旦卖空者获得了想要的股票，它们就会立即卖出。然后，卖空者等价格下跌并以更便宜的价格买回证券。差额——减去借入证券的费用——就是它们的利润。对于股票的贷方来说，还有一份收入。这是一项重要的额外收入，特别是对因竞争而不得不保持低收费且利润率几乎与剃须刀片一样微薄的指数基金而言。例如，贝莱德仅在 2019 年最后三个月就获得了约 1.7 亿美元的进账。几年前，贝莱德将旗下一只基金可以借出的股票比例限制在投资组合的 50% 以内。"这是出于对客户的考虑。"一位贝莱德内部人士委婉地说。客户可能会对他们施加压力，因为股票借贷并非没有风险。可能产生的一个问题是参与股票借贷的金融机构的信誉。如果银行倒闭，借贷的股票可能被波及。2008 年的金融危机表明，这不仅仅是纯粹的理论问题。

贝莱德是否已将它需要的股票借给那些曾经的赌徒？这家纽约公司对这些交易了解多少？对此还没有答案。

当被问及员工是否参与或组织 Cum - Ex 交易时，贝莱德发表了以下声明："在一项涉及大量市场参与者的影响深远的长期调查中，德国税务机关和当地执法人员正在审查投资者在 2007—2011 年持有的股票利息的税务处理。与此次调查有关，德国当局于 2018 年 11 月 6 日来到位于慕尼黑的贝莱德办事处，并要求查阅实体文件和数字文件。贝莱德已与调查人员合作，并将继续这样做。"

当然，出了这样的事情，并不真正符合芬克的公司努力营造的华尔街干净男人的形象。如果倾听芬克的采访，人们会得出这样的印象：尽管他的公司影响力很大，但与大众银行的储蓄账户相比，他的公司对金融体系的风险贡献实际上要小得多。芬克坚持认为，贝莱德只是投资者中意的中介。当采访中提出系统性风险问题时，他一遍又一遍地说："这不是我的钱。"他是正确的：投资产品的损失应由相应的投资者承担，而不是由作为管理人的贝莱德来承担。与银行不同，资产管理公司不会让自己的资本冒险，也不会向银行那样动用由政府担保的储蓄资金去冒险。① 资产管理公司也不使用信用杠杆，因而与雷曼兄弟和其他银行不同（雷曼兄弟和其他银行在金融危机爆发前每 1 美元自有资金最高时会负债50 美元）。但这并不意味着这些资产管理公司不会对公众构成风险。它们构成的风险与银行带来的危险仅有表面上的不同。

2014 年春，伦敦商学院邀请安德鲁·霍尔丹（Andrew Haldane）参加一个投资会议。当时，霍尔丹担任英格兰银行金融稳定部负责人。他对活动参与者的演讲吓坏了资产管理公司，全世界的监管者也侧耳倾听。霍尔丹说："我们生活在资产管理公司的时代。"全球范围内有越来越多的潜在储蓄者，都是该行业的潜在客户。自 1950 年以来，人类的预期寿命延长了近 50％，世界人口增长了两倍，人均 GDP 增长了近 40 倍。战后以来，财富也显著增加。如今，资产管理公司已经汇集到的总财富将近 74万亿美元（这包括来自公共养老基金、主权财富基金、捐赠基金、私募股权、对冲基金等的所有类型的资金）。

普华永道预测，到 2020 年资产管理公司所管理的资金规模将达145 万亿美元。如果保持以前的趋势，那么到 2050 年，该行业所管理的资金规模将达到 400 万亿美元。那将是德国 GDP 的 100 倍！

---

① 意为银行的投资活动动用的是储户的存款，而存款受政府存款保险保护，最后发生损失时还是由政府买单。——译者注

霍尔丹认为，单是规模就已经构成一种危险。受到重创的资产管理公司可能必须迅速出售债券、股票和大宗商品，才能将资金返还给投资者。自杀式甩卖（fire sale）① 可能会爆发。这就是可能的灾难性情景：摇摇欲坠的行业巨头抛售证券导致市场价格暴跌，这反过来又触发其他市场参与者的一系列抛售，并导致越来越多的投资者收回资金，从而又导致了进一步的抛售——在最坏的情况下，导致整个市场崩溃。芝加哥大学布斯商学院的一项研究调查了非银行机构是否可能触发崩盘，即使它们不使用信用杠杆。答案简明扼要：会触发。资产管理公司为争夺客户的青睐，总是想做得比竞争对手更好。因此，在摆脱亏损头寸并出售股票的过程中，没有人愿意成为最后一名。在最坏的情况下，这可能会引发自我实现式的抛售浪潮。结果，在不断寻求最大回报的过程中，资金有可能朝同一方向发展。金融研究办公室（OFR）② 在其 2013 年的报告中警告称，资产管理公司可能会有

---

① fire sale 原意为火灾中受损物品大拍卖，也指（因破产或急需资金而）低价出售公司（或部分业务）。——译者注

② OFR 是根据 2010 年美国《多德-弗兰克华尔街改革和消费者保护法》设立的机构，主要是为了向美国的金融稳定监督委员会（FSOC）及其成员机构提供支持。OFR 通过观察整个金融体系以衡量和分析风险、进行必要的研究以及收集和标准化金融数据，帮助促进金融稳定。OFR 有一名由美国总统任命并由参议院确认的主任，以及一个围绕研究与分析中心和数据中心建立的组织。此外，FSOC 也是根据上述法案成立的机构，由 10 名联邦金融机构监管者、5 名独立的无表决权成员构成。前者是拥有表决权的成员，包括美国财政部长（同时兼任 FSOC 主席）、美联储主席、货币监理署负责人、消费者金融保护局局长、证券交易委员会主席、联邦存款保险公司主席、商品期货交易委员会主席、联邦住房金融局局长、国家信用社管理局主席以及一名由总统任命的具有 6 年工作经验的独立保险行业专家。后者是无表决权的成员，在 FSOC 中主要从事顾问工作，包括 OFR 主任、联邦保险办公室主任、由美国各州保险委员会指定的一名州保险监管委员、由各州银行监管机构指定的一名银行监管人员以及由各州证券监管委员会指定的一名州证券监管委员，后三者的任期均为 2 年。——译者注

从众行为，这会使每个人朝着相同的方向一路狂奔，从而导致泡沫和其他扭曲。竞争压力可能诱使投资经理承担更高的风险。

当时各方发出的警告声越来越多。2019 年 7 月，英格兰银行在其金融稳定报告中表示，投资者的短期提款请求与基金资产缺乏流动性之间的鲜明对比"可能形成一个系统性问题"。欧洲央行的风险观察家在 2019 年 11 月的报告中写道："金融资产的突然价格调整，以及欧元区非银行机构某些部分的信贷和流动性风险增加，以及共同基金杠杆率的提高，可能以某种方式对非银行机构造成压力，从而给更广泛的金融体系带来压力。"国际货币基金组织在于 2019 年 10 月发布的《全球金融稳定报告》中也谈及资产管理公司。持续的低利率环境尤其增加了风险，因为投资者正在投资风险越来越大、流动性更低的股票，以实现其目标回报。"这种更高的风险假设可能导致脆弱性增加。"此外，低利率环境可能导致投资组合调整，进而可能加剧市场崩溃。

对于监管机构来说，资产管理公司和影子银行是棘手的领域——该行业的发展和根本性变化如此之快，以至于许多威胁都是未知的。国际货币基金组织上述报告的作者之一彼得·布鲁尔（Peter Breuer）也承认："仍然无法获得足够的数据以非常确定地在宏观层面进行评估。潜在的脆弱性究竟何在，人们仍无法确定。"

这并不意味着没有风险。霍尔丹警告说："黑天鹅事件可能是一个现实的、日益严重的威胁。""黑天鹅"是纽约大学教授、前衍生品交易员纳西姆·尼古拉斯·塔勒布（Nassim Nicholas Taleb）提出的理论，即未预见的事件会造成严重的后果，黑天鹅的例子如"9·11"恐怖袭击、互联网的发明或金融危机之前

2007 年美国房地产市场的崩溃。这是超出我们思维模式的事件，就像 17 世纪在澳大利亚西部发现黑天鹅，从字面上驳斥了欧洲人关于天鹅是白色的传统假设。幸运的是，除了为旧世界①的动物园捕获天鹅以外，当时该事件没有造成任何令人痛苦的后果。即使是专家，也无法完全想象像贝莱德这样的机构管理巨额资金的危险。可以肯定的是，如果资产管理公司抛售，那将不会像发现一种新型水禽那样无害。

人们对芬克公司的担忧并没有被监管机构忽视。贝莱德希望保持低调，部分原因是担心在大型银行发生的事情可能会降临到它自己身上：银行在金融危机后被成千上万条新法规困住，就像斯威夫特笔下的格列佛被小人国的人用绳索固定在地面上。然而，贝莱德越来越担心"闷声发大财"的策略不起作用，不断重复的口头禅"我们只是一个大型存款协会"已效果不佳。是时候去华盛顿解决这个问题了——芬克已经找到人选来承担这项微妙的任务，此人就是芭芭拉·诺维克。

贝莱德的顶级说客如何拿下华盛顿？

检查员进行安全检查，入口处的扫描仪吱吱作响，这一切都表明这是一个排他性场合。在一个多雨的冬季夜晚，大约有 100 位客人出现在德国在纽约的正式代表机构"德国之家"。发出邀请的是德国研究与创新中心和"主权实体中的女性"组织，后者是一个旨在提升国家机构中妇女地位的协会。但是，这次聚会与

---

① 旧世界为历史学术语，指新大陆发现之前的世界。——译者注

女性或德国的研发事业无关，而是关于"创新对中央银行效率的影响"。这是知情人士在华山论剑。与会者包括印度尼西亚、泰国和奥地利中央银行的代表，以及新加坡和中国香港地区金融当局的代表。此外，还有联合国退休基金和中国人民银行的特别嘉宾。换句话说，以上与会者都是贝莱德的 VIP 客户。登上讲台的还有英格兰银行行长默文·金（Mervyn King）和纽联储副主席克里斯蒂娜·卡明（Christine Cumming）。

在英格兰银行行长和纽联储副主席的旁边，坐着一位 50 多岁的苗条女性，她戴着一副不起眼的眼镜，留着一头精心打理过的深色长发，看起来像生物或体育老师，但属于那种严肃的类型。这就是贝莱德的联合创始人之一芭芭拉·诺维克。在此之前，她是第一波士顿中芬克和卡皮托派系的一员。华尔街直通车式网站"商业内幕"将这位有三个孩子的母亲列为"世界上最有权势的妈妈"之一。（她还是西彻斯特青年联盟的足球教练。西彻斯特是她与家人居住的纽约州边上的一个绿树成荫的县。）作为贝莱德全球指导委员会的成员，她是高层中的一分子。她长期负责业务发展和客户关系，与芬克一样了解贝莱德。自 2010 年以来，诺维克开始扮演新的角色：维护政府关系。用简单的话来说，她是贝莱德的顶级说客。她的使命是：保护贝莱德不受监管机构的日益"侵害"。

在那次聚会上，诺维克说话轻声细语（麦克风效果不佳），而且语速很快。她在小组讨论中直奔核心信息。她赞许有加地说道："我们注意到在市场监管机构和专家的言论中，'影子银行'一词正越来越多地被'市场融资'一词所取代。"有趣的是，贝莱德显然系统地研究了该词在全球范围内监管人士和央行行长讲话文本中的用法。

听起来像是咬文嚼字过了头，实际上意味深长，因为措辞和名称在华尔街非常重要，而华尔街正是该行业摘得桂冠的地方。就像米尔肯的低评级债券，华尔街以令人耳目一新的诚实将称其为"垃圾债券"；然而，在与投资者打交道时，银行家们却煞有介事地将其称为"高收益债券"。又如，公司猎手被美化为"私募股权基金"，这听起来更像是一个专属俱乐部，而不是赊账的公司猎手。

"金融危机的后果之一是华尔街人士不再巧舌如簧。当让他们解释这场灾难是如何发生时，他们结结巴巴、支支吾吾。"英国《金融时报》批评道。但是，随着盎格鲁-撒克逊金融资本主义的复苏，舌灿莲花的金融家又回来了。"影子银行"这个词对外部人士来说，至少会引发黑幕之类的模糊想法，现在也应该转变为意义苍白的"市场融资"一词。听起来要足够无害。

诺维克有着一位好老师的坚韧品质。当天晚上，在"德国之家"举行小组讨论后，如果有任何疑问，她都将立即予以回答。"'影子银行'一词具有负面含义。"影子，听起来像是一种威胁，目的是为对公众有用的项目提供资金，例如基础设施。当被问及资产管理人之间可能存在的利益冲突，以及是否不需要针对影子银行出台新监管规则时，诺维克勃然作色。她说不知道提问者在说什么。"我们致力于履行对客户的信托义务"，这是贝莱德的头等大事。在香槟酒会上，这种闲聊一定会让他们的同行更愉快。对于贝莱德的最高"外交官"来说，这次亮相显得过于敏感。不过，来自华盛顿和布鲁塞尔的对话者提出的问题也许也更敏感。

在金融危机爆发之前，贝莱德在华盛顿的活动一直非常谨慎。本质上，该公司依靠所属的行业协会代表它自己。例如，2008 年，在华盛顿的"美国政治捐献数据库"上找不到任何关于贝莱德的条目，该网站跟踪公司和协会的游说活动。2009 年，"美国政治捐献数据库"网站只记录了两家游说公司收取的 545 000 美元费用——这笔款项甚至不及贝莱德在会计核算中的四舍五入误差。当然，这是就贝莱德作为美国财政部和美联储盟友的时期而言。此后才是与财政部长盖特纳的密切联系时期。为什么贝莱德要花钱买实际上免费的房子呢？

往后走，这家纽约公司可能要更加重视在华盛顿的活动。现在是金融改革时期。议员们和监管者们在前期对银行体系的危险视而不见，现在他们对潜在风险越来越敏感。贝莱德、富达等公司的规模之大，突然让他们感到如坐针毡。金融稳定监督委员会（FSOC）是一个由各家监管机构参与的委员会，设于美国财政部下面，该机构拟公开考虑大型资产管理公司是否应该被列为系统性重要金融机构（SIFI）。

这将意味着特殊要求和特别监督——芬克的公司断然拒绝。是时候去做华盛顿方面的工作了：2011 年，美国政治捐献数据库突然公布了贝莱德名下超过 250 万美元的游说费用。事实上，芬克没有像大多数竞争对手那样，聘请前国会议员或前部长作为说客，而是让他的联合创始人诺维克到华盛顿开展工作，这表明芬克对待威胁完全是认真的。

在那里，贝莱德的这位"外交官"拜访了国家信用社管理局（NCUA）负责人黛比·马茨（Debbie Matz）。这是一个即使是美国首都的政治迷也很少听说过的协会。官方称，NCUA 甚至不直接设在华盛顿中心城区，而是在郊区，负责代表各地储贷协会的利益。但马茨还担任另一职务，她是 FSOC 的成员——没错，FSOC 是有权决定贝莱德未来是否被贴上"系统性重要金融机构"警示标签的机构。FSOC 必须以 2/3 多数做出决定。因此，诺维克必须至少成功地说服 4 名成员，这样贝莱德就不会被分类为危险机构。彭博社援引诺维克的话说，她对马茨的拜访起到了启蒙教育的作用。许多监管者对资产管理公司缺乏经验。为了在 FSOC 中收集到必要的选票，贝莱德甚至与主要竞争对手太平洋投资管理公司的母公司安联保险结成盟友。

但随后，贝莱德在 FSOC 成员中收获了更有价值的盟友。那就是玛丽·乔·怀特。如果要描述怀特女士，人们会想起尤达，他是电影《星球大战》中的传奇绝地武士、一位侏儒模样的老师。和低估尤达一样，低估怀特也是错误的。她是其他律师总是带着敬畏之情谈论的律师之一，而她的对手面对她时总是满怀惊恐。怀特经历了所谓的"旋转门"——在美国公共部门和私人部门之间穿梭转换——人们看她的简历会感到震惊。作为 20 世纪 70 年代的年轻律师，她那时已经在德普律师事务所工作，这家位于纽约的律师事务所以"老板的武器"而闻名。

长期以来，德普律师事务所一直是美国公司和政府主管部门的联络中心。其客户名单看起来像是大型美国公司名录：美国航空，CNN，可口可乐，埃克森美孚，通用电气，GAP，大都会人寿，高盛，环球唱片，雅虎，《纽约时报》，以及全球最大的玩具生产商孩之宝等。在国际上，惹上麻烦的监事会都乐意与这家律师事务所的律师联系。该律师事务所在巴黎、莫斯科、香港、上海和法兰克福均设有办事处，客户包括俄罗斯航空公司、法国保险集团安盛、戴姆勒-克莱斯勒、瑞士制药商诺华和日本娱乐巨头索尼。

在首次加入德普律师事务所之后，怀特到检察官办公室任职。在 20 世纪 80 年代，她再次回到律师事务所工作。然后，她又在纽约担任了 9 年的高级联邦检察官，华尔街也属于其专业领域。她是该执法机构 200 年历史上第一位担任这一职务的女性。她调查了第一波袭击世界贸易中心的恐怖分子，以及试图向证券业扩张业务的黑帮分子。2002 年，怀特再次改换门庭，成为德普律师事务所诉讼部门的负责人。西门子案也属于她的专长领域——内部调查和就政府机构或监管机构美国证券交易委员会（SEC）对公司的指控进行辩护。西门子这家位于慕尼黑的公司聘请德普律师事务所对腐败事件进行内部调查。批评人士说，此类调查的目的最终只是颁发一份备受瞩目的证书。

2013 年，奥巴马总统提名怀特为美国 SEC 主席。"旋转门"的支持者认为，作为主管官员也了解被监管方，这一点让她占优。批评这项制度的人称，这正是问题所在。

即便如此，怀特还是在探讨资产管理公司的风险标签。她甚至公开重申了资产管理公司的论点。《纽约时报》甚至嘲笑怀特正向基金经理们"鞠躬"，以向他们保证她会同情他们。但是，背景不只这些，还有其他：SEC 和美联储之间产生了管辖权争议。如果资产管理公司被列为 SIFI，则美联储主席珍妮特·耶伦将主要负责监管。为防止出现这种情况，怀特接掌了士气低落的 SEC。曾经令华尔街害怕的看门狗已经变成宠物狗。SEC 的后卫不仅完全忽略了摇摇欲坠的抵押贷款，也没有揭露亿万富翁欺诈者伯尼·麦道夫（Bernie Madoff），直到其世纪滚雪球机制自行崩溃。

怀特在任何情况下都不想进一步失去重要性。FSOC 在 2013

年的一项研究中得出结论，称基金巨头实际上可能构成威胁，但怀特发布该研究结论时并未征询其 FSOC 同事的意见。当身为奥巴马政府的财政部长兼金融稳定监督委员会成员的卢（Lew）抱怨她独自行事时，怀特向他道歉。至少华盛顿消息人士是这样告诉彭博社的。但是，怀特发布的研究结论为资产管理行业的游说者提供弹药，并提供了拉近立场的机会。业内人士称诺维克变得活跃起来。她与富达和太平洋投资管理公司的代表求助于众议院议员。很多议员——主要是共和党人——因违反国家监管规定而臭名昭著。

诺维克及背后的公司实现了其目标：在国会举行的听证会上，负责这项研究的 FSOC 代表必须听取一些愤怒的议员的意见，即这项调查表明 FSOC 对相关行业缺乏了解。愤怒产生了影响。在国会遭遇逆风之后，FSOC 搁置了 SIFI 分类问题。然后，工作组于 2014 年夏宣布将改变 SIFl 分类的重点——将来，它将针对单个产品，而不再是单个公司。目前，贝莱德或富达的 SIFI 标签已不复存在。

2019 年 9 月，针对这家金融巨头进行监督的华盛顿民间组织"贝莱德透明度项目"（BlackRock Transparency Project）发布一份报告，描述了贝莱德是如何让监管努力流产的。

报告称这是一项关于游说、竞选捐款和"旋转门"招揽的协调策略。"贝莱德拥有比整个对冲基金行业更多的流入资金，但该公司设法避免受到'大而不能倒'机构都会受到的警告。"该机构的负责人丹尼尔·史蒂文斯（Daniel Stevens）说。

2020 年 2 月，诺维克辞去了贝莱德"首席说客"的职务。"对于贝莱德而言，其离开标志着一个时代的结束，其间这家公司成功避免被监管机构贴上大型银行的标签。"《华尔街日报》依依惜别地写道，向诺维克致敬！

即使在特朗普的总统任期内，贝莱德也在成功地推进其"旋转门"策略。

芬克本来已经做好准备，一旦希拉里·克林顿（Hillary Clinton）在 2016 年大选中获胜，他自己就动身前往华盛顿担任财政部长。然而，当特朗普出人意料地入主白宫时，芬克表现出灵活性。他是最初由总统召集的金融和行业领袖咨询小组的成员。（当特朗普不仅没有谴责 2017 年夏洛茨维尔发生的导致一名妇女死亡的右翼分子暴力冲突，反而说"双方都有好人"时，该小组就分裂了。）此外，贝莱德的董事总经理克雷格·菲利普斯最初是希拉里的支持者，但随后为特朗普举办就职典礼捐赠了 10 万美元，后来成为史蒂夫·姆努钦（Steve Mnuchin）的顾问（姆努钦曾是高盛前银行家和好莱坞制片人，特朗普任命其为财政部长）。在那里，菲利普斯主要负责房地产金融。一项关键任务是为两家公共机构即抵押贷款巨头房利美和房地美制定改革路线，这两家公共机构曾是贝莱德起步阶段的客户。

隐秘的统治者

2009 年 1 月，纽约证券交易所旁的报刊亭主都发出了这样的疑问："今天，人人都想买《滚石》杂志，这上面刊登了什么内容？"他们本来更习惯于客人买《华尔街日报》和《金融时报》。那里的银行家和股票经纪人并未突然对说唱歌手史努比狗狗（Snoop Dog）或鲍勃·迪伦（Bob Dylan）的新曲产生浓厚兴趣。答案就在这期杂志刊登的记者马特·泰比（Matt Taibbi）的论战性文章中，文章将投资银行高盛描述为"吸血乌贼"——"将自己缠绕在人类的脸上，把吸血的长触须插进任何地方。"文章一时间掀起了惊涛骇浪。打那以后，高盛就再也没有摆脱掉吸血鬼的名声。（《滚石》的编辑委员会提出反对意见，说吸血乌贼并不真的吸血，但泰比得到了总编辑的认可，所以这个说法保留了下来。）

贝莱德在动物学上的对应物是什么？一种长有十根触手的巨型乌贼如何？长期以来，关于这种深海怪兽的故事被认为是水手编造的。就像在第二次世界大战期间被德国人击沉的英国运输舰"不列颠尼亚"号的幸存者所讲述的故事一样。这些幸存者后来报告说，他们正抓住救生筏时，他们中的一人被一只巨大的乌贼拉下海。后来，越来越多的迹象表明，它不是神话中的生物，而是一种真正存在的生物，在抹香鲸的皮肤上留下了吸盘的疤痕——来自它巨大的吸盘。连鲨鱼都是这种软体动物的猎物。然而直到今天，没有人真正知道这种深海巨兽有多大，估计触手伸展开长达12米。迄今为止，对其生活方式的了解都是基于猜测。

贝莱德的金融影响力如今几乎遍及所有地方。这家纽约公司在每个大陆的几乎每个行业中都持有相关公司股份。同时，它也是数千家公司的债权人。芬克的公司是世界上最大的银行的所有者和客户。它充当影子银行，充当对冲基金，充当大数据吸收器。贝莱德的代表与中央银行官员和有关当局私下密切联系，在华盛顿和布鲁塞尔也是如此成为背后的主宰者。

资产管理公司现在已影响我们生活的几乎所有方面：就业、房屋、道路、桥梁、教育、医疗保健。十年前，任何描述如此庞大的金融怪兽的人都会像描述"不列颠尼亚"号沉船事件那样

（死无葬身之地，因为人们无法置信）。金融体系中的这种系统超出了人们的想象力。

在大型资产管理公司时代，贝莱德的影响力只会进一步增加。中国和其他新兴经济体正在加入盎格鲁-撒克逊金融体系。如果芬克和他的继任者巧妙地做到这一点，又将有万亿美元流入他们的公司。然而，我们对其行为的认识，以及对资本市场中巨头的崛起所带来的风险的认知，是远不完整的。这不仅适用于公民和政治人物，学术界和监管机构也必须承认对此存在盲点。英格兰银行金融市场专家安德鲁·霍尔丹在 2014 年 4 月的警告性演讲中总结道，尽管人们对银行行为和破产已经研究了几个世纪，但是对机构资产管理行业的类似分析才刚刚开始。这是"一片必须认真耕种的绿色田野"，以避免（资产管理行业）像银行那样坠入陷阱。

遇上黑天鹅

新冠肺炎疫情刚出现时，西方人最初认为这主要意味着工业化国家的供应链出现问题，例如汽车行业。但这被证明是一个灾难性的误判。

华尔街很少像 2020 年 3 月那样充满不确定性。直到那时，投资者、交易员和银行家似乎才意识到病毒带来的真正威胁。交易者的屏幕变成了深红色——这是用来表示亏损的颜色。标准普尔 500 指数是综合了美国最大和最重要的公司的股票指数，在接下来的交易日中市值损失了超过 4 万亿美元，这相当于德国的GDP。下跌的不仅仅是股票。铜、铝和锌等大宗商品的价格也暴跌。石油价格甚至跌至负值——这是从未出现过的超现实主义场景。甚至被视为避风港的黄金也未能幸免。有人谈论"疫情大流行恐慌"。股市的走势就像过山车。价格像20世纪30年代那样惨烈下跌。随后，美国重量级股票指数道琼斯工业平均指数再次迎来了几十年来最好的交易周。但巨大的波动以及随之而来的资本破坏甚至让华尔街老手都感到恐惧。在过去的100年里，与前一天相比，每天的波动一直在1%左右。然而，现在3%甚至5%的波动几乎是常态。华尔街的恐惧晴雨表——波动率指数（VIX），使用期权价格来衡量投资者对波动的预期。近年来，它一直在12~20之间波动。3月16日，当闪电崩盘恐慌席卷市场时，它达到了82。

新冠病毒变异成了黑天鹅。尤其是ETF一直处于跌宕起伏的中心。在3月的第一个星期，当恐慌开始时，ETF交易量约占每日总交易量的40%。根据《华尔街日报》对股市数据的分析，这是2019年同期ETF交易量的数倍。市场参与者显然在押注有关机构将提供足够的流动性，并且能够通过指数基金押注整个行业或市场。乍一看，ETF似乎让怀疑者感到困惑，并经受几十年来最大危机的考验。

然而，仔细观察会发现这幅图景中存在糟糕的裂痕。正如已经描述的那样，有时候基金的价格偏离了它实际应该反映的价值。这表明，负责消除这种差异的套利者在压力下未能做到这一点。这反过来又导致投资者从一些基金中撤出资金。如果资金大量撤出ETF，就会引发进一步的抛售浪潮。这正是国际货币基金组织、欧洲央行和英格兰银行的专家在2019年才警告过的情况。

没有人知道，如果不是杰伊·鲍威尔和他的央行同事以数万亿美元让市场平静下来，事态是否会进一步升级。

结果，市场不仅没有崩溃，还很快恢复了，甚至恢复得如此强劲，以至于即使是内部人士也感到不安。但每周仍有数百万美国人失业。"市场是否背离了现实？"CNBC 评论员担心地问道。他们通常欢迎任何上涨，就像啦啦队在支持的橄榄球队触地得分时一样热情。

贝莱德也很满意。"ETF 在波动期间的真实故事证明了其恢复力和表现。"他在一份关于新冠病毒恐慌的声明中如此写道。在贝莱德的声明中，这一事件几乎成为英雄传奇。尽管经历了历史性动荡、四次交易冻结以及其他未知的风险，ETF 和安硕仍能高效运行。经过贝莱德公关部门的表达，令监管机构和市场参与者担忧的 ETF 与其基础资产之间的巨大流动性差异成了无与伦比的优势。贝莱德的妙语突显出最大的垃圾债 ETF‐iShares iBoxx［HYG］的股票与标的资产（即实际债券）相比变化的速度有多快。在危机的严重阶段，ETF‐iShares iBoxx［HYG］的股票每天易手 168 000 次，而它所代表的基础资产中的前五大债券每天仅交易 25 次。马克·魏德曼已经以这种方式争论过，即尾巴摇狗（而不是狗摇尾巴）。

但美联储首次购买债券、ETF 作为其救助行动的一部分的决定证明，美联储主席已经了解这些工具的极端重要性。这起近乎灾难的事件清楚地表明了贝莱德和其他基金巨头强烈否认的东西：它们的系统性风险。"这场危机表明，不仅 ETF 被广泛用作交易工具并代表投资者的大量财富，而且政府认为它们与企业融资密切相关。"瑞安·克莱门茨（Ryan Clements）在 2020 年 4 月上旬的一篇帖子中写道。这是杜克法律全球金融市场中心的

FinReg 博客，重点关注系统性风险和监管。这就是为什么 ETF 被认为足够重要，以至于可以用公共资金拯救。克莱门茨说，审查大型 ETF 发行人的系统性风险是明智的，他现在是卡尔加里大学的讲师。毕竟，它们位于金融体系的中间，"由一个复杂的运营结构连接起来，创造了无数的合同、制度和相互依赖的关系"。换句话说，我们需要更好地研究其风险。

美联储的新冠肺炎疫情救助浪潮如此巨大，以至于个别措施几乎无法从资金洪流中脱颖而出。再加上主题的复杂性和各种美联储计划的大杂烩，具体救助行动的重要性有被忽视的危险。但有一项行动值得注意：2020 年 3 月 18 日，星期三，美联储宣布将向金融机构提供数十亿美元的贷款，作为购买货币市场基金股票的新计划的一部分。简言之，美联储通过公共贷款拯救了货币市场基金。随着投资者在疫情大流行恐慌中开始收回资金，货币市场基金摇摇欲坠。用棒球传奇人物约吉·贝拉（Yogi Berra）的话来说，他几乎是以古怪但恰当的俏皮话而不是他在场上的挥杆而闻名，这是"又一次似曾相识"。如前所述，货币市场基金已经处于 2008 年危机的中心。在雷曼兄弟倒闭的那个 9 月，也是在一个星期三，当时的美联储主席伯南克已经呼吁进行规模达 10 亿美元的救助。这是为了维持货币市场基金的运作。尽管有新的规定，这些被业界誉为储蓄账户替代品的金融产品在十年后仍不得不再次处于危机的中心。和现在一样，一些最大的货币市场基金提供商包括先锋领航集团、信诚集团以及贝莱德。

美联储主席——以及我们所有人——再次拯救了华尔街。哦，太谦虚了。我们应该奖励他们！

可怜的墨西哥远离上帝，靠近美国

对于债券和 ETF，至少现在可以从其说明书中识别出可能存在的危险。但是，在新的数字金融体系中激增的许多新型影子银行呢？与抵押贷款证券和货币市场基金一样，我们会不会太晚才意识到危险来自哪里？

超级资产管理人特有的所有权角色又如何呢？"没有资本家的资本主义"如何适应我们越来越要求公司解决可持续性和社会责任问题的新世界？大型资产管理公司可以或想扮演什么角色？这不是学者面对的问题。例如，对于科菲·汤普森（Kofi Thompson）来说，这是非常真实的。这位加纳专栏作家担心他国家的未来。有些大型矿业公司以他所谓的"一切对我们免费"的模式无情地开采黄金和石油。与此同时，非洲国家缺乏基础设施建设资金。由于非洲领导人多年来要求与公司进行更公平交易的请求无济于事，汤普森想出了一个主意：如果国家领导人求助于贝莱德的公司治理女负责人米歇尔·埃德金斯，怎么样？"虽然跨国公司可以无视我们领导人的要求，但它们不敢无视贝莱德的意愿。"他在加纳网的专栏中写道。贝莱德可以帮助像加纳这样的国家，要求矿业公司就它们从加纳商品中获得的利润纳税，而不是通过逃税将资金带出该国。"加纳需要这笔钱来提高人民的生活质量。"汤普森写道。"埃德金斯坚持在全球范围内遵循相同的道德标准，可以为发展中国家做很多事情。"汤普森认为，贝莱德的影响力比政府或国际组织的影响力要大。

然而，贝莱德在个别国家的行为让人怀疑这个黑色巨人是否会对当权者产生良好的影响。相反，"贝莱德透明度项目"组织指责资产管理公司实行"新企业殖民主义"。在 2018 年的一项研究中，贝莱德以墨西哥为例解释了华盛顿激进分子的意思。据说"可怜的墨西哥，离美国那么近，离上帝那么远"曾令该国总统波菲里奥·迪亚兹（Porfirio Díaz）叹息 30 多年，直到 1911 年。拉里·芬克对与南方邻居的关系有着截然不同的看法。"我爱墨西哥，墨西哥是一个令人难以置信的增长机会。"2013 年，他在名为《甜蜜金钱》的节目中热情洋溢地对股市记者玛丽亚·巴蒂罗姆（Maria Bartiromo）这样说道。他列出了他所喜欢的这个国家的一切：能源（他可能不是指墨西哥人的气质，而是指墨西哥的石油和天然气储量）、廉价的劳动力、靠近美国的有利位置。根据贝莱德老板的说法，墨西哥是"一个很棒的地方"。相比之下，根据犯罪和滥用权力程度对国家进行排名的"透明国际"（Transparency International）组织将这个牢牢掌握在贩毒集团手中的国家纳入世界上最腐败的国家之列。根据美国国会的研究，2006—2019 年，墨西哥有 15 万人被贩毒团伙谋杀。墨西哥毒枭每年在美国的营业额在 19 亿～290 亿美元之间。

　　虽然芬克喜欢谈论负责任的资本主义，但他的公司与墨西哥的统治精英保持着密切的联系。例如，墨西哥首富卡洛斯·斯利姆（Carlos Slim）的儿子马可·安东尼奥·斯利姆·多米特（Marco Antonio Slim Domit）自 2011 年以来一直在贝莱德董事会任职。卡洛斯是一位黎巴嫩移民的儿子，他在 20 世纪 90 年代初期发了大财；此外，当时墨西哥的电信正在私有化，他在市场上取得了主导地位。时至今日，墨西哥人为电信服务支付的费用比同类国家还是要高。根据经济合作与发展组织（OECD）2012 年的一项研究，仅在 2005—2009 年，较高的费用使该国损失了约 1 290 亿美元或 GDP 的 2%。

芬克非常熟悉墨西哥前总统恩里克·培尼亚·涅托（Enrique Peña Nieto）。他们经常会面并进行交谈，芬克赞扬了培尼亚·涅托的经济政策。在培尼亚·涅托任职期间，有大量针对他及他的政府的腐败指控。在纽约布鲁克林受审期间，华金·古兹曼·洛埃拉（Joaquín Guzmán Loera）——更广为人知的是其绰号"矮子"（El Chapo）——声称他通过中间人将 1 亿美元转给了培尼亚·涅托。El Chapo 是更令人恐惧的锡那罗亚卡特尔的领导者。据要求引渡他的美国检察官称，该卡特尔在 1990—2008 年向美国走私了约 200 吨可卡因和海洛因。当墨西哥安全部队在 2014 年逮捕 El Chapo 时，这被认为是培尼亚·涅托的最大成就。但这名毒枭在 2015 年 7 月成功越狱。他骑着摩托车穿过他的追随者挖到他的牢房的一条带灯的隧道逃脱的场面很壮观。（6 个月后，他再次被捕，在美国被判处无期徒刑，目前正在美国戒备森严的监狱服刑。）培尼亚·涅托否认了这名大毒枭的指控。2020 年春，墨西哥司法部门宣布对这位前总统提起初步诉讼。贝莱德在一份关于其在墨西哥业务的声明中表示，与在其他国家一样，它在墨西哥进行长期投资，涉及与当地政府和社区的关系。"作为客户的受托人和投资者的代言人"，贝莱德与世界各地的政府进行建设性对话，无论其党派如何。

2013 年，贝莱德聘请了墨西哥财政部前副部长赫拉尔多·罗德里格斯·雷戈多萨（Gerardo Rodriguez Regordosa）。贝莱德钟爱的"旋转门"在墨西哥也是双向运作的。2016 年，贝莱德墨西哥公司的负责人艾萨克·沃林（Isaac Volin）成为墨西哥国家石油公司旗下国际营销公司 PMI 的首席执行官。墨西哥国家石油公司的标志文字是绿底白字，其中标志性的鹰头是代表墨西哥的纹章动物，长期以来一直是墨西哥人的骄傲。该公司于 1938 年 3 月 18 日根据总统拉萨罗·卡德纳斯（Lázaro Cárdenas）的一项法令成立，他一举没收了一直在墨西哥生产石油的外国私营公司，并宣布矿床为公共财产。这一天作为"石油征用日"载入墨西哥史册，到今天仍然是公众假日。

但近几十年来，墨西哥国家石油公司的管理问题很多，腐败也很严重。"腐败无处不在，所有领域，所有层级。"阿德里安·拉尤斯·巴尔加斯（Adrian Lajous Vargas）在拉乔纳达说道，他本人是墨西哥国家石油公司的前老板。凭借超过 1 000 亿美元的债务，该公司可能成为负债最重的石油公司。培尼亚·涅托承诺对墨西哥国家石油公司进行现代化改革，这本应该由私人外国投资者来完成。改革遇到了强大的阻力。左翼议员安东尼奥·加西亚（Antonio García）在议会中脱掉了黑色内衣，以抗议这一举动。但是，培尼亚·涅托的革命党在关键州拥有必要的多数席位。新法于 2013 年 12 月通过，私营部门的大门在 75 年后再次打开。

早期的投资对象包括墨西哥第一家独立私人勘探公司，即塞拉油气公司。2014 年 9 月，该公司宣布已从投资者那里获得约 5.25 亿美元用于开发、钻探和最终生产。捐助者之一是一家名为"基础设施机构"的公司，其更为人所知的名字是 I Cuadrada 或 I2。8 个月后，即 2015 年 6 月，贝莱德以 7 100 万美元收购了 I Cuadrada。"贝莱德透明度项目"组织的墨西哥调查报告的作者评论道："绝佳的时机。"在被贝莱德收购一个月后，从未打过一口井的塞拉油气公司赢得了首轮私营部门勘探权。

I Cuadrada 还资助了胡安·阿曼多·伊诺霍萨（Juan Armando Hinojosa）及其比嘉集团的项目。伊诺霍萨与培尼亚·涅托保持着密切的关系。在培尼亚·涅托担任墨西哥州州长时，伊诺霍萨的公司也收到了许多公共合同。显然，私营企业也是其中的一部分。例如，2014 年，记者披露了位于首都拉斯洛马斯街区的豪宅"白房子"，培尼亚·涅托和他的妻子安赫莉卡·里维拉（Angélica Rivera）——一位流行歌手和电视剧女演员——在他的政治生涯结束后想搬到这里居住。在任期内，这处物业不属于培尼亚·涅托夫妇，而是归属于伊诺霍萨。他为总统一家人建造了它。这位慷慨的企业家还以优惠的条件向财政部长路易斯·维德加雷（Luis Videgaray）出售了一座别墅。此事曝光后，政府撤回了一项已经中标的建设从墨西哥城到克雷塔罗的高铁路线的合同。承包商就包括伊诺霍萨的比嘉集团。培尼亚·涅托 2016 年为"白房子"丑闻道歉。

当被问及对收购 I Cuadrada 的评论时，贝莱德表示自己已经仔细评估了这笔交易，以确保它符合贝莱德的道德标准。贝莱德拥有自己的道德标准，并在每个国家和地区实施。公司发言人说："作为我们客户的受托人，我们对所有的项目和交易进行仔细的风险评估。"评估与 I Cuadrada 有关，与比嘉集团无关。

2015 年是贝莱德在墨西哥忙碌的一年。当年 3 月，贝莱德承诺与墨西哥国家石油公司和专门从事能源项目的私募股权公司，即第一储备公司，一起为洛斯拉蒙斯二期项目提供资金。这条横跨马德雷山脉的 450 千米天然气管道是为墨西哥国家石油公司子公司 TAG 建造的。建造该天然气管道的公司是奥德布雷希特拉丁美洲基础设施公司。这家巴西集团由德国移民于 20 世纪 40 年代创立，代表性项目包括在加拉加斯建造地铁、在古巴建造港口以及为 2014 年巴西世界杯建造各种设施。2015 年 6 月，创始人兼老板马塞洛·奥德布雷希特（Marcelo Odebrecht）因受贿罪被捕。这家家族企业成为拉丁美洲最大贿赂丑闻的主角之一说明了一些事情。在涉及十几个国家的调查中，奥德布雷希特的管理层向美国司法部供认，他们在 2001—2015 年行贿约 8 亿美元。我们永远不会知道全貌。该公司最终于 2016 年向美国监管机构和瑞士当局支付了 26 亿美元以了结这些指控。奥德布雷希特本人被判处 19 年监禁。

在贝莱德的能源交易中，墨西哥国家石油公司的负责人埃米利奥·洛佐亚（Emilio Lozoya）也受到了腐败指控。在躲藏一段时间后，他于 2020 年 2 月在西班牙富庶的飞地马尔贝拉被捕，并被引渡回墨西哥。除其他因素外，这跟他与奥德布雷希特的联系和逃税有关。他否认所有指控。

贝莱德从未在墨西哥接受过腐败调查。

2017 年初，贝莱德接管了之前的搭档——第一储备公司。贝莱德还拥有这家更专业的私募股权公司之前在洛斯拉蒙斯项目上持有的股份，此外还包括炼油厂和风电场。此后，贝莱德剥离了自身在洛斯拉蒙斯项目上的股份。正如公司发言人所强调的那样，该项目不仅为贝莱德的客户带来利润，还使墨西哥的工业获得了来自美国的廉价天然气，并通过将股份出售给新的投资者为该国带来了新的资本。

收购 I Cuadrada 为贝莱德提供了另一个优势。它使贝莱德可以使用墨西哥的养老金制度。芬克的主旋律！I Cuadrada 的两只

"CKD"基金获批，墨西哥的公共养老基金可以通过这些基金投资私募股权基金。这些资金主要流向基础设施项目。这是贝莱德的理想选择：墨西哥提供了丰富的投资机会，其公共部门则提供了资金！贝莱德的新人罗德里格斯·雷戈多萨确实提供了很大的帮助，因为当时他不仅负责国家的养老金问题，还参与了基础设施项目的开发。在培尼亚·涅托政府授权比嘉集团和由现为贝莱德一部分的 I Cuadrada 共同出资的项目中，有托卢卡—瑙卡尔潘私营高速公路。这条公路的大部分已经混凝土化，它穿过一个森林地区，奥托米人会去那里参加神圣的仪式。尽管如此，奥托米社区仍在试图阻止该项目的完成并要求归还土地；根据墨西哥法律的实际要求，公路在规划过程中既没有询问他们的意见也没有考虑到他们。贝莱德表示，当它收购 I Cuadrada 时，该项目已经是投资组合的一部分。它仅是众多投资者中的一员，并且只拥有最少的融资份额。同样，它在正在进行的项目的管理中不发挥积极的作用。贝莱德称，它位于墨西哥的另一个独立项目 La Bufa 风电场可视为让当地居民参与的一个很好的例子，而它在墨西哥的其他基础设施项目已获得全球最重要的房地产和基础设施投资可持续性标准 GRESB（全球房地产可持续性标准）认证。

但培尼亚·涅托的任期即将结束，贝莱德似乎担心芬克曾大肆宣扬的墨西哥友好环境也会受到不利影响。这并非凭空而来。培尼亚·涅托政府的丑闻使其革命制度党（PRI）的候选人很难胜选。与其承诺背道而驰，在培尼亚·涅托治理下升级的不仅有腐败，还有贩毒集团的残暴。2017 年 12 月，安德烈斯·曼努埃尔·洛佩斯·奥夫拉多尔（Andrés Manuel Lopéz Obrador）宣布竞选总统。这位左翼民粹主义的"莫雷纳"运动的领袖严厉批评了能源部门向私人投资者开放。他谈到希望就此事举行全面公投。对于芬克的公司而言，这听起来一定像是被逐出天堂。2018年夏天，大选前几周，贝莱德在一场名为《深入了解 2018 年墨西哥大选》的演讲中警告桑坦德银行富有的零售客户，称如果奥夫拉多尔获胜，墨西哥经济将恶化。

这一定惹恼了这位候选人，因为芬克此前曾与他会面，进行了提名的财政部长卡洛斯·乌尔祖亚·马西亚斯（Carlos Urzúa Macias）所称的"友好"的谈话。马西亚斯随后向路透社强调，奥夫拉多尔绝不是激进分子。"我们不是极左，我们是中左。"他告诉记者。公投也被排除在外。但奥夫拉多尔承诺结束腐败以及坚持他对亲美政客（他称之为"权力黑手党"）的批评，这引起了选民的共鸣。2018 年 7 月，他以压倒性优势获胜。

当曼哈顿第 52 街的警钟响起时，他们很快又平静了下来。上任后奥夫拉多尔的姿态大为放低。2020 年 3 月，他再次与芬克进行了愉快的交谈，贝莱德的老板表示自己有兴趣投资"玛雅"，这是一个价值 80 亿美元的铁路项目，旨在连接尤卡坦半岛的旅游中心。4 月，两人又进行了一次会面，但由于新冠肺炎疫情，只能通过视频进行。这次，奥夫拉多尔有一个想法：芬克应该帮助发展中国家制订马歇尔计划，以帮助受到疫情大流行严重破坏的经济体。

墨西哥总统没有致电世界银行或国际货币基金组织。他吸引了一位大型私人投资者。贝莱德的世界早已存在，我们则生活在其中。

冻结的数据世界

不要忘了阿拉丁算法。其中有数据安全问题，也有数据保护问题。英国纪录片制片人亚当·柯蒂斯（Adam Curtis）发现了贝莱德引发的更为微妙的威胁。柯蒂斯主要研究权力及其在社会中的行使方式。2014 年 7 月，他在 BBC 的媒体博客中发表了一篇文章，题为《那个冻结时间并阻止我们改变世界的隐蔽系统》，其中涉及不断升级的监控和数字化的结合。例子之一就是推荐系统，例如在线零售商亚马逊向客户发送的建议。算法会根据样本分析先前的订单，并根据样本创建一个配置文件，并针对以这种方式筛选出的与客户口味匹配的产品给出相应的报价。令柯蒂斯感到困扰的是：我们可以通过分析自己过去的决定而被确定。

危害较小的是美国政界人士日益面对的所谓数字追踪器。追踪器为竞争对手的竞选活动服务，并记录演讲、访谈和公民谈话。它们正在寻找与政治家先前声明相抵触的地方。在视频蒙太奇中，这很快就画出了失败者和机会主义者的肖像。改变主意成为政治家的高风险行为，因而他们避之唯恐不及。这也使得达成妥协的难度更大，并可以解释美国政治日益加剧的两极分化。但是，柯蒂斯绕了个弯子，他写道："在西方世界的每个地方都出现了新的系统，其任务是不断记录现在并将现在与记录的过去进行比较。目标是确定模式——偶然性和相关性——以找到阻碍变革的方法。"毕竟，所有这些系统的作用就是最终将人们冻结在一台巨大的冰箱中。柯蒂斯遇到的此类系统之一就是阿拉丁。贝莱德的超级大脑可分析 20 万亿美元的生意。柯蒂斯认为，在某些方面，贝莱德比传统政治力量更强大。柯蒂斯担心的不是贝莱德改变世界的能力，而是相反，即像阿拉丁这样的系统试图阻止变革。提示风险的系统不想看到变革。世上没有无风险的变革。

从这个意义上说，贝莱德的崛起也是一个会带来新风险的变革。有风险，我们就必须加以处理。这其中蕴含着一个极大的讽刺：贝莱德的使命就是规避风险。但是，通过努力完成这项使命，芬克及其团队制造出了新的风险。

拉里·芬克的未竟征程

自 J. P. 摩根以来，没有人能如此持续地改变金融市场。但与 J. P. 摩根不同，芬克不是一位时常包裹在天鹅绒中的美国式的美第奇王子。① 芬克知道，如果他的客户——各大养老基金——在《纽约邮报》著名的八卦专版②上发现关于他的华而不实生活方式的头条报道，这对贝莱德将是多么危险。他喜欢在采访中分享对火车旅行的偏爱。长期以来，他乘坐定期航班而不是乘坐湾流宇航公司的喷气式飞机（贝莱德持有这家豪华飞机制造商的母公司通用动力的股份），尽管亿万富翁和华尔街高管经常乘坐后者。这与芬克节俭朴素的资产管理者形象相得益彰——他是公司投资者的首席仆人。但是，芬克确实为自己的阶层攀升提供了特权。

---

① 美第奇是一个富有的意大利家族，曾对文艺复兴产生重大影响。——译者注

② 《纽约邮报》是美国历史最悠久的报纸之一，创办于 1801 年，现属媒体大亨默多克的新闻集团，报道风格以煽情、八卦而闻名。该报第六页是其八卦专版。——译者注

　　阴凉的小路穿过森林和缓缓上升的草地，途经清澈见底的溪流。在绵延数英里的不显眼的栅栏后面，屋顶若隐若现，大部分建筑物距离太远以至于无法清晰识别。中间有个牧场，人们甚至可以不时看到奶牛。在十字路口，百年橡树的粗树枝散布在风化的石墙之上。静谧祥和——这就是人们想象中的工业化之前的英国绅士世界。但这是北塞勒姆，乘坐火车一个小时就可到达，距曼哈顿的办公楼和摩天大楼仅 20 分钟车程。

　　北塞勒姆是如此独特，以至于只有同好才了解这个地方。一位当地居民这样告诉《纽约时报》："我们不希望宣传自己。""我们不希望人们发现这个地区并四处宣扬，从而把一切都破坏掉。"乘坐小型汽车四处游览的人很快就会目瞪口呆。一位女士骑着马，戴手套的手有力地掌控着方向，以步行的速度溜过去；一只狗尾随着，向麻烦制造者发出信号。"农民和鱼"酒吧位于刷过的房子中，那是内战之前殖民时期样式的房子。壁炉里的火苗在噼啪作响。身着迷彩服的男人坐在吧台上，头上耷拉着棒球帽。但认为他们是单纯的农民就大错特错了。他们的运动手表昂贵而又休闲。他们啜饮着啤酒，以一打牡蛎作为下酒菜。在不远的地方，遍布着小路和车道的是一个风景如画的农场，摩西奶奶①的画也不可能比这里更漂亮。这是芬克的家园，在这里他是绅士和农夫，在这里他可以成为这样的自己。这里就像一处游乐园、一座真正的迪士尼乐园——芬克的兄弟也是一位硅谷投资人，曾经这样形容。这片 18 公顷的土地也是芬克驯养马匹的农场。

　　芬克也收集艺术品。但他不是收集法国印象派画家或美国极

---

　　①　摩西奶奶，美国著名女画家，年近八旬学画成名，擅长风景画。——译者注

简主义画家的作品。像对冲基金同行那样，在苏富比或佳士得一掷千金竞拍买名作的情形不会出现在芬克身上。芬克收集美国民间艺术品，例如古老的风向标。对于芬克的朴实爱好，英国杂志《经济学人》不无嘲讽地写道："这非常适合那些要对市场的不可预测的方向变化做出反应的人。"有点跌破世人眼镜的是他对唱片公司 Octone 的涉足。这家新唱片公司的首批签约乐队之一是"魔力红"（Maroon 5），这是来自芬克老家加利福尼亚的流行摇滚乐队，由几个高中生在 21 世纪初创立（首张专辑《致珍妮的情歌》获得了成功）。该乐队甚至参加过贝莱德的圣诞晚会，Octone 本不适合这种场合。

芬克夫妇在阿斯彭也有一个家。这个小镇位于科罗拉多州落基山脉的老银矿地区，由于可靠的细雪而变成了滑雪胜地。一到冬季，美国的商业精英们就像候鸟那样准时翔集于此。过去，幸运儿来到这里是为了从矿井里挖出财富；今天，到这里来的是在别处已经发了财的人士。不过，给人的感觉也不会太差：阿斯彭的房产在美国是最昂贵的。然而，在阿斯彭的地籍管理处，人们要寻找他们的名字只会徒劳无功。那些耗资数千万美元的"小木屋"和"山上庇护所"的所有者通常在地籍管理处只显示注册名——登记的是受托公司的名字，因为名人通常让受托公司经营其房产。这些注册的名字没有什么气质，如没有什么想象力的"信托协会Ⅱ"、大吹大擂的"金子投资"，或俏皮风趣的"小狗史密斯"。美国寡头们可不愿意公开他们的住址。

芬克已拥有一切显示地位的符号，足以让人们随时认出这位华尔街大亨。

不仅如此。

还缺点什么。

贝莱德计划在 2023 年搬迁到的新总部也表明，这位金融业的前局外者与金融业其他机构并无二致。它将出现在哈德逊广场突出的连片摩天大楼中，就像由钢铁和玻璃建成的石笋一样。这一前铁路区的开发耗资 250 亿美元，是美国历史上最大的私人房地产项目。《纽约时报》的建筑评论家写道：4 000 间豪华公寓、高档餐厅和一个充斥卡地亚、古驰、香奈儿和芬迪的购物中心实际上组成了一个亿万富翁的封闭社区。欧莱雅（美国）、德国软件公司思爱普、加利福尼亚金融集团富国银行和 KKR 之类的私募股权公司将出现在同一栋尚未完工的办公大楼中，还有贝莱德。该地点不适合芬克乐于为之服务的小人物的另一个原因是：作为纽约纳税人，他们中的大多数人甚至享用不起那里顶级餐厅的开胃菜，而他们为哈德逊广场项目提供的补贴超过 40 亿美元。批评人士对创造就业机会和增加税收是否能在短期内补偿这笔公共拨款存疑。

这使芬克几乎拥有华尔街大亨的几乎所有身份象征。这里所说的是"几乎"。他的职业生涯还没有加冕。

令人羡慕的高盛人在银行职业生涯终末时的习惯之一是"为公众服务"，这在演讲和官方简历中是神来之笔。这意味着在华盛顿担任最负盛名的职务、在各个政府部门和机构拥有高级职位。高盛两名前老板接任财政部长一职。罗伯特·鲁宾是高盛的首席执行官，之后出任比尔·克林顿政府的财政部长，而汉克·保尔森在小布什政府中获得了同样的职位。民主党人芬克是奥巴马的早期支持者之一，有关贝莱德老板可能被召唤至华盛顿任职的流言不胫而走，但什么都未发生。传谣者猜测如果希拉里·克林顿竞选成功，芬克将在她的任期内有很好的机会。克林顿夫妇从不掩饰他们与有钱阶层的亲密关系。2010 年，他们的女儿切尔西嫁给了一位高盛前银行家——离芬克的农场不远。但特朗普终结了这些野心。（特朗普选择了高盛前银行家兼好莱坞制片人史蒂夫·姆努钦，这显然是从华尔街的二三流人物中做出的选择。）

所以，芬克别无选择，只能勇敢地继续盘踞在其金钱帝国的顶端。

那里变得越来越令他不舒服。以芬克对气候的承诺为例。如上所述，如果石油公司或煤矿公司的股票是指数成分股，因此构成贝莱德提供的相应 ETF，那么贝莱德就不能简单地出售它们。新冠肺炎疫情危机以前所未有的尖锐程度展示了芬克无法解决的问题。美联储在 2020 年 3 月宣布贝莱德将制定购买公司债的标准后，共和党参议员就立即联系了芬克。他们坚持认为，规模达数十亿美元的债券购买计划还应包括石油公司和煤矿公司的债券。这与芬克的呼吁不太相符，即新冠肺炎疫情危机提供了机会，使经济变得对气候更加友好。环保活动人士立即指责贝莱德老板仅在口头上兑现其绿色承诺。他们在贝莱德纽约总部前放了一个气球，象征着他们的批评，即贝莱德在气候保护方面口惠而实不至。芬克和保守投资者阶层也没能成为朋友，因为他要求公司不应当继续完全以股东价值最大化为目标。"也许他现在意识到，即使他现在拒绝为资本主义辩护，左派也永远不会原谅他作为资本家发财致富的过往。"《华尔街日报》充满恶意地评论道。

在 2020 年头几个月震惊世界的不仅仅是新冠肺炎疫情危机。在明尼阿波利斯市一名白人警察谋杀非裔美国人乔治·弗洛伊德

（George Floyd）之后，抗议活动不仅在美国爆发，而且席卷全世界。美国示威者的要求之一是"减少警务预算"。"9·11"恐怖袭击后，一些警察局获得了军事装备并增加了预算。然而，示威者认为资金应该流入帮助社会弱势群体的项目。与其用强迫和警察暴力来对抗社会不平等的后果，不如与其根源做斗争。

　　和许多公司老板一样，芬克显然觉得有必要公开弗洛伊德的死因。在给同事的一封信中，他写道，他对这一行为感到"震惊"。他想告诉所有"感到被这些悲剧袭击"的员工，公司管理层就在他们身边，倾听他们的声音。然而，在民权组织"改变颜色"（Color of Change）的活动中，芬克的热情话语并未受到欢迎。芬克连续三年参加了纽约警察基金会的年度盛会，最近一次是在 2019 年 4 月。当时，年度预算为 60 亿美元的纽约市警察局通过以下方式筹集了额外的私人资金——根据纽约警察基金会的章程，这些资金用于对公民匿名检举犯罪分子的行为提供培训、设备和奖励。贝莱德老板也不是唯一的华尔街捐助者，来自高盛、摩根士丹利和蒂森投资者基金会的代表以及对冲基金经理保罗·辛格尔的代表也在与会者之列。芬克向纽约警察基金会捐款多少尚不清楚。对于加德·马格努斯·奥古奈克（Jade Magnus Ogunnaik）来说，金额根本不是决定性的。这位民权组织"改变颜色"的业务副主管候选人告诉行业杂志《机构投资者》，芬克正在为金融业设定节奏。"贝莱德是一个非常重要的组织。"即使芬克每年只向纽约警察基金会捐赠 1 000 美元，那也具有象征意义。他的支持是有问题的，从纽约警方对示威者的行动可以看出。在 2020 年 6 月的大部分和平抗议活动中，一名警察将他的巡逻车开向人群，另一名警察则将他的车撞向一名示威者，其他警察用棍棒殴打旁观者。奥古奈克告诉《机构投资者》，在芬克关于乔治·弗洛伊德去世的信件发出之后，该组织转向贝莱德并要求进行私人采访。"没有回应。"她的结论是："你只想像以前一样继续下去。"

贝莱德的崛起也代表了一个越来越不团结的社会。储备的责任——针对失业、疾病、老龄——越来越多地转到个人身上。每个人都为自己而战。如果人们赚的钱不足以为明天做好储备，那他就是不走运。通过这种方式，富人和穷人之间产生越来越大的差距。当然，芬克不是引发这一进程的原因，但这使他和他的公司受益。

芬克为争取更多的社会正义而奋斗。在他 2018 年致贝莱德投资组合中的公司首席执行官的年度信函中，他态度非常明确。"社会要求公司为社会目的服务。"芬克写道。每家公司不仅要提供财务业绩，还要为社会做出积极贡献。

芬克已将贝莱德从一家屈居别人后台的小公司打造成一家全球性企业——规模巨大且业务范围前所未有。但这正是他和他的同事几乎不可能真正实现气候保护或社会正义方面的崇高意图的原因，即使他们想这么做。人们可以这么说，贝莱德已经脱离了其创始人并变得独立。

2020 年 6 月，纽约市。几周后，第一批商店被允许重新开业，然后是理发店和健身房。餐厅将很快被允许再次在室内接待人数受限的客人。这就是纽约州州长安德鲁·科莫（Andrew Cuomo）所承诺的。但对许多纽约市机构来说，为时已晚。它们永远地关上了大门。例如南街海港的巴黎咖啡馆，但它不卖咖啡，而是啤酒和炸鱼。早在 1873 年，它就开始营业。"由于疫情大流行，我们陷入了一种境地，我们认为没有经济上可行的出路。"最后一位所有者在脸书上写道。一位餐馆老板预测，纽约市多达40％的酒吧和餐馆最终会消失。不仅餐饮业受到影响，甚至在危机之前，非亚马逊或沃尔玛之类的零售商的前景看起来就很黯淡。分析公司穆迪的首席经济学家马克·赞迪（Mark Zandi）在2020年5月写给投资咨询客户的一份报告中称，如果仅在美国就有超过100万家所谓的微型公司——雇员少于10人的公司——倒闭，人们不应感到惊讶。

在危机之下，即使是大公司也受到冲击。但由于其规模巨大，它们可以获得流动资金。随着来自央行的大量资金涌入，债务对它们来说从未如此廉价。它们可以在同病毒做斗争的同时投资新的分销渠道。

然而，集中趋势早在疫情大流行之前就开始了。新冠肺炎疫情只会加速垄断趋势。亚马逊几乎已成为对传统零售商具有压倒性优势的竞争对手。这场危机提升了杰夫·贝索斯的"在线巨头"地位——他最初被称为无情、坚定之人——亚马逊成为在生活中不可或缺的基础设施。即使是那些不直接从亚马逊订购的人，也无法逃脱其影响。在困境中，较小的供应商开始在亚马逊上销售，以便能够接触到客户。亚马逊和竞争监管机构的关系如何？"贝索斯将他的仓库工人和快递员等同于抗击新冠病毒的医务人员，他押注亚马逊的强势地位不会激起竞争监管机构的任何进一步反应，即使监管人员已经注意到亚马逊。"彭博社在危机期间这样报道。

拉里·芬克的贝莱德也将从危机中变得更强大。尽管投资者最近撤回了资金——6月所管理的资产降至6.5万亿美元——但与亚马逊、沃尔玛和谷歌一样，领先的资产管理公司将受益于市场震荡。由此，芬克的金融巨兽很快就会将触角更紧密地缠绕在经济上。

除非竞争监管机构和金融监管机构最终开始与勒颈者（竞争压制者）进行斗争。但前提是我们将这场斗争作为政治关切。贝莱德未来会是什么样子也取决于我们。

1988年，没有人相信拉里·芬克能在一个小房间里把一个名不见经传的小债券公司打造为一家全球性巨型公司，并成为这个时代全球最有影响力的金融家。没有人知道这样一个金融体系将带来怎样的后果。是时候改变了，这个金融帝国已进入公众的视野。

译后记

探寻贝莱德成功背后的"圣杯"

石建辉

贝莱德是全球投资界的新晋豪门之一,在不到 40 年的时间里,就从一家不起眼的小公司成长为全球最大的资产管理公司之一。据其网站披露(2023 年 3 月):贝莱德是全球规模最大的资产管理集团之一,拥有约 16 500 名员工,分布于 38 个国家及地区的办事机构,为超过 100 个国家及地区的客户提供服务。其不仅受托于政府与企业,更广泛服务于养老基金、主权财富基金、保险、银行、非营利组织等机构投资者以及个人投资者。截至 2021 年 9 月 30 日,贝莱德在全球管理的总资产规模约 9.5 万亿美元,涵盖股票、固定收益投资、现金管理、另类投资及策略咨询等。

结合本书披露的信息以及公开信息,贝莱德的大致成长历程如下:1988 年,贝莱德前身——黑石集团金融资产管理部门(Blackstone Financial Management)成立;1992 年,从黑石集团独立出来,更名为贝莱德(BlackRock);1995 年,与 PNC 资产管理部门合并；1999 年，在纽交所挂牌上市；2000 年，开发贝莱德风险管理系统 BlackRock Solutions；2006 年，以 93 亿美元与美林投资管理公司（Merrill Lynch Investment Managers）合并，成为全美最大的上市资产管理公司；2009 年，以 135 亿美元收购巴克莱国际投资管理公司（Barclays Global Investors），成为全球最大的资产管理公司之一。2021 年 6 月 11 日，贝莱德宣布获得监管部门批准在中国开展公募基金业务的牌照。

借助本书的描述，读者可以详尽了解贝莱德的发展历程，同时本书也可能引发读者对许多问题的思考，下面是一些"抛砖引玉"式的问题：

（1）贝莱德是国际金融业新生态中的强者，为了脱颖而出付出了艰巨的努力。其成功在某种程度上也是美国这样的老牌资本主义经济体的成功，毕竟是后者提供各种制度使得前者的成功成为可能。我们的制度设计经过不断的改革创新，是否也能催生出贝莱德这样的领军企业，到全球市场上同台竞技？

（2）当下很多人士不喜欢美国式资本主义的各种制度设计，并将眼光转向德国寻求解决方案。本书的作者来自德语文化圈，生动展示了莱茵兰式资本主义是如何为美国式资本主义所碾压的：如果金融市场欠发达，实体经济发展最终也会受到妨碍甚至是被控制。或许本书可以作为国人在向德国学习时的借鉴，切勿"捡了芝麻、丢了西瓜"。

（3）贝莱德最初是一家小债券公司，具有房地产金融衍生品专长。在 2007 年的美国次贷危机及之后的国际金融危机中，该公司凭借自身在衍生品估值定价方面的专长，迅速树立了自己的成功案例和专家人设，来自国际组织和世界各国的委托纷至沓来。实际上，这样的专业化公司是资本市场运行的润滑剂，在发达经济体中比比皆是，但在我国资本市场上依然缺位，这值得引起有关部门的重视。

（4）"阿拉丁"系统是贝莱德的核心资产。这样先进的风险管理系统对投资尤其是量化投资来说究竟意味着什么？是否系统越先进投资绩效越优异？这类系统对我国金融机构来说可得性如何？在当今 AI 大行其道的时代，"AI＋先进风险管理系统"的投资风格是会否构成对其他投资风格的全面压制？

（5）书中提到，贝莱德渴望进入社保领域。社保基金的可持续性在全球范围内都是一个严峻的长期性问题，尤其是在人口红利消失的情况下。目前世界各国对于社保基金都没有完美的解决方案，无论在缴费端设计出何种缴费方案，保证支付能力的关键还是要看投资端的收益如何。这就是为何一些国家如德国等近年来仅能进行不彻底的养老金制度改革。是否要将社保基金投资工作交给贝莱德这样的专业资产管理机构来做，尤其是在可靠的绩优投资机构稀缺的情况下？毕竟，过往业绩在资本市场上仅仅具有参考作用，无人拥有能力来保障社保基金投资所需的较高收益，基本的风险—收益权衡终归会在任何投资上得到应验，哪怕是所谓的明星投资人管理的投资。一分风险对应一分收益，一分收益也对应一分风险。一旦投资失败，就可能造成一国国民福祉的巨大损失。对于一个经济体来说，将社保基金投资委托贝莱德这样的专业化资产机构管理的风险究竟如何？

（6）本书为我们描绘了一幅蔚为壮观的国际政商关系图景，让我们意识到原来国际金融界的顶层运作是这样的。本书对美国金融监管体系特别是其运作的披露，更是令广大读者大开眼界，并可能进一步提出这样的疑问：究竟人们是否铭记 2008 年国际金融危机带来的教训？国际社会防范金融风险的努力是否处在正确的轨道上？有没有漏网之鱼？在下一次危机中，我们准备提出什么样的"中国方案"？

（7）一个有趣的问题是，一旦一家像贝莱德这样的机构得到了影响甚至是控制大量上市公司的权力，它会怎么做？它会对投资组合中的上市公司采取重组、分拆、流程再造、裁员等管理优化措施以提升投资组合的收益吗？书中显示，贝莱德直到目前在这方面还非常谨慎。但这么做的诱惑是现实存在的。

书中处处闪烁着作者敏锐的观察力。书中涉及的问题在未来一二十年可能影响经济社会中的每一个人。在我们获得一个观察国际金融市场新颖视角的同时，各类金融大鳄可能也在通过瞄准镜观察着我们。风景这边独好。仅以上述不成熟的思考与读者朋友共勉。

图书在版编目（CIP）数据

金融帝国贝莱德 /（德）海克·布赫特著；石建辉
译 . --北京：中国人民大学出版社，2023.3
　ISBN 978-7-300-31023-7

　Ⅰ.①金… Ⅱ.①海… ②石… Ⅲ.①资产管理公司
—企业管理—研究—美国 Ⅳ.①F837.123

中国版本图书馆 CIP 数据核字（2022）第 178156 号

金融帝国贝莱德

［德］海克·布赫特（Heike Buchter）　　著

石建辉　译

Jinrong Diguo Beilaide

出版发行	中国人民大学出版社			
社　　址	北京中关村大街 31 号		**邮政编码**	100080
电　　话	010 - 62511242（总编室）		010 - 62511770（质管部）	
	010 - 82501766（邮购部）		010 - 62514148（门市部）	
	010 - 62515195（发行公司）		010 - 62515275（盗版举报）	
网　　址	http://www.crup.com.cn			
经　　销	新华书店			
印　　刷	北京联兴盛业印刷股份有限公司			
开　　本	890 mm×1240 mm　1/32		**版　　次**	2023 年 3 月第 1 版
印　　张	10.125　插页 2		**印　　次**	2024 年 4 月第 3 次印刷
字　　数	218 000		**定　　价**	118.00 元

巴菲特幕后智囊：查理·芒格传

【美】珍妮特·洛尔（Janet Lowe） 著

邱舒然 译

国内唯一芒格本人及巴菲特授权传记

股神巴菲特、全球首富比尔·盖茨、迪士尼传奇掌门迈克尔·艾斯纳
睿远基金总经理陈光明、金石致远 CEO 杨天南、东方港湾董事长但斌

—————————— 倾力推荐 ——————————

　　查理·芒格是巴菲特的幕后智囊、杰出的投资思想家、伯克希尔的灵魂人物、51 年年复合增长率 19.2% 的投资奇迹创造者。

　　本书通过对芒格本人、家人及密友长达三年的近距离了解和访谈，重现了芒格从律师成长为具有深刻洞见的投资家的人生经历，全面展现了芒格的投资和人生智慧，对于投资者来说是不可不读的经典之作，对于普通人来说也是全面提升思维决策水平的必读书。

钱的千年兴衰史

稀释和保卫财富之战

金菁 著

读钱的历史，在不确定的世界做出恰当的财富决策。

高　坚　国家开发银行原副行长

戎志平　中国金融期货交易所原总经理

　　　　　　　　　　　　　　　　　　　重磅推荐

荣获"2020中国好书"，入选光明书榜、中国新闻出版广电报优秀畅销书榜、百道好书榜、长安街读书会干部学习书单。

　　本书是一部关于钱的简史，从"用什么衡量财富"和"什么才有资格被称为钱"谈起，呈现了利息、杠杆、银行、纸币、债券等我们今天习以为常的金融要素产生的来龙去脉，其间充满了压力、创新、无奈甚至血腥的斗争。本书不仅让我们更了解钱，也通过阅读千年以来财富的稀释和保卫之战，启发读者思考在如今这个充满不确定性的世界，如何做出恰当的财富决策，实现财富的保值增值。